U0960062

全国旅游职业教育推荐教材

旅游市场营销学

TOURISM MARKETING

主　编　殷开明　张毓威
副主编　邓广山　李明琼　张月馨
参　编　徐凤顺　胡柏翠　彭　征

天津大学出版社
TIANJIN UNIVERSITY PRESS

内容提要

本书将现代旅游发展的实践与旅游市场理论的最新研究成果融为一体，系统地介绍了现代旅游市场营销学的基础理论知识，主要内容包括旅游市场营销概论、旅游市场营销环境分析、旅游购买行为分析、旅游目标市场营销、旅游产品策略、旅游产品价格策略、旅游营销渠道策略、旅游促销策略、旅游营销管理、旅游营销的发展趋势、旅游危机管理。

本书每章前都设置了学习目标、教学重点、课前导读与体验等内容，帮助学生明确学习目标并做好学习准备。每章后面还附有本章小结、思考题、练习题、参考文献等内容，有助于学生更好地掌握本章知识点。

本书结构新颖、内容丰富、实用性强，突出了职业教育的特点。

图书在版编目(CIP)数据

旅游市场营销学 / 殷开明，张毓威主编. —天津：天津大学出版社，2018.9

全国旅游职业教育推荐教材

ISBN 978-7-5618-6218-6

Ⅰ.①旅… Ⅱ.①殷… ②张… Ⅲ.①旅游市场－市场营销学－职业教育－教材 Ⅳ.①F590.8

中国版本图书馆CIP数据核字(2018)第185526号

LVYOU SHICHANG YINGXIAOXUE

出版发行 天津大学出版社
地　　址 天津市卫津路92号天津大学内(邮编:300072)
电　　话 发行部:022-27403647
网　　址 publish.tju.edu.cn
印　　刷 廊坊市海涛印刷有限公司
经　　销 全国各地新华书店
开　　本 185mm×260mm
印　　张 15.5
字　　数 406千
版　　次 2018年9月第1版
印　　次 2018年9月第1次
印　　数 1000册
定　　价 52.00元

凡购本书，如有缺页、倒页、脱页等质量问题，烦请向我社发行部门联系调换

版权所有　　侵权必究

前言

改革开放以来,我国实现了从旅游短缺型国家到旅游大国的历史性跨越。“十二五”期间,旅游业全面融入国家战略体系,走向国民经济建设的前沿,成为国民经济战略性支柱产业。旅游业对社会就业的综合贡献度为10.2%。旅游业成为传播中华传统文化、弘扬社会主义核心价值观的重要渠道,成为生态文明建设的重要力量,并带动大量贫困人口脱贫,绿水青山正在成为金山银山。2015年,旅游业对国民经济的综合贡献度达到10.8%。国内旅游、入境旅游、出境旅游全面繁荣发展,我国成为世界第一大出境旅游客源国和全球第四大入境旅游接待国。2016年12月7日,《“十三五”旅游业发展规划》正式发布,旅游业被确立为幸福产业,有利于优化旅游发展环境。“十三五”旅游业发展的主要目标是:入境旅游持续增长,出境旅游健康发展,与旅游业发达国家的差距明显缩小,在全球旅游规则制定和国际旅游事务中的话语权和影响力明显提升。这对当下我国的旅游人才数量和质量提出了更高的要求。为适应旅游产业对旅游人才的需求,我们在广泛收集和梳理旅游行业市场营销理论和资料的基础上,编写了本书。

旅游市场营销学作为一门独立的学科,是在市场营销学的基础上发展而来的。旅游市场营销学是将市场营销学的研究成果与旅游企业的经营特点相结合的产物。本书针对我国旅游行业的发展现状和旅游企业经营管理实际,结合高职高专旅游类专业人才培养的特点和需求,根据理实一体、理论够用、突出技能的编写原则,将市场营销的最新理论应用于旅游行业的发展中。

本书为高职高专旅游专业学生和旅游从业人员提供了旅游行业常规营销的通用理念和方法,并积极关注旅游业的行业特色与发展趋势,阐释了旅游业营销实际中的现实状况。本书所选案例或新知识点多为现代旅游业正在发生的事件,新颖且富有启发性。本书由重庆城市管理职业学院副教授殷开明任第一主编,重庆城市管理职业学院张毓威任第二主编,重庆城市管理职业学院邓广山任第一副主编,重庆城市管理职业学院李明琼任第二副主编，重庆城市管理职业学院张月馨任第三副主编。具体编写分工如下：第 1~4 章由殷开明编写；第 8 章由张毓威编写；第 9 章由邓广山编写；第 5~7 章由徐凤顺编写；第 11 章由李明琼编写；第 10 章由张月馨编写，参编的还有胡柏翠、彭征。

在编写本书的过程中作者参考了相关文献，在此向这些文献的作者一并表示感谢。由于本书编写难度较大，时间仓促，加之作者水平有限，书中难免存在不足之处，恳请广大读者批评指正。

编　者

2018 年 6 月

目　　录

Contents

第1章　旅游市场营销概论

学习目标

1. 了解市场营销的基本定义、核心概念。
2. 熟悉市场营销观念产生及演变的过程。
3. 掌握旅游市场、旅游市场营销的概念。
4. 掌握旅游市场营销学的研究对象、研究内容及研究方法。

教学重点

本章重点解释和介绍基本的概念和原理,从历史的角度阐述市场营销和旅游市场营销学的发展历程,并介绍了旅游市场营销的最新理念。

课前导读与体验

诗韵之秋游遍武隆　天生三桥体验影视之旅

一场秋雨一场凉,昨日的降雨让武隆气温下降不少,仿佛一夜入冬。今日, 2017年国庆、中秋八天长假的第三天,武隆各景区迎来了小高峰。

今日武隆各景区以阴天为主,记者在天生三桥看到,景区内人山人海,游人摩肩接踵,来自全国各地的游客愉悦地欣赏着世界自然遗产美景,感叹大自然的神奇。

“早就听闻重庆武隆的美名,却一直无缘见识其真面目。为一睹武隆的绝世名景,于是趁这次大长假,约上朋友到武隆畅游一番,实实在在地感受了一把什么叫武隆风景美如画。”来自长沙的肖先生告诉记者。

近年来在武隆取景拍摄的国内外影视剧组不断增多,如影视巨制《变形金刚4》《满城尽带黄金甲》《三生三世十里桃花》(电影版)以及热门综艺节目《爸爸去哪儿》《我们十七岁》等都把外景拍摄地选在了天生三桥。

“山是一座桥,桥是一座山,三山生三桥,三桥夹两坑,桥坑相连,桥洞相生”——这就是风靡世界的武隆天生三桥,吸引着国内外大腕导演在此取景拍摄。

因影视作品对天生三桥的影响,前往武隆旅游的人次增幅很大,许多国内外朋友不远万里慕名前来观光旅游。

(资料来源:http://www.sohu.com/a/196169051_816096)

第1节　旅游市场营销

20世纪80年代末期,随着我国国际旅游和国内旅游的迅速发展,旅游产业规模的不断扩大和地位的不断提升,特别是随着旅游市场竞争的不断加剧,旅游市场营销的理论和应用研究开始受到人们的重视。对旅游市场营销的研究最初只是借助市场营销的基础理论解决旅游企业经营管理中的微观问题，后来逐渐提升到应用市场营销理念和方法来分析和解决旅游产业发展和政府对旅游业管理的宏观问题。

20 世纪 90 年代初期，在市场营销基本理论不断丰富和发展的情况下，国内外出现了旅游市场营销学这样专业化和部门化的新型教材和专著，创造性地提出了旅游市场营销这一新兴、特殊领域的营销理念、营销策略和营销方法。这不仅细化和丰富了市场营销学的理论体系，而且在实际应用上也有所拓展和创新，并且迅速成为培养旅游管理人才的一门重要必修课程。

一、中国旅游市场现状

2016 年，我国的直接旅游就业人口总数约为 2 820 万，直接和间接旅游就业人口总和约为 7 974 万，对全国就业的综合贡献率为 10.25%。

2016 年，我国国内旅游总收入实现了两位数增长。国家旅游局发布的数据显示，2016 年，国内旅游、入境旅游稳步增长，出境旅游理性发展，旅游经济增速继续领先于宏观经济增速。2016 年，国内旅游人数 44.4 亿人次，同比增长 11%；国内旅游总收入 3.9 万亿元，同比增长 14%；入境旅游人数 1.38 亿人次，同比增长 3.8%；国际旅游收入 1 200 亿美元，同比增长 5.6%；出境旅游人数 1.22 亿人次，同比增长 4.3%；旅游服务贸易顺差达 102 亿美元，较上年扩大 11.5%。

如此辉煌的成绩，主要是受一系列利好政策和居民消费升级驱动，旅游产业保持在“较为景气”区间运行，各季度景气水平均略高于上年同期。景区和以在线旅游企业为代表的新业态景气水平领先于传统行业部门，处于“较强景气”区间，传统旅游企业亟须围绕消费升级进行产品升级、服务升级。

《2016 年中国旅游经济运行分析和 2017 年发展预测》显示，2016 年中国旅游业投资达到 12 997 亿元，同比增长 29.05%，其中，民营旅游投资积极性高涨，占旅游投资总额的 59%。

二、旅游市场营销概念

旅游市场营销是市场营销的一个分支，属于服务营销的范畴，是市场营销理论在旅游产业中的具体运用与深化。旅游市场营销是通过分析、计划、执行、反馈和控制等过程，以旅游消费需求为导向，协调各种旅游经济活动，从而实现提供有效产品和服务，使游客满意，使企业获利的经济和社会目标。旅游市场营销研究的出发点是旅游市场需要，研究的目的是获得效益。可见，旅游市场营销是获得效益的重要环节，对发展旅游事业起重大作用。

三、旅游产品和旅游市场

人类对自身之外的世界有着与生俱来的好奇心，我们渴望了解其他地方是什么样子的，包括民族、文化、风土人情、野生动植物、地形地貌……人类这种需要和欲望，使旅游业逐渐地产生、发展和壮大。现在，旅游业是全球最具有活力的朝阳产业，也是世界上最大的产业。

（一）旅游产品

旅游产品是一切旅游活动的基础，如何认识旅游产品，不仅会影响到对旅游市场营销的一系列研究，还会影响到旅游营销的实践。

旅游产品是旅游企业为满足消费者旅游需求而提供的一系列服务要素的组合。这些服务要素包括旅游吸引物、交通、住宿、娱乐等。从不同的角度看旅游产品，会有不同的认识。从旅游供给者的角度来说,旅游产品是指旅游经营者凭借一定的旅游资源和旅游设施,向旅游消费者提供满足其需求的旅游活动和服务;从旅游需求者的角度来说,旅游产品是指由消费者支付一定的金钱或花费一定的时间和精力所获得的满足其旅游欲望的经历及享受的服务。

(二)旅游市场

旅游市场营销的核心是旅游市场。在市场营销学中,市场是指某种商品的现实需求和潜在需求的总和。旅游市场是指一定时期内,某一地区中,旅游产品的现实与潜在购买者需求的总和。也可以说,旅游市场就是旅游需求市场或客源市场。旅游市场是由购买者组成的,既可以是旅游者本人,也可以是旅游者委托的购买者或购买组织。

四、我国旅游市场营销的现状及存在问题分析

社会主义市场经济体制的建立,要求旅游企业的生产经营导向由计划转向市场,但就我国大多数旅游企业而言,在营销方面仍然存在许多问题,主要表现为以下几方面。

(一)旅游市场营销中存在盲目削价竞争问题

许多旅行社把降价作为主要的竞争手段。抛开套汇问题,这一报价远低于成本。从表面上看,通过套汇赚取差额后,旅行社仍然有利可图。且不论其做法是否违法,如果以这样的营销战略长期进行营销,只会影响旅游企业的产品形象,损害旅游企业自身的利益。另外,外团降价还会影响国内旅游收入。例如,近几年来,由于东南亚团队价格偏低,致使该区的潜在游客减少,旅游业收入相应减少,旅游业发展缓慢。

(二)旅游市场营销存在忽视售后服务问题

现代旅游市场营销中,旅游产品是一个包含核心产品、有形产品和附加产品的整体概念。它不仅要求给予旅游者生理、物质上的满足,而且要给予旅游者心理、精神上的满足。这就要求旅游企业把游客视作“上帝”并为之服务,否则必将被市场淘汰。现在绝大部分旅游企业没有一个较好的旅游产品售后服务体系,许多旅游企业认为这根本没有必要。

(三)旅游市场营销中存在法制意识淡薄问题

有的旅游企业为旅游者提供虚假的旅游服务信息,以贿赂手段拉拢顾客,诋毁其他旅游企业,还有的甚至冒用其他旅游企业的品牌,等等,这些做法严重扰乱了旅游市场秩序,损害了旅游企业形象,破坏了国家的法制,使旅游市场供需双方都受到不必要的损害。许多旅游企业除酒店外,大都采用承包经营的运作方式,特别是旅行社。许多经营者只顾经济利益而忽视法制化经营,结果造成因旅游合同未能履行而发生大量纠纷和旅游投诉。加强法制观念,用法律规范旅游市场营销中的行为,是我国旅游企业应注意的问题之一。从长远来看,依法办事是保护旅游企业和旅游消费者双方合法权益的必然选择。不要为了眼前利益而置国家的法律法规于不顾,最终只会使双方受损,并且会破坏旅游企业的对外形象,严重阻碍我国旅游业的健康发展。

(四)旅游市场营销中存在科技含量低的问题

很多旅游企业系统性不强,没有把网络技术的优势充分运用到旅游市场营销中去;缺乏高质量、高品位的旅游营销策略。科技含量低的旅游营销,会制约旅游业的规范化、智能化、信息化和全球一体化的发展。许多旅游企业在经营过程中,手工劳动较多,缺乏对高科技、新技能的运用。

（五）旅游市场营销中存在追求短期销售目标的问题

中国的很多旅游企业追求的是短期的销售目标，而不是长期的营销目标。没有几个旅游企业在年初即拥有自己完整的“年度营销计划书”，更别说近、中、长期旅游营销规划了。其不熟悉旅游产品策略、旅游价格策略、旅游销售渠道策略、旅游产品促销策略之间微妙而又复杂的关系，不根据消费者需求心理去选择适合的推广对策、促销载体。旅游市场营销战略与营销计划尚停留在初级阶段，不能深度挖掘，更谈不上旅游市场营销计划控制、旅游市场营销成本与利润控制、旅游市场营销信誉控制和战略控制。即便是在推动作用较大的节事活动与公关活动的策划设计和执行方面，也是如此，一个好的节事活动或公关活动将带来巨大的直接效益和未来的间接效益，然而，很多企业却不知道市场运作的妙处，或抄袭照搬别人的模式，或在自己管辖的地盘里“鼓吹”一番，将举办该类活动的真正意义颠倒过来，结果劳民伤财，达不到促销的真实目的。

（六）旅游市场营销中存在忽视旅游形象的问题

旅游形象问题已成为一个各地较为头痛的普遍问题。而营销的主要诉求是要将充分反映实际特色的旅游形象提炼出来，通过有效的营销手段向目标受众传播。但近几年国内很多地方在大力推销自身的形象特色时，由于没有认真分析旅游目的地的文脉与地脉，不能充分根据市场需求来科学设计具有鲜明特色和吸引力的旅游形象，以至于促销经费花了不少，游客量却上不来，旅游淡、旺季差异极大，形象宣传口号雷同等现象比比皆是，更不用说打造旅游品牌了。

五、未来我国旅游市场的展望

到 2020 年，中国将从初步小康型旅游大国迈向全面小康型旅游大国，中国旅游业在规模、质量、效益上都将达到世界旅游大国水平。到 2020 年，中国国内旅游规模将达到 68 亿人次，城乡平均出游次数差距将进一步缩小，城镇居民出游次数为 5.6 次，农村居民出游次数为 4.7 次，平均每人 5 次，旅游将更加广泛地覆盖中国城乡人口；出境旅游人数将达到 5 亿人次。中国人均国内旅游消费将达到 1 700 元，国内旅游消费总额将达到 10.5 万亿元，入境旅游人数达到 1.6 亿人次，旅游外汇收入超过 1 600 亿美元。

到 2050 年，中国将成为初步富裕型国家，实现从全面小康型旅游大国到初步富裕型旅游强国的新跨越。中国旅游将全面实现旅游现代化、信息化、国际化，那将是中国旅游业发展壮大的黄金期。到 2050 年，中国将由世界旅游大国走向世界旅游强国，全面实现“八高、八强、八支撑”。“八高”是指旅游总量高、旅游品质（旅游产品质量、旅游服务质量、旅游景区环境质量）高、旅游效益高、旅游综合贡献高、旅游从业者素质高、游客文明素质高、旅游安全水平高、旅游科技利用水平高；“八强”是指旅游吸引力强、旅游创新力强、旅游个性特色强、旅游持续发展能力强、国际旅游竞争力强、世界旅游影响力强、全球旅游话语权强、旅游综合带动力强；“八支撑”是指拥有世界一流的旅游城市、世界一流的旅游企业、世界一流的旅游目的地、世界一流的旅游强省强县、世界一流的旅游品牌、世界一流的旅游产品、世界一流的旅游院校、世界一流的旅游人才队伍。

（一）我国旅游业仍将保持快速增长

我国旅游资源丰富，文化、自然遗产数量众多，截至 2016 年，我国已有 50 处文化和自然遗产被列入联合国教科文组织《世界遗产名录》，位居世界第二，仅次于意大利，其中：文化遗产

31处、自然遗产11处、文化和自然双重遗产4处、文化景观4处。另一方面，我国的自然旅游资源和人文旅游资源尚未完全开发，尤其是中西部众多资源还未向游客揭开神秘的面纱，随着东部旅游资源的深度开发、中西部旅游资源的相继开发和旅游条件的改善，我国将会对世界产生越来越大的吸引力，将会吸引来众多的旅游者。

(二)我国旅游业增长潜力大，对GDP贡献将不断增大

从我国国内旅游总收入占国内生产总值(GDP)比重的变化趋势可以看出，随着我国对外开放程度的逐步增大，我国旅游业快速发展，近十年来我国旅游总收入占GDP的比重整体呈上升趋势，2008年受全球经济危机及我国地震、冰灾等自然灾害影响，比重下降后又逐步上升至2015年的4.99%。虽然我国旅游总收入占GDP的比重逐步提高，但是与中等发达国家相比，仍然偏低。在中等发达程度以上的国家，旅游总收入占GDP的比重约10%；以旅游为支柱或主导产业的国家，其旅游总收入占GDP的比重则超过20%。随着城乡居民的收入水平和改善生活质量需求的提高，尤其是随着中等收入阶层规模的不断增大，旅游消费预期会得到极大释放，旅游参与者规模将迅速扩大，旅游产业规模不断扩张。世界旅游组织预测，到2020年，中国将成为全球第一大旅游目的地，旅游总收入将占GDP的8%，未来增长空间较大。

然而，旅游业对GDP的贡献不仅仅在于其本身，实际上现代旅游产业综合性强、关联度大、产业链长，已突破了传统旅游业的范围，广泛涉及并交叉渗透到许多相关行业和产业。据世界旅游组织统计，旅游产业每收入1元，可带动相关产业增加4.3元收入。据日本野村综合研究所的测算，在发达国家，旅游消费支出每增加一个单位，工业产值可扩大2.71倍，国民收入扩大1.36倍，投资扩大0.25倍。旅游产业能够影响、带动和促进与之相关联的110个行业发展，增加就业机会，国外学者的研究表明，旅游从业者每增加1人，可增加4.2个相关行业就业机会。

(三)旅游市场结构升级，逐步从观光游向休闲度假游过渡

我国旅游业经过几十年的快速发展，正面临一个整体转型问题。目前旅游市场体系的结构仍然比较单一，观光型旅游“一枝独秀”，无论是入境旅游、出境旅游还是国内旅游，观光型旅游都占主体地位。未来一段时间，观光旅游仍将会保持第一的市场份额，但随着我国中等收入阶层的建立及逐步扩大，其对闲暇的需求越来越多，对生活的品质要求越来越高，将会选择放松身心、体验生活的休闲度假类旅游产品。届时，休闲度假旅游将迅速崛起，其旅游体现形式也将多样化，旅游市场结构将逐步从观光游向休闲度假游过渡。

第2节 旅游市场营销学

一、市场营销学发展的历史回溯

市场营销学是随着市场经济的发展而产生和发展起来的一门关于企业经营管理决策的科学。近百年来，市场营销学从产生到发展，大致经历了以下几个阶段。

(一)19世纪末到20世纪初的初始阶段

在这一阶段，工业革命的爆发使资本主义世界经济迅速发展，市场需求极度膨胀。市场的总态势是供不应求的卖方市场。在这个阶段，现代市场营销的基本理论和原则还没有出现，市场营销学的研究内容主要是广告和推销方法,研究范围局限于学校和学者,还没有得到社会和企业界的重视。1921 年,哈佛大学的哈杰特齐出版了第一本市场学的教科书,成为市场学以一门独立的学科问世的标志。

(二)从 20 世纪 30 年代到二战结束的应用阶段

20 世纪 20 至 30 年代,资本主义国家爆发的严重经济危机引发了经济大萧条,整个资本主义经济受到了重创。当时企业要解决的最尖锐的问题是市场疲软和产品的销售。在这个阶段,对市场营销学的研究虽然还局限于产品推销的狭窄领域,但开始在更深、更广的基础上研究如何刺激顾客需求的推销术和广告术,并开始研究企业组织机构如何设置更有利于产品推销;市场营销学从大学的课堂走向社会,被广大企业所重视。1931 年,美国市场营销协会(AMA)的成立,标志着市场营销的理论研究和实际应用已成为一种受社会重视的管理活动。

(三)20 世纪 50 年代至 80 年代初的繁荣发展阶段

第二次世界大战结束以后,各国经济由战时经济转入民用经济。战后经济的恢复及科学技术革命的迅速发展,使西方国家的经济迅速发展,生产力水平大大提高,产品数量急剧增加,商品供过于求。这时企业所面对的是需求复杂、竞争更加激烈的买方市场。面对买方市场,以研究广告和推销为主体的市场营销很难适应企业的需要,于是以消费者需求为中心的新理论开始出现,使市场营销的研究进入一个新的阶段。这个时期市场营销的主要特点是:市场营销学的研究从流通领域进入生产领域,形成了以需定产的经营哲学;从静态研究转变为动态研究,强调供给和需求之间的整体协调活动。在这一时期,一系列优秀的市场营销著作相继问世,如美国市场营销学家麦卡锡的《基础市场学》和科特勒的《营销管理:分析、计划、执行和控制》,全面提出了现代市场营销理论,形成了现代市场营销学的概念、方法与理论体系。20 世纪 70 年代之后,市场营销学开始与经济学、社会学、心理学、行为学、公共关系学等学科密切结合,成为企业经营决策的管理科学和热门的边缘应用学科。

(四)20 世纪 80 年代至今的创新发展阶段

20 世纪 80 年代以后,随着国际竞争的日益加剧,营销环境更加复杂多变,对某些特殊复杂的营销环境而言,常规的市场营销理论及方法显露出某种局限和不足。1984 年,科特勒提出了大市场营销(Meg-marketing)理论,在原有的营销组合中加上权力(Power)和公共关系(Public Relations)两个新的重要因素。这为企业应付更复杂的国际、国内环境与竞争,打破封闭的市场壁垒,提供了最先进的理念和方法。

20 世纪 90 年代,世界的政治和经济环境发生了重大变化,例如东欧剧变、欧盟诞生、北美自由贸易区建立、东南亚金融危机等。这些重大事件的发生向世人展示了一种新的趋势:世界市场开始向纵深开放与发展,国际竞争空前激烈,国际经济与贸易全球化和一体化格局正在形成,这对以全球市场为目标的跨国企业形成了严峻的挑战。为适应世界市场经济的重大变化和发展趋势,全球营销管理(Global Marketing Management)理论应运而生,它突破了国界的范畴,从世界大市场的角度来考虑企业的营销战略,以求获得企业的综合竞争优势。全球营销理论的形成与发展在更大的规模和更广泛的意义上拓展了国际化企业在全球市场上开展营销活动的战略思想。同时,市场营销学开始呼吁社会责任和道德,并且延伸到学校、医院、教会、公安部门、公共机构等非营利组织,成为一种普遍的社会经营理念,即大营销观念。

市场营销学的发展过程表明，市场营销永远处于一个动态的发展过程中，不断面对国际和国内出现的新问题从而提出新的理论和新的方法。综观市场营销学的发展过程和主要内容，其最大的特点是：①具有丰富的经验性，其原理和方法大多是企业成功经验和失败教训的总结；②具有很强的实践性，其基本原理和方法来源于企业的经营管理实践，又反过来指导企业的经营管理实践；③具有明显的综合性，市场营销学吸收了经济学、心理学、社会学、管理学、统计学等学科的研究成果，成为不同学科理论和方法的集合体；④具有精湛的艺术性，市场营销是一门管理艺术，而不是纯理论，它往往能使山穷水尽的企业变得柳暗花明。

二、旅游市场营销学的含义

旅游活动的特点决定了企业的旅游市场营销必须在经过选择的目标市场中，与现实的或潜在的旅游者建立联系，了解旅游者的愿望和需要，根据旅游者的要求组织相应的产品供应，尽可能满足旅游者的旅游需要，并从中取得经济效益。

旅游市场营销学就是在科学分析、总结旅游者的需求、动机的基础上，总结出不同旅游者的购买行为倾向和方式，研究在一定的时空条件下，刺激旅游者需求并满足旅游者需求的营销规律的科学。

三、旅游市场营销学的研究对象

作为一门学科，旅游市场营销研究的是旅游市场中的需求及如何满足这些需求。一方面，在纷繁复杂的市场中，都存在什么样的旅游需求，哪些需求会对旅游企业的运营产生影响；另一方面，如何指导企业去更好地满足旅游消费者不断变化的旅游需求，将旅游产品与体验更好地转移给旅游消费者，从而实现企业的目标。

旅游市场营销学的研究对象不仅包括旅游消费者的欲望与需求，还包括旅游产品生产者的生产经营活动，既研究旅游产品的流通规律，也研究如何对旅游市场进行细分，确定目标市场、设计旅游线路、制定竞争价格、建设分销渠道等。

综上所述，旅游市场营销学研究如何在满足旅游者利益的基础上，刺激和调控旅游者的需求，并根据社会、企业的具体条件，有计划地进行营销活动，提供满足消费者需求的产品与服务，从而实现旅游企业的经济、社会目标，并保证社会的长远利益。

四、旅游市场营销学的研究方法

旅游市场营销是非常复杂的社会、经济、文化活动，对其的研究要建立在定量研究与定性研究相结合的基础上。一方面要利用数学、统计学、系统论、控制论、运筹学和计量经济学等应用学科的基本理论；另一方面也要依靠营销决策者的经验、逻辑思维和远见，对外界环境的变化、旅游者的需求变化进行分析，另外还要从内部对旅游从业人员进行内部营销活动，既要保证企业能够不断地向旅游者提供合适的旅游产品，满足消费者需求，又要保证实现企业的长远利益，保证整个旅游产业健康发展。

（一）定量研究方法

定量研究是在数学、统计学、系统论、控制论等数理基础上，利用数学模型进行的数量分析，从而为进一步的定性分析提供准确的事实基础。定量分析能够反映事物发展、变化的程度，而旅游市场营销中有很多问题需要进行定量分析，如旅游市场的规模、增长率、旅游目的地的承载量、旅游企业市场占有率等。决策人员正是根据定量分析所得出的结论来进行进一步的市场决策，离开了定量研究，市场营销决策将失去准确的事实依据，从而导致决策的盲目与不准确。

（二）定性研究方法

定性研究是指在定量研究所提供的客观事实基础上，同时依据其他一些通过不同信息渠道所获得的直观材料，依靠决策者的相关经验，进行主观分析和综合判断，从事物的性质和发展趋势上进行推断并得出相关结论的分析方法。旅游市场营销中有很多问题，比如，什么是旅游市场营销，旅游者对于旅游产品的态度如何，旅游市场营销的发展趋势，等等，很难完全依靠定量研究来获得结论，因此只能对其进行定性研究。定性研究在很大程度上依靠决策者的见识与经验，同时也离不开定量研究所提供的事实基础，盲目地依靠经验也会导致决策的错误与失败。

【本章小结】

旅游市场营销是通过分析、计划、执行、反馈和控制等过程，以旅游消费需求为导向，协调各种旅游经济活动，从而实现提供有效产品和服务，使游客满意，使企业获利的经济和社会目标。旅游市场营销研究的出发点是旅游市场需要，研究的目的是获得效益。市场营销学是随着市场经济的发展而产生和发展起来的一门关于企业经营管理决策的科学。近百年来，市场营销学从产生到发展，大致经历了初始阶段、应用阶段、繁荣发展阶段和创新发展阶段。作为一门学科，旅游市场营销研究的是旅游市场中的需求及如何满足这些需求。旅游市场营销是非常复杂的社会、经济、文化活动，对其的研究要建立在定量研究与定性研究相结合的基础上。

【思考题】

1. 什么是旅游市场营销？什么是旅游产品和旅游市场？

2. 未来中国旅游市场的发展趋势如何？

3. 旅游市场营销学的发展经历了哪几个阶段？

4. 旅游市场营销的研究对象和研究方法有哪些？

【练习题】

一、单选题

1. 旅游市场营销的核心是（　　）。

A. 旅游需求　　B. 旅游市场　　C. 旅游欲望　　D. 旅游动机

2. 旅游市场营销学的研究方法有定性研究方法和（　　）。

A. 问卷调查研究方法　　B. 实地测量研究方法

C. 定量研究方法　　D. 理论研究方法

二、判断题

1. 2016 年，我国的旅游直接就业人口总数约为 3 820 万。（　　）

2. 世界旅游组织预测，到 2020 年，中国将成为全球第一大旅游目的地。（　　）

3. 现在，旅游业是全球最具有活力的朝阳产业，也是世界上最大的产业。（　　）

4. 旅游市场营销的研究对象是如何在满足旅游者利益的基础上，刺激和调控旅游者的需求，并根据社会、企业的具体条件，有计划地进行营销活动，提供满足消费者需求的产品与服务，从而实现旅游企业的经济、社会目标，并保证社会的长远利益。（　　）

5. 旅游市场营销的核心是旅游市场。 （ ）

【参考文献】

[1] 宋国琴. 旅游市场营销学 [M]. 杭州：浙江大学出版社，2016.
[2] 赵西萍. 旅游市场营销学 [M].2 版. 北京：科学出版社，2016.
[3] 梁昭. 旅游市场营销 [M].2 版. 北京：中国人民大学出版社，2014.
[4] 张俐俐. 旅游市场营销 [M]. 北京：清华大学出版社，2013.
[5] 谷慧敏. 旅游市场营销 [M].2 版. 北京：旅游教育出版社，2012.

第 2 章　旅游市场营销环境分析

学习目标

1. 了解旅游市场营销环境的类型及特点。
2. 熟悉旅游市场营销的宏观环境与微观环境。
3. 了解旅游企业的内部条件。
4. 掌握旅游市场营销环境分析的 SWOT 技术。
5. 熟悉旅游市场调查的几种方法。
6. 掌握旅游市场调查的问卷设计技术。
7. 熟悉旅游市场营销的预测技术。

教学重点

1. 旅游市场营销环境的内容。
2. 微观环境和宏观环境对旅游市场营销的影响。

课前导读与体验

7 天连锁酒店集团(7 Days Group Holdings Limited),自 2005 年成立以来,经过快速发展,分店总数已经超过 2 000 家,覆盖全国 300 座城市,成为中国经济型酒店行业的第一品牌。2014 年,7 天品牌家族正式增加两位新成员:7 天优品和 7 天阳光。现 7 天品牌拥有:①定位为商务时尚的高端经济型酒店产品“7 天优品”;②定位为都市时尚的经济型酒店产品“7 天阳光”;③因方便快捷深受消费者欢迎的“7 天酒店”。三大酒店产品共同诠释“年轻的选择”这一核心价值主张。7 天连锁酒店会员已超过 8 000 万,形成中国经济型酒店中规模最大的会员体系。权威数据显示,会员对 7 天连锁酒店收入的贡献率高达 98%。庞大的会员体系大大减少了对第三方代理的依赖,节省了中介费用,7 天连锁酒店将更多的利益回馈顾客。

2010 年 9 月 2 日,在百度世界 2010 大会暨网络营销论坛举行的搜索营销颁奖仪式现场,7 天连锁酒店被授予“2010 年度搜索营销最佳突破奖”,搜索营销专家评审委员会在颁奖词中称赞 7 天连锁酒店“勇于尝试搜索营销创新形式,赋予消费者全新体验”。同时获得该奖项的知名企业品牌还包括凡客诚品、中美史克、中国国航和麒麟网。

7 天连锁酒店是经济型酒店领域的佼佼者,它已经建立了一个先进的在线预订、支付管理平台,其电子商务能力、会员体系等在行业中都处于领先地位。

通过对核心目标人群的研究,深入发掘族群特质,围绕“极简、品质、活力、自由”等核心概念,7 天酒店打造了一个更有个性、更有品质、更自由、更放松的全新空间,最大限度满足 7 天核心消费人群的情感和价值诉求。

2017 年 2 月起，全新 7 天酒店在全国多个城市陆续亮相，大堂功能区除了前台，还设置了 24 小时便利购区、“年轻加油站”简易健身器材借用区，客房配置方面则特别设计了可自由搭配的简便办公桌和组合软包坐凳，赢得客人和投资人的一致好评。目前，全新 7 天酒店在全国已有近 30 家门店开业，入住率和 RevPAR（Revenue Per Available Room，每间可供出租客房收入）均表现强劲。7 天酒店将不断向着“国民品牌”的目标前进。

（资料来源：http://www.1637.com/qitianlsjd/news/MPLCAL3VJFZ5271261.html）

第 1 节　旅游市场营销环境概述

在旅游企业市场营销活动过程中，会受到政治、法律、经济、社会等各种因素的影响，这些复杂的因素时刻影响着旅游企业市场营销活动的进行，因此，旅游企业应对自身所面临的营销环境展开深入持续的研究，主动地识别和利用市场机会，规避环境威胁，充分发挥自身的优势，克服劣势，制定正确的营销决策，以实现营销目标。

一、旅游市场营销环境的概念及分类

旅游市场营销环境是指影响或推动旅游企业营销活动的各种内、外部因素，是与旅游企业营销活动有直接或间接关系的各种因素的总和。

按照不同的分类方法，旅游市场营销环境可以分为不同的类型（见图 2-1）。

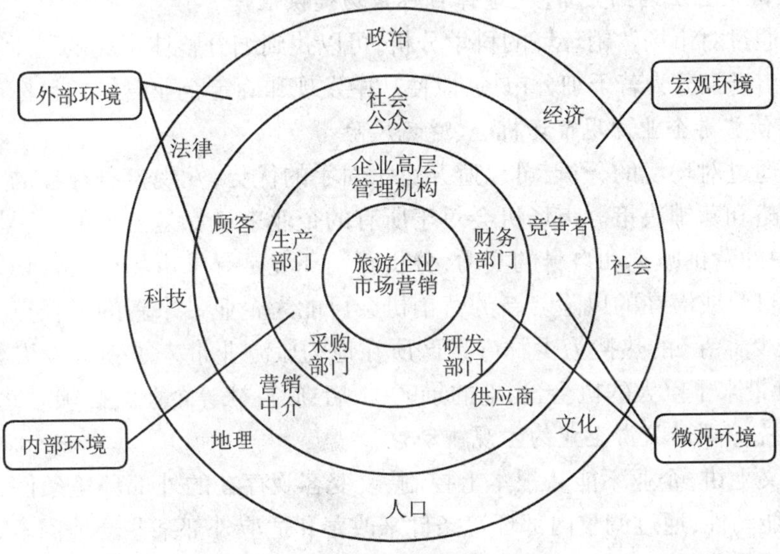

图 2-1　旅游市场营销环境

（一）按对营销活动影响的范围，分为微观环境和宏观环境

微观环境是指与旅游企业紧密相连、直接影响企业营销活动的各种因素，包括企业自身、供应商、营销中介、顾客、竞争者及社会公众。微观环境往往与旅游企业有着直接的经济联系，旅游企业可以对其进行适度的调节。

宏观环境是指间接影响企业营销活动的一系列宏观的社会力量和因素，主要包括人口、地

理、经济、政治、法律、科技、社会、文化等因素。宏观环境首先作用于微观环境，然后通过微观环境作用于旅游企业的市场营销活动，旅游企业对其难以控制和调节，只能适应其变化，提高营销活动的有效性。

（二）按照与旅游企业的关系，分为内部环境与外部环境

内部环境是指隶属于旅游企业的对其市场营销活动有一定影响的企业其他部门，包括财务部门、人事部门、生产部门、企业高层管理机构、采购部门、研发部门等。

外部环境是指旅游企业外部的影响市场营销活动的一切因素，包括外部的宏观环境和外部的微观环境。

（三）按对营销活动影响的时间长短，分为长期环境与短期环境

按照营销环境对旅游市场营销活动影响的时间长短来划分，可以将旅游市场营销环境分为长期环境与短期环境。

长期环境一旦形成就会对旅游市场营销活动产生较长时间的影响，包括人口、经济、政治、法律、科技、文化、社会等因素。

短期环境是指对旅游市场营销活动影响时间较短的一些因素，包括企业内部环境、竞争环境等。

二、旅游市场营销环境分析的意义

在营销活动开展之前，进行营销环境的全面分析对旅游企业有着重要的意义。

（一）为旅游企业正确细分市场、选择目标市场提供依据

旅游企业通过对市场营销环境的科学分析，可以找到细分整体市场的科学依据，使其在一定的标准下将市场细分为若干细分市场，以便从中发现和确定企业营销的目标市场。

（二）可以使旅游企业发现市场机会、避免风险

旅游企业通过对环境的分析，可以避开竞争对手的优势，发现自身存在的不足，进而调整自己的经营战略和营销决策。市场机会对于所有的企业来说都是公平的，但是谁能够抓住机会，取决于敏锐的营销嗅觉和自身的实力，分析营销环境是寻求市场机会的切入点，同时也可提早有效回避目前或潜在的风险。新的营销机会可能为企业带来新的增长点或相关的利益。例如，电影《新少林寺》的热播为少林寺景区所在地的旅游业带来了新的发展契机，也为当地的饭店、旅行社带来了巨大的机会，当地的景区、饭店、旅行社等企业就必须对此进行分析。

（三）可以充分调动旅游企业的主观能动性

从一般意义上讲，企业不能从根本上控制、改变客观存在的外部环境条件，但企业可以积极地发挥主观能动性，通过调整内部环境条件来改善和适应外部某些环境因素，促使其向着有利于企业营销的方向改变。

三、旅游市场营销环境的特点

（一）关联性

旅游市场营销环境的各因素之间并不是孤立的，而是相互影响、相互制约的，任何一项环境因素的变化，都会引发其他因素的变化，形成新的市场营销环境，而且这种相互影响会引发连锁反应。例如，宏观政治或法律因素变化会引起经济环境的改变，进而引发供应商、营销中介、竞争者及顾客的相应变化，竞争者和顾客之间又会产生相互的影响。

（二）多样性和复杂性

随着社会的发展，能够影响营销活动的环境因素越来越多，营销环境日趋复杂。这些环境因素，有的能够评价，有的却难以估计和预测，十分复杂。复杂的环境因素使旅游企业在经营过程中必须花费更多的时间和精力去适应环境，为企业带来新的机遇的同时也带来了新的挑战。

（三）动态性和多变性

旅游市场营销环境不仅复杂，而且由于时间、地区、季节等因素的影响，使营销环境诸因素发生着动态的变化，随着环境的不断变化，旅游企业的营销方式也应该随之调整。因此，旅游企业的营销人员应时刻关注营销环境的变化，为企业及时提供信息，以便旅游企业能够依据市场的变化而对各种营销活动和决策进行相应的调整。旅游企业营销活动必须与营销环境保持一致，一旦环境发生变化，营销活动就必须积极做出反应以适应环境的变化。

（四）不可控性和可影响性

一般来说，宏观营销环境是旅游企业无法控制的，因为旅游企业不能改变人口因素、政治经济因素、社会文化因素，等等。企业可以通过改善自身的条件、调整经营策略，对营销环境施加一定的影响，积极促进某些营销环境朝着有利于企业营销的方向发展。例如，旅游者对酒店的形象感知是一个酒店无法控制的，但是酒店可通过建立环保绿化带、提供社区服务等措施来提高其在社会公众中的形象。

（五）难预测性

营销环境的动态变化导致在复杂多变的营销环境下，旅游企业很难把握外部环境的发展变化，这给企业对环境的预测带来了很大的困难。例如，社会经济的走势、政治的不稳定、外来的竞争、突发事件等，都是旅游企业难以预测与把握的。

（六）差异性

不同旅游企业所面临的环境是有差异的，即使是同一个旅游企业，在不同的时间所面临的环境也是不一样的。虽然从整体上看，同一国家、同一地区的宏观营销环境基本上是一致的，但是这种一致性是相对的。例如，同处于某一城市的一家大型的国际旅行社和一家小型的国内旅行社，其宏观环境相似，但微观环境却截然不同，大型的国际旅行社由于自身实力强，在旺季来临之前可以综合运用各种各样的营销手段来推广自己的旅游产品，而小型的国内旅行社此时限于自身的人力、财力，只能通过人员推销等有限的手段来推广其产品。

鉴于营销环境的这些特点，旅游市场营销成败的关键，在于能否把握营销环境的特点及其变化，只有与环境的变化相适应、相协调，企业才能顺利地开展营销活动，并实现其预期的各项目标。

四、旅游市场营销环境可持续发展研究

（一）旅游市场营销微观环境的可持续发展

旅游市场的需求受到旅游者的兴趣、爱好、收入等微观因素的直接影响，这些影响因素构成了旅游市场的微观营销环境。一般来说，旅游市场微观营销环境包括旅游企业、营销中介、旅游商品购买者、竞争者。

旅游企业市场营销活动的进行不是孤立的过程，它与旅游企业的诸多职能部门，如董事会及财会、采购、客房、餐饮、娱乐等部门的工作紧密联系。旅游市场是国际性的市场，往往有众

多经营同类产品的竞争者。并且,旅游产品的需求替代性较强,旅游市场的潜在竞争对手较多。竞争者的营销战略及营销活动的变化对旅游企业营销工作的影响较为明显,旅游企业必须密切注视竞争者的任何细微变化,并制定出相应的对策。

旅游者是旅游企业微观营销环境中最重要的因素,它是旅游企业产品的最终购买者或消费者。满足消费者的需要,也就意味着企业市场营销工作得到旅游者的认可;反之,则表明企业市场营销工作失败。对旅游消费者的把握,要从旅游市场的规模和旅游者需求的质与量两方面分析和了解。

(二)旅游市场营销宏观环境的可持续发展

旅游市场营销的宏观环境是由人口、经济、科技、政治、法律、自然、社会、文化等环境因素组成的。这些环境因素对旅游市场营销活动的影响,主要是以间接的方式进行,以微观营销环境为媒介而作用于企业的营销行为。

1. 文化环境的可持续发展

文化是精神财富与物质财富的总和,包括人类知识、信仰、艺术、道德、法律、风俗习惯等,它使人们形成不同的生活方式和价值观念,并表现为种种具体的市场需求,而旅游营销的根本目的,正是为了满足人们的需求和欲望。因此,旅游市场营销必须适应文化因素,必须随着文化的变化而变化。旅游企业在开展国际旅游市场营销活动时,不能以本国文化为参照,而要自觉地考虑异国文化的特点,使旅游营销与社会文化因素两者之间相互适应。

2. 人口环境的可持续发展

人是市场的主体,人口容量决定了市场规模,人口因素与旅游市场营销的关系十分密切。旅游市场营销的人口环境因素包括人口的数量、密度、居住地点、年龄、性别、种族、民族和职业等。例如我国人口的地理分布特点,宏观上决定了东南沿海一带为我国最重要的旅游客源市场。人口的地理分布不是永恒不变的,随着市场经济的发展,工业化进程的逐渐推进,人口的地理分布会出现变化,资源、年龄结构也会发生变化,这就为开展旅游市场营销创造了有利的条件。人们平均寿命的延长,收入和闲暇时间的增加,客观上促进了旅游和娱乐活动的增加,为旅游企业开展市场营销提供了更多的机会。

3. 经济环境的可持续发展

国民收入水平、消费结构构成了经济因素的主体。这两个因素直接与旅游市场消费有关。此外,产业结构、经济增长率、货币供应量、消费者支出模式等也与旅游市场及其市场营销紧密相关。经济发达程度决定了旅游业发展的规模和速度。经济状况的改善会推动旅游业的发展。然而,有时经济的变化会从相反方面影响旅游市场营销,对与旅游市场营销密切相关的旅游需求、消费能力、消费方式和旅游规模等,都会产生重大影响。经济因素在可持续发展中起核心作用,没有经济的促进和推动,可持续发展就难以实现。

第2节　旅游市场营销的外部环境

旅游企业的营销人员必须根据外部环境中的各种因素及其变化趋势制定自己的营销策略,以达到扩大销售的目的。在旅游市场营销中,外部环境既有宏观的因素,也有微观的因素。

一、宏观因素

(一)政治、法律因素

旅游企业的营销活动总要受到政治与法律环境的规范和约束,政治与法律环境对旅游企业营销活动的影响表现在以下几个方面。

1. 政治局势

政治局势是影响旅游企业营销活动的重要因素之一,旅游者外出首先要考虑自身安全问题,如果目的地国家的政局不稳定,将会对客源产生极大的影响,从而影响旅游营销活动。旅游营销活动不仅受到目的地国家的政治影响,还受到客源国的政治影响,同时还受到双方国家外交关系的影响。

例如震惊全球的美国"9・11"事件,给美国的旅游业带来了极其严重的影响,同时,也给以美国为主要客源国的国家或地区的旅游业带来了不利的影响,美国客源占 85%的墨西哥旅游业的业绩在 2001 年 10 月份急剧下滑。

2. 法律规定

法律规定包括国家主管部门及省、自治区、直辖市颁布的各项法规、法令、条例等。对旅游企业来说,法律是企业营销活动的准则,只有依法进行的各种营销活动,才能受到国家法律的保护。因此,企业开展市场营销活动,必须了解并遵守国家或政府颁布的有关经营、贸易、投资等方面的法律法规。

在进行市场营销时,首先要熟悉两类法律:一类是与市场营销活动有关的法律;另一类是有关限制竞争的法律,如《中华人民共和国合同法》《中华人民共和国劳动法》《中华人民共和国广告法》《中华人民共和国反不正当竞争法》《中华人民共和国商标法》等。这些法规都明确规定了企业的活动形式与内容,并保障企业的合法权益,维护自由竞争和公平竞争,监督和惩罚企业的不法行为。

3. 国家的方针政策

国家的方针政策总是随着经济形势的变化而变化,它对旅游企业的营销活动影响更直接、更明显。企业在营销活动中,要寻求国家方针政策给旅游企业带来的市场机会。国家加大对旅游业的投入、增加节假日、把旅游业作为支柱产业发展、修改《旅行社管理条例》、加大对旅游业的对外开放程度、修改星级饭店评定的标准等,这些方针政策对旅游企业来说将会形成有利的市场营销环境,同时也使旅游市场竞争更加激烈。

例如:国家将"五一"七天长假改为三天小长假,就对整体旅游格局产生了重大影响。旅游企业在进行市场营销活动时,就不得不对以前的营销措施进行相应的修正,由于"小长假"增多,两日、三日的自驾游成为到外省旅游的主要内容,市内景区、景点、农家乐等更受游客的青睐,短线产品如清明踏青、中秋赏月等受到追捧。以往,一些大旅行社对这些短线旅游往往不太在意,现在,短线旅游也成为大旅行社的新宠。另外,由于我国的传统出游旺季是"五一""十一"黄金周,"五一"长假取消后,长线游受到影响,其游客分流到"十一"黄金周或者春节期间,因此,旅游企业在春节或"十一"黄金周就要抓住机遇,加强促销。

(二)文化因素

在企业面临的诸多环境因素中,文化是比较复杂的一种环境因素,它不像其他环境因素那样显而易见、易于理解,却又时刻影响着企业的市场营销活动。

文化环境是由一个国家和地区的民族特征、文化传统、价值观念、宗教信仰、风俗习惯等因素组成的。社会文化是在长期的历史中逐渐形成的,任何人都在一定的社会文化环境中生活,因此文化环境会影响到人们对旅游的兴趣与偏爱。旅游企业的顾客来自国内外,因此,旅游企业不仅要关注本国的社会文化环境,还应关注旅游客源国的社会文化环境。旅游企业在营销活动中不可能只针对某一目标客源,在产品设计和服务中应尊重不同文化背景的旅游者。

在进行市场营销活动时,必须考虑到客源国与接待国的文化差异,包括民众在时间、空间、图案、颜色、数字、动植物、社会交往等方面的爱好和禁忌的差异。

例如,东南亚各国喜欢大象,而欧美各国视大象为废物的象征;关于颜色,泰国人认为黄色代表吉祥,埃及人认为黄色与死亡连在一起,在我国黄色则是富贵的象征。

再如,埃及有一家私人航空公司 Misair,其在法国的航线非常不受欢迎,原因就是这一名称在法语中与"悲惨的"相同,给这家航空公司的营销带来了很大的障碍。

(三)社会因素

影响消费者行为的社会因素主要包括相关群体、家庭和地位阶层等。

1. 相关群体

所谓相关群体,就是能影响一个人的态度、行为和价值观的群体,相关群体为个人的行为提供了"参考依据"。

相关群体有三种形式。

(1)主要群体,包括家庭成员、亲朋好友和同窗、同事。主要群体对消费者的购买行为产生直接和主要的影响。

(2)次要群体,即消费者所参加的工会、职业协会等社会团体和业余组织。这些群体对消费者购买行为产生间接的影响。

(3)期望群体,如社会名流、影视明星、体育明星等,这些被称为崇拜性群体。消费者虽不属于这一群体,但这一群体成员的态度、行为对消费者有很大影响。

消费者购买不同商品时受到相关群体的影响是有所区别的。一般来说,当消费者购买带有炫耀性的产品时受相关群体的影响较大,而购买非炫耀性产品则不受相关群体的影响。旅游产品也具有炫耀性质,因此受相关群体的影响比较大。

相关群体对个人的影响方式十分巧妙,个人通常不知不觉地就与相关群体协调起来了,大多数人怎么做自己便怎么做,大多数人做什么自己便做什么,因此,相关群体影响用户购买旅游产品的方式、品牌等,如果此时本地流行去海南三亚结婚旅行,那么其他人结婚时,也很可能选择去海南三亚旅行。

相关群体对旅游者行为的从众心理影响体现在三个方面。

(1)示范性,相关群体的旅游消费行为和旅游方式为旅游者做出示范,提供新旅游行为模式和旅游方式。

(2)仿效性,相关群体的消费行为引起人们仿效的欲望,影响人们对旅游产品的选择。

(3)一致性,相关群体促使人们的旅游行为趋于某种一致,从而影响旅游者对某些旅游线路的选择。

另外，攀比心理也会影响旅游者的消费行为，即别人消费了某种旅游产品，他偏要消费其他旅游产品，显得与众不同或比别人强。

2. 家庭

家庭成员对购买者的购买行为的影响非常大。每个人都会受到父母的教导和影响，如宗教、政治、经济、个人的抱负、爱憎以及价值观等，而对一个人的购买行为更为直接的影响则来自其配偶和子女。

随着经济的发展和家庭观念的更新，家庭状况出现了新的变化，三口之家越来越多，家庭规模趋于小型化。家庭收入中用于旅游、教育等方面的支出越来越大。另外，我国青年人的平均结婚年龄越来越大，对他们来说不必过早地承担家庭责任，因而有更多的婚前旅游机会。

家庭有两种形式：核心家庭与扩大家庭。核心家庭中包括父、母和未婚的子女；扩大家庭常常几代同堂，家庭规模较大。核心家庭与扩大家庭对旅游产品的购买次数与旅游决策有很大差异，核心家庭旅游次数相对较多，决策相对容易；而扩大家庭的旅游次数相对较少，旅游决策相对比较困难。发达国家一般是以核心家庭为主，而发展中国家大多以扩大家庭为主。中国的家庭形式正从扩大家庭向核心家庭过渡，这将有利于家庭旅游的普及。

3. 地位阶层

人们依据其职业、收入、所受教育程度以及居住区域等被划分到一定的社会阶层中，同一社会阶层的人往往有着共同的价值观、生活方式、思维方式和生活目标，旅游消费行为大致相同。

（四）经济因素

旅游企业市场营销活动是一种经济活动，经济环境是影响旅游企业市场营销的最基本、最重要的因素。在开放的市场经济环境下，特别是在全球经济一体化的影响下，一个国家或地区的经济状况不仅取决于其自身的发展，而且还受到国际经济环境的影响；同样，一个国家或地区旅游业的发展也会受到本国和客源国经济环境的影响，这使得经济环境对旅游营销活动的影响更加错综复杂。

旅游企业在营销活动中必然受到社会购买力的影响和制约，而社会购买力又受到一系列经济因素的影响，包括国民经济发展状况、消费者收入与支出、通货膨胀、汇率等。

1. 国内生产总值

相对于国内生产总值，人均国内生产总值更能反映出一个国家人民的富裕程度。有关研究表明，当一个国家或地区的人均国内生产总值达到 800~1 000 美元时，就会产生旅游欲望；当达到 4 000~10 000 美元时，则会产生跨国短程旅游动机；超过 10 000 美元时，会产生国际远程旅游的需求。日本人均国内生产总值在 3 万美元以上，因此成为亚洲最大的旅游客源国之一。

2. 个人收入

旅游企业通过对旅游者收入的研究分析，可以充分了解目标市场的规模、潜力、购买水平和消费支出的行为模式。一个消费者可自由支配的收入越多，可用于旅游或其他娱乐活动的开支就越多。旅游消费是一种高层次消费，只有当可支配收入达到一定水平时，才能进行旅游消费。

个人收入是反映购买力高低的重要尺度。世界旅游组织统计，经济发达国家平均每个人的旅游消费支出占个人总收入的 4%~6%。第二次世界大战后，西方国家人民的个人所得不断增加，用于旅游的消费也相应增多，这是旅游市场不断发展的根本原因。

3. 汇率变动

汇率是两国货币之间的比价。汇率变动对旅游企业的影响表现在两个方面:一是当外国货币升值时,对外国旅游者有利,会引起目的地入境旅游人数增加;另一方面,当目的地国的货币贬值时,汇率下降,用目的地国的货币报价,入境旅游者带来的外汇是上升的,对目的地国有利。如果某国的货币升值,会造成该国入境旅游人数的减少。如2001年9月份美元对巴西货币雷亚尔升值,导致巴西旅游业出境赴美旅游人数大幅度下滑,据巴西银行公布的数字,巴西游客2001年9月份在国外的花销为1.99亿美元,比8月份减少22.9%。

4. 通货膨胀

通货膨胀造成物价上涨、货币贬值,旅游产品价格上涨,购买人数减少。因此,通货膨胀影响着旅游业市场营销活动。

(五)人口因素

旅游企业营销活动的最终对象是商品的购买者,人口数量、人口地理分布、人口结构、家庭结构等构成了旅游市场营销活动的人口因素。旅游企业在市场营销活动中,要把握人口环境的发展变化,并根据自己企业的优势,正确选择目标市场。

1. 人口数量与人口增长率

一个国家或地区的人口数量基本上可以反映出这一国家或地区旅游市场的规模,虽然人口规模的大小与市场购买力水平的高低并无必然联系,但一个有着大量人口的发展中国家的市场潜在需求,相对于一个人口数量较少的发达国家的市场潜在需求要高得多。

人口的增长对旅游业来说是一种机遇,随着人们闲暇时间和可自由支配收入的增加,人们在旅游方面的花费不断增加,进而不断刺激着旅游业的发展。

2. 人口的地理分布

市场消费需求与人口的地理分布密切相关。人们所处的地理位置不同,当地的气候条件、文化习俗等不同,因而消费需求和购买行为也不同,反映在吃、穿、住、行等方面的市场需求量也会有所差异。因此,研究人口的地域差别和变化,对企业的营销有着直接的意义。

3. 人口构成

人口构成包括自然构成和社会构成,前者指性别、年龄等,后者则包括职业、教育等。不同的消费者因年龄、性别、收入、阅历、爱好、教育背景等方面存在差异,必然产生不同的消费需求和消费方式。在人口构成中,一方面,我国人口呈现老龄化趋势,使老年人的市场不断扩大,形成"银发"市场;另一方面,独生子女的比重越来越大,一个庞大、特殊的"独生子女"市场正在形成。因此,在市场营销活动中老年人、儿童将成为重点目标,健身游、教育游、修学游等将成为我国旅游企业重点推介的旅游方式。

女性游客喜欢乘火车而不愿乘飞机,因为旅行经验使她们认为火车比其他交通工具安全。在游览过程中,她们喜欢听带故事情节的讲解,她们喜欢周围的人,喜欢逛商店,喜欢讨价还价,如果认为便宜,且周围游客称赞,她们会十分愿意购买。

(六)地理因素

地理因素既直接影响市场营销,又间接影响国家的社会与文化。所以市场营销中不能忽视地理因素。

自然环境处于发展变化之中，环境污染、生态环境遭到破坏的情况越来越普遍，许多边远地区脆弱的自然环境和原始的文化环境，随着所谓的生态旅游和探险旅游等专项旅游的发展而受到影响，旅游企业在市场营销活动中要注意自然环境变化的情况。自然环境的破坏越来越引起人们的重视，环保和可持续发展已被公众所接受，而旅游在可持续发展过程中所处的地位和角色越来越受到人们的关注。在旅游新产品开发上，旅游企业要推出具有环保作用的生态游、环保游等，开发和销售绿色产品，使经济效益和环境效益结合起来。

另外，旅游者外出旅游，除了经济、政治、文化和历史等原因外，更主要的是旅游目的地的地理要素景观的吸引力所诱发的旅游动机，如气候、地貌、水文等都会对旅游者产生吸引力。由于旅游者兴趣不同，各自的动机也不尽相同，对此进行研究，有利于探索客源市场的变化规律。从地理学的角度而言，旅游流强度随着地理距离的增大而逐渐衰减。因此，在旅游格局里，国内旅游流大于国际旅游流，中短程国际旅游流大于远程国际旅游流。在相同目标的前提下，许多国家都把近距离的市场作为自己的争夺目标。墨西哥一直以美国为目标市场进行旅游促销，亚洲国家也多在吸引日本、韩国等较近的富裕国家。欧洲国际旅游接待人数一直占全世界国际旅游总人数的70%左右，而欧洲各国之间的国际旅游人数则占欧洲接待国际旅游总数的80%以上。

(七)科技因素

高科技成果，尤其是现代通信技术、计算机技术给旅游企业的市场营销活动带来了巨大影响。科技的发展使餐饮业成为旅游业中集中应用高科技的领域，并扩展了餐饮服务项目，使饭店更易于开展个性化服务。科学技术的发展为消费者创造了更多的娱乐消费工具(卡拉OK、激光视盘、保龄球、室内高尔夫球等)，并使服务项目不断更新，如触摸式信息查询服务、触控点餐系统、为商务客人提供服务的商务中心、快捷的房内入住服务、信息化离店结算服务、电子门锁系统以及建筑智能化等。

电子计算机在旅游企业的广泛应用，使旅游企业提供的产品和服务更加快速和有效。这些新技术、新设施提高了工作效率，而且也成为吸引客人的新“卖点”，从而提高了饭店的竞争力并使企业和外部的信息交流更加畅通、及时和对称，还使内部管理信息系统更加优化、合理。

二、旅游市场营销微观环境分析

旅游市场营销微观环境是指存在于旅游企业周围并影响其营销活动的各种因素和条件，包括消费者、中间商、竞争者、公众以及企业自身等。旅游企业应定期对面临的微观环境及其因素进行分析，以便认清形势，适应环境的变化，从而根据微观环境及其因素的变化，灵活地调整企业的营销策略，使企业的市场营销活动得以顺利地开展。

(一)旅游消费者

旅游消费者是指最终旅游消费购买者，包括购买旅游产品和服务的个人和家庭。

旅游消费者的购买特点如下。

(1)人多面广。购买旅游产品的消费者包括各种类型、各个阶层的人员。

(2)需求差异大。旅游消费者因性别、年龄、习惯的不同，对旅游的需求存在较大的差异。

(3)多属小型购买。旅游消费者多以个人或家庭为单位，故购买的数量较少。

(4)购买频率较高。旅游消费者的购买品种多样，频率较高。

(5)多属非专家购买。由于大多数旅游者对旅游产品和服务缺乏专门知识,他们对旅游产品的购买不属于专家购买。

(6)购买流动性较大。旅游者的购买力和时间都有一定限度,对所需购买的旅游商品都慎重选择,这就造成最终旅游消费者对地区、企业以及替代品的选择和流动。

旅游企业营销人员应该根据企业本身的特点,分析企业所提供的产品和服务最适合哪一种旅游者、购买行为以及消费方式。

(二)公司购买者

公司购买者是指为开展业务而购买旅游商品和服务的各种企业或机关团体组织。

公司购买者的购买特点如下。

(1)公司购买者数量较少,但购买的规模较大。此类购买者大多是企业,购买者的数目必然比消费者数目少得多,但由于是为举办会议等用途而购买,所以规模较大。

(2)公司购买属于派生需求,即公司购买的消费属于生产性消费,购买者是为开展业务、扩大"生产"而购买,其费用是生产性费用。

(3)公司购买需求弹性较小。因为公司是为开展业务而购买,费用由单位支出,所以公司购买者对旅游商品和服务的需求受价格变动的影响较小。

(4)公司购买是专业人员购买,一般的广告宣传对他们影响不大,他们重视的是产品和服务的质量。此类购买需求弹性较小,故可采用高价优质产品和优质服务营销的策略。

(三)旅游中间商

旅游中间商是指处在旅游生产者与旅游者之间,参与商品流通业务,促使买卖行为发生和实现的集体和个人。它包括经销商、代理商、批发商、零售商、交通运输公司、营销服务机构和金融中间商等。

旅游企业在选择营销中间商之前必须对其进行详细的调查研究,包括旅游中间商的经济效益、目标群体与本企业的目标市场是否一致、中间商的信誉与能力、中间商对企业业务的依赖性、中间商的合作意向。调查分析之后,依据本企业的总体目标和销售目标,有针对性地选择中间商,并加强对中间商的管理,最大限度地发挥中间商的作用。

旅游中间商在购买旅游产品时的特点如下。

(1)购买产品和服务,主要是为了转卖,以取得利润。

(2)由专家购买。转卖者由各种旅游批发商和零售商组成。这些人是专门靠转卖为生的,是内行,对产品及价格行销非常熟悉。

(3)购买次数较少,但每次购买数量较大。旅游中间商一般都处于旅游消费者密集的大、中城市里,它们都有各自的目标群体。因此,通过它们易于沟通旅游企业与顾客之间的联系。旅游中间商拥有一批旅游专门人才,它们的工作人员一般都受过旅游专业训练,懂业务、有经验、最了解市场,也掌握消费者的心理。他们能够给顾客提供最有价值的信息,帮助顾客选择最理想的旅游产品,从某种意义上来说旅游中间商可以帮助旅游产品供给者提高产品的质量。

例如:2006年春季,周庄景区将门票价格从60元提高到100元,遭到旅行社的抵制。结果,新建不久的乌镇景区乘虚而入,迅速侵占了周庄原有的市场份额,使该景区的年客流量一举突破150万人次。而周庄景区非但未能享受到涨价带来的预期收益,反而因客流量急剧下降而元气大伤。

(四)竞争者

1. 竞争者的类型

每一个旅游企业,一般都面临四种类型的竞争者,即愿望竞争者、一般竞争者、产品形式竞争者、品牌竞争者。

例如,某投资商准备投资一个酒店,对当地的其他酒店来说,这个投资商就叫作“愿望竞争者”。经过反复考虑,该投资商建了一家四星级规模的酒店,此时就叫作“一般竞争者”。对于当地四星级酒店来说,其叫作“产品形式竞争者”,也就是与竞争者的产品形式一样。建成初期,该酒店品牌知名度并不高,经过一段时间的品牌推广,品牌知名度上升到一定程度,就成为“品牌竞争者”。

再如,同处珠江三角洲,深圳欢乐谷票价为140元,于是新建的广州长隆欢乐世界就以此为基准,将景区的票价定在145元,将自己定位为深圳欢乐谷的“产品形式竞争者”。

2. 竞争者的市场占有率

旅游市场相对占有率,是指在一定时期内某一旅游商品企业的市场绝对占有率与同期、同范围旅游市场上竞争力较强的其他旅游商品供给者的市场绝对占有率的比值,其公式为

$$旅游市场相对占有率=\frac{本企业市场占有率}{竞争者市场占有率}=\frac{本企业销售量(额)}{竞争者销售量(额)}\times 100\%$$

若旅游市场相对占有率小于1,则表明本旅游企业在市场上处于均势或劣势。

通过旅游市场相对占有率指标的比较,可以了解本旅游企业同其他旅游企业所占市场份额的相对关系。

3. 竞争战略

竞争是一个力量角逐的过程,当一个企业执行一种营销战略时,竞争对手就会立刻做出反应,以相应战略进行反击。没有一家企业在市场竞争中能使其营销战略保持长久不变。企业必须经常对竞争对手的营销战略进行深刻分析,在此基础上修正本企业的市场营销战略。

旅游业竞争对手之间的竞争战略大致分为以下三种类型。

(1)总成本领先战略。总成本领先战略又称低成本战略,是指企业在提供相同的产品或服务时,其成本费用低于同行平均水平或主要竞争对手。实行总成本领先战略,企业必须具备三个条件:一是拥有大量的消费群体,可以获得规模经济,从而降低单位产品成本;二是具有较高的市场占有率;三是具有较高的控制成本能力,如严格控制原材料成本、保证生产服务过程的高效率和降低推销及广告费用。

(2)差异化战略。差异化战略主要强调旅游企业与旅游者的关系。旅游企业通过在产品设计、服务质量、价格、经销网络、预订、装饰等方面创造出的独特优势,不仅能满足消费者的需求,而且在一定时期内使竞争者无法取代,企业可以此获得长久的优势。实行差异化战略的主要目的是培养顾客对产品的忠实程度,从而形成强大的进入障碍。实行差异化战略的主要条件是企业在产品的研究和开发上具有较强的创新能力和较好的适应能力。

(3)聚集战略。聚集战略就是选择行业内某一细分市场,旅游企业把经营目标重点放在这个特定细分市场上。在这一市场上旅游企业充分发挥资源优势,实行总成本领先战略和产

品差异化战略。

（五）公众

公众指与企业实现营销目标的能力有实际或潜在利害关系或对其有影响的团体或个人。旅游企业必须采取积极措施，树立良好的企业形象，力求保持和主要公众之间的良好关系。公众包括如下几种。

1. 金融公众

金融公众指影响旅游企业融资能力的金融机构，如银行、投资公司、证券公司、保险公司等。旅游企业可以通过发布乐观的年度财务报告，回答关于财务问题的询问，稳健地运用资金，在金融公众中树立信誉。

2. 媒介公众

媒介公众主要是报纸、杂志、广播电台和电视台等大众传播媒体。企业必须与媒介公众建立友善关系，争取有更多、更好的有利于本企业的新闻、特写以至社论。一篇优质服务的报道，能够提高旅游企业的声誉，扩大销售；反之，一篇坑害游客的报道，会使企业的形象受到极大的损害。

3. 政府公众

政府公众指有关政府机构。企业的发展战略与营销计划，必须和政府的发展计划、产业政策、法律法规保持一致，注意咨询有关产品安全卫生、广告真实性等法律问题，倡导同业者遵纪守法，向有关部门反映行业的实情，以有利于企业的发展。

4. 社团公众

社团公众包括保护消费者权益的组织、环保组织及其他群众团体等。企业营销活动关系到社会各方面的切身利益，因此必须密切注意来自社团公众的批评和意见。

5. 社区公众

社区公众指企业所在地邻近地区的居民和社区组织。企业必须重视保持与当地公众的良好关系，积极支持社区的重大活动，为社区的发展贡献力量，争取社区公众理解和支持企业的营销活动。

6. 一般公众

一般公众指上述各种公众之外的社会公众。一般公众虽未有组织地对企业采取行动，但企业形象会影响他们的选择。

第3节　旅游企业内部条件分析

旅游企业开展市场营销活动时，首先面对的是企业的内部环境，它直接作用于企业的市场营销活动。企业内部各个部门、各管理者分工是否明确、科学，协作是否和谐，企业的经营机制是否灵活，能否适应竞争现状要求，企业的文化氛围是否浓厚等，决定着企业营销管理的决策和营销方案能否顺利实施。

一、旅游企业内部条件的含义

旅游企业内部条件是旅游企业内部物质和文化环境的总和，包括企业资源、企业能力、企业文化、组织结构等因素，也称为旅游企业内部环境。

二、旅游企业内部条件的内容

旅游企业的内部条件可以从以下四个方面进行考查。

（一）旅游企业资源

资源是企业生产过程中所需的各种投入。旅游企业资源依其性质可分为有形资源和无形资源两大类，如表 2-1 所示。

表 2-1 旅游企业资源的分类

资源		特 征
有形资源	财务资源	企业外部、内部的融资能力
	组织资源	企业的正式报告结构、正式计划、控制与协调体系
	实体资源	厂房与设备，原材料渠道
	人力资源	知识、信任、员工技能与经理才能、习惯做法
无形资源	技术资源	专利、商标、版权、商业秘密
	创新资源	创意、科研能力、创新能力
	声誉资源	对顾客的声誉：品牌，对产品质量、耐用性、可靠性的知觉
		对供应商的声誉：高效、有效、相互支持、互利的关系

有形资源是能看见和量化的资产，如厂房、设备等，企业的资金和设备、设施的状况是企业营销活动的基础，它决定了企业营销活动的规模。

无形资源是根植于企业的历史并随时间而积累的资产，如知识、忠诚、创新能力、品牌声誉等。相对于有形资源，无形资源是竞争对手更加难以了解、学习和模仿的，旅游企业更有可能以无形资源作为竞争优势的基础。

企业资源分析旨在确定企业资源状态、企业在资源上表现出的优势或劣势以及相对于未来战略目标存在的资源缺口等。资源优势指的是企业所持有的能提高企业竞争力的资源，如重要的专门技术、宝贵的人力资源等；资源弱势指的是某个企业缺少或做得不好而使企业在竞争中处于劣势的资源，如缺乏有重要竞争意义的技能等。资源优势是形成企业核心能力的重要基础，资源劣势则制约企业竞争优势的形成、限制企业的战略发展空间。

可以从以下四个方面对旅游企业资源进行分析。

（1）对现有资源进行分析，确定企业目前所拥有的资源量和可能获得的资源量。

（2）分析资源的利用情况，原则上是运用产出与资源投入的比率来进行。

（3）分析资源的应变能力，由于战略管理是个动态的管理过程，因此一旦战略环境发生改变，就要求企业的资源对环境具有适应性。

（4）对资源进行平衡分析，即企业资源的最佳存量。

（二）旅游企业能力

旅游企业能力可以分为基本能力与核心能力。基本能力是使旅游企业获得平均利润并生存下去的能力，主要包括财务能力、营销能力、生产管理能力、组织效能、企业文化等。核心能力是使旅游企业获得持续的竞争优势的能力，只有那些有价值、稀有、难以模仿且被组织充分利用的能力才是企业的核心能力。

企业要特别关注以下四个方面的能力水平。

(1)创新能力：为实现企业战略目标在知识、技术、产品、管理等方面的创造能力。

(2)应变能力：对外部环境的适应能力。

(3)整合能力：对人员、资金、材料、设备、知识和信息等各种资源进行有效利用的能力。

(4)转化能力：将发明和技术创新成果转化为产品或现实生产力的能力。

(三)旅游企业组织结构

1. 最高管理层

旅游企业的最高管理层决定着企业的发展方向、任务、目标、策略和方针政策等，并对各个部门进行管理。部门的计划由它们来批准，任务由它们来制定。营销部策划的任何营销活动都要得到高级管理层的支持和批准，只有这样才能达到预期的效果。

2. 各级职能部门

营销部与其他部门有着密切的联系，营销部在制订和实施计划时，必须充分考虑其他职能部门的意见和情况，协调好与它们的关系，避免发生矛盾和冲突。比如，营销部希望加大宣传力度、增加宣传费用，但如果没有财务部的理解和支持，那么营销目标将不能顺利实现。

3. 一般员工

企业的营销计划需要全体职工的充分理解、支持和具体执行，企业应经常向员工通报有关情况，介绍企业发展计划，发动员工出谋划策，关心职工福利，奖励有功人员，增强内部凝聚力。员工的责任感和满意度必然传播并影响到外部公众，从而有利于塑造良好的企业形象。

(四)旅游企业文化

近几年来，旅游企业文化越来越受到旅游企业的重视，它是企业重要的内部条件之一。旅游企业文化是旅游企业在自身经营过程中，在全体员工中形成的一种共同的价值观念、基本信念和行为准则。旅游企业文化在调动员工积极性、发挥员工主动性、提高企业凝聚力、优化企业形象、约束员工行为等方面起着重要的作用。良好的旅游企业文化可以为企业树立良好的社会形象，为企业开展市场营销活动创造有利的外部环境。

第4节　旅游市场营销环境的SWOT分析

SWOT分析是一种对环境的分析方法，即根据企业自身的既定内在条件及外部环境进行分析，找出企业的优势、劣势及机会、风险。其中，S代表Strength(优势)，W代表Weakness(弱势)，O代表Opportunity(机会)，T代表Threat(风险)，S、W一般是内部因素，O、T一般是外部因素。

一、机会与风险

(一)机会

所谓机会，就是对这个企业的营销活动具有吸引力，能使企业享有竞争优势和获得差别利益的环境机会，即营销环境中对该产品营销的有利因素。为了得到一个市场机会，企业的营销人员必须进行专门的调查研究，千方百计地寻找、发掘、识别，然后还要加以分析、评估，看是否对本企业适用,是否有利可图。因此,营销人员不但要善于发现和识别市场机会,而且还要善于分析和评估哪些才是本企业的营销机会。市场上未满足的需要是客观存在的环境机会,能否成为企业的营销机会,要看它是否适合企业的目标和资源(资金、技术、设备等),能否使企业扬长避短、发挥优势,比竞争者和可能的竞争者获得更大的差别利益。因此,企业营销人员对于已发现和识别的市场机会,还要根据自己的目标和资源进行分析评估,从中选出最适合本企业的营销机会。

1. 市场机会的识别

市场机会是影响旅游企业市场营销的重大因素,旅游市场营销人员应当确认每一个机会,评价每一个机会的成长前景和利润,选取那些可与公司财务和组织资源匹配、使公司获得竞争优势的潜力最大的最佳机会。

公司潜在的机会可从以下几个方面进行寻找。

(1)客户群的扩大趋势或产品细分市场。

(2)技能、技术向新产品、新业务转移,为更大的客户群服务。

(3)前向或后向整合。

(4)市场进入壁垒降低。

(5)获得购并竞争对手的能力。

(6)市场需求增长强劲,可快速扩张。

(7)出现向其他地理区域扩张或扩大市场份额的机会。

2. 市场机会的评估

发现和识别市场机会与确定哪些机会是适合本企业的机会并不是一回事,还必须对市场机会进行评估,以确定旅游企业的营销机会。

一个潜在的机会能否真正成为旅游企业的营销机会,要看它是否适合该企业的目标和资源。每个企业都在自己的任务和业务范围内追求一系列的目标,如利润水平、销售水平、销售增长水平、市场占有率以及商誉等。有些市场机会不符合上述目标,因而不能成为企业的营销机会。例如,有些机会在短期内能提高利润率,但会破坏企业的声誉,那就绝不可取;还有些市场机会虽然符合企业的目标,但企业缺少成功所必需的资源,如在资金、技术、设备、分销渠道等方面力所不及,那也是不可贸然取之的。

营销管理者要善于捕捉市场机会,不失时机地占领市场,并要对"机会成本"有足够的重视,应当像重视实际成本一样重视机会成本。

(二)风险

企业经营风险是指市场营销的不利因素,它是生产经营活动中长期存在的客观现象。随着市场经济的发展和市场竞争的加剧,风险管理的重要性日益提高,营销人员应在营销活动中针对企业经营目标,以最小的费用将风险降到最低。

1. 发现和识别风险

在公司的外部环境中,总是存在某些对公司的赢利能力和市场地位构成威胁的因素。公司管理者应当及时确认危及公司未来利益的威胁,做出评价并采取相应的战略行动来抵消或减轻它们所产生的影响。

公司的外部风险可从以下几个方面加以识别。

（1）出现即将进入市场的强大的新竞争对手。

（2）替代品的出现。

（3）主要产品市场增长率下降。

（4）汇率和外贸政策的不利变动。

（5）人口特征、社会消费方式的不利变动。

（6）客户或供应商的谈判能力提高。

（7）市场需求减少。

（8）经济萧条和淡季的出现。

2. 风险的衡量

风险的衡量就是度量、评估有关风险对实现既定目标的不利影响及影响程度。对风险进行衡量，需要两方面的信息：风险损失发生的频率和这些损失的严重程度。比较合理的情况是以损失的严重程度作为评价的主要依据。对风险损失的严重性进行评估时，应注意以下几点。

（1）风险损失的相对性。在衡量风险损失时，除了正确估量损失的绝对量外，还应该充分估计该经济实体对可能发生的风险损失的承受能力。

（2）风险损失的综合性。在确定损失严重性的过程中，必须注意考虑同一风险事件可能产生的所有类型的损失及其对经济实体的最终、综合的影响。在估计风险所带来的直接损失、有形损失的同时，还要充分考虑风险所产生的间接损失、无形损失。

（3）风险损失的时间性。损失总有一个发生、发展与终结的过程，有些风险所产生的损失当场呈现，而有些则需一定时间后才能充分呈现，因此风险的衡量要与时间联系在一起。

3. 风险的控制

控制经营风险的目的主要是阻止或减轻风险损失。控制风险主要有以下几种方法。

（1）损失回避。这是一种对付风险的最彻底的手段，有效的损失回避可以完全消除某一特定风险可能造成的损失。但它又是最消极的手段，因为它主要通过放弃或不再进行某项活动以消除风险源，这样会使获得收益的可能性降至零。而且并不是所有的风险均能回避，避免了某一种风险可能又会面临另一种新的风险，所以，只有在迫不得已的情况下，才使用损失回避手段。

（2）损失控制。即通过减少损失发生的机会或降低所产生损失的严重程度，来处理那些不愿回避或转移的风险，这是一种被普遍采用的风险管理手段。根据损失控制的目的，损失控制可以分为损失预防和损失减轻两种。前者主要是试图减少或消除损失发生的机会；后者则主要是想降低损失的严重程度。

（3）风险隔离。即对所面临的风险单位进行空间与时间的分离，这样便可达到减轻风险损失的目的。风险隔离相应地增加了所要控制的单独风险单位的数量，如果其他情况不变，根据大数定律，显然会减少风险损失，当然，可能会增加一定的管理费用。

（4）风险结合。与风险隔离相对应，风险结合是从另一个方面对风险进行管理，即通过减少风险单位的数量来提高整体预防未来损失的能力，这种手段在市场波动大、竞争激烈的现实世界中是极为有效的。

（5）风险转移。主要通过契约或合同将损失的财务负担和法律责任转移给非保险业的其他人，以达到减小风险发生频率和降低其损失程度的目的。风险转移可能使风险在损失承受者之间转移，但不可能将风险消除或者减少。

二、优势与劣势

（一）优势

优势是指一个企业超越其竞争对手的能力，或者指一个企业所特有的能提高公司竞争力的因素。

当两个企业处在同一市场或者说它们都有能力向同一顾客群体提供产品和服务时，如果其中一个企业有更高的盈利率或赢利潜力，那么，就认为这个企业比另外一个企业更具有竞争优势。

竞争优势可以从以下几个方面来寻找。

（1）技术技能优势，包括独特的生产技术、低成本生产方法、领先的革新能力、雄厚的技术实力、完善的质量控制体系、丰富的营销经验、上乘的客户服务、卓越的大规模采购技能等。

（2）有形资产优势，包括先进的生产流水线、现代化的车间和设备、丰富的自然资源储备、吸引人的不动产地点、充足的资金、完备的资料信息等。

（3）无形资产优势，包括优秀的品牌形象、良好的商业信用、积极进取的公司文化等。

（4）人力资源优势，包括关键领域拥有专长的职员、积极上进的职员、很强的组织学习能力、丰富的经验等。

（5）组织体系优势，包括高质量的控制体系、完善的信息管理系统、忠诚的客户群、强大的融资能力等。

（6）竞争能力优势，包括较短的产品开发周期、强大的经销商网络、良好的供应商伙伴关系、对市场环境变化反应灵敏以及市场份额占据领导地位等。

（二）劣势

劣势是指某种公司缺少或做得不好的事物，或指某种会使公司处于劣势的因素。

可能导致内部劣势的因素有以下几个。

（1）缺乏具有竞争意义的技能技术。

（2）缺乏有竞争力的有形资产、无形资产、人力资源、组织资产。

（3）关键领域里的竞争能力正在丧失。

三、SWOT 战略分析

（一）SWOT 定量分析

定量分析是在定性分析旅游企业所面临的机会、风险、优势、劣势的基础上进一步分析研究，主要通过四个步骤完成。

1. 确定 SWOT 各因素的重要性和出现的概率或权重

根据编制的 SWOT 清单，采用德尔菲法，让经验丰富的专家为 SWOT 各影响因素打分。将 SWOT 的各因素列表，确定其重要程度，通过计算确定出优势和劣势的权重值及机会和风险出现的概率。

2. 计算 SWOT 各影响因素的影响度

对于优势、劣势来说，某一影响因素的影响度等于权重值 × 评价值；对于机会、风险来说，某一影响因素的影响度等于概率 × 评价值。

计算公式如下。

第 i 个因素的优势的影响度

$$S_i = \text{对应权重值} \times \text{对应权重值的评价值}$$

第 j 个因素的劣势的影响度

$$W_j = \text{对应权重值} \times \text{对应权重值的评价值}$$

第 k 个因素的机会的影响度

$$O_k = \text{对应概率} \times \text{对应概率的评价值}$$

第 z 个因素的风险的影响度

$$T_z = \text{对应概率} \times \text{对应概率的评价值}$$

3. 总优势、总劣势、总机会和总风险强度的计算

通过以上公式计算出的 S、W、O、T 的值,称为各因素影响度。通过加和平均,可以算出总优势、总劣势、总机会和总风险强度,其计算式分别为

$$\text{总优势强度}(S)=\frac{\sum S_i}{n_S} \quad (i=1,2,\cdots,n_S)$$

$$\text{总劣势强度}(W)=\frac{\sum W_j}{n_W} \quad (i=1,2,\cdots,n_W)$$

$$\text{总机会强度}(O)=\frac{\sum O_k}{n_O} \quad (i=1,2,\cdots,n_O)$$

$$\text{总风险强度}(T)=\frac{\sum T_z}{n_T} \quad (i=1,2,\cdots,n_T)$$

4. 构造战略四边形

分别以 S、W、O、T 变量为半轴,构成坐标系。在坐标系的 S 轴、W 轴、O 轴和 T 轴上分别定出总优势强度 S、总劣势强度 W、总机会强度 O、总风险强度 T 的对应点 S_1、W_1、O_1、T_1,依次连接四点,即得到发展战略四边形,如图 2-2 所示。

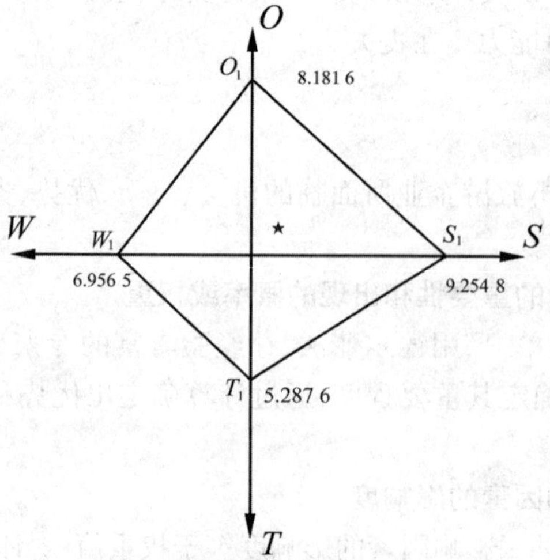

图 2-2　发展战略四边形

5. 确定重心及战略

四边形的重心即为四个因素综合作用的结果,其集中于一点的强度是对各个分散因素的强度进行等效的抽象。根据该重心坐标所在的象限可确定战略的类型:重心在第 1 象限,采取 SO 战略;重心在第 2 象限,采取 WO 战略;重心在第 3 象限,采取 WT 战略;重心在第 4 象限,采取 ST 战略。

(二)SWOT 战略选择

根据发展战略四边形所确定的重心位置,旅游企业的营销战略有不同的选择,如图 2-3 所示。

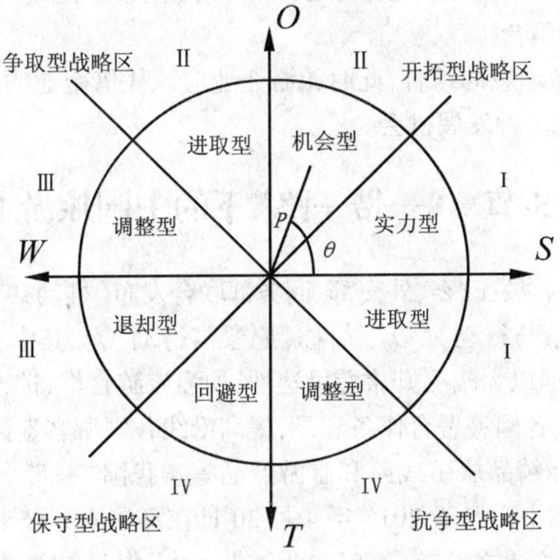

图 2-3 SWOT 战略选择

1. 劣势—风险(WT)组合

旅游企业应尽量避免处于劣势—风险组合状态。一旦处于这样的位置,在制定战略时就要降低风险和劣势对旅游企业的影响。事实上,旅游企业在此时为了生存下去必须要奋斗,否则可能要选择破产。而要生存下去可以选择缩减生产规模的战略,以期克服弱点或使风险随时间的推移而消失。

当两个旅游企业处在同一市场或者说它们都有能力向同一顾客群体提供产品和服务时,如果其中一个旅游企业有更高的盈利率或赢利潜力,那么,这个旅游企业比另外一个旅游企业就更具有竞争优势。但是,竞争优势并不一定完全体现在较高的盈利率上,因为有时旅游企业更希望增加市场份额,或者稳定雇员。

竞争优势实际上是一个旅游企业与其竞争对手相比具有的较强的综合优势,但是明确旅游企业究竟在哪一个方面具有优势更有意义,因为只有这样,才可以扬长避短。所以旅游企业在进行优劣势分析时必须从整个价值链的各个环节上,将旅游企业与竞争对手进行详细的对比。衡量一个旅游企业及其产品是否具有竞争优势,只能站在现有及潜在用户的角度,而不能站在旅游企业的角度。

2. 劣势—机会(WO)组合

旅游企业已经鉴别出外部环境所提供的发展机会,但同时旅游企业本身又存在限制利用这些机会的组织弱点。在这样的情况下,旅游企业应遵循的策略原则是,通过外在方式弥补旅游企业的弱点,最大限度地利用外部环境中的机会。如果不采取任何行动,实际上就是将机会让给了竞争对手。

3. 优势—风险(ST)组合

在优势—风险组合情况下,旅游企业应巧妙地利用自身的长处来应对外部环境中的风险,其目的是发挥优势而降低风险。但这并不意味着旅游企业必须以自身的优势来正面地回击外部环境中的风险,合适的策略是慎重而适度地利用旅游企业的优势。

4. 优势—机会(SO)组合

优势—机会是一种最理想的组合,此时旅游企业应该凭借企业的优势和资源来最大限度地利用外部环境所提供的多种发展机会。

第5节 "一带一路"下的中国旅游业

2015年3月28日,国家发改委、外交部、商务部联合发布《推动共建丝绸之路经济带和21世纪海上丝绸之路的愿景与行动》(以下简称《愿景与行动》)。其中多项措施涉及旅游业发展,包括推进基础设施连通以大幅提升旅游可达性,加强旅游合作,扩大旅游规模,互办旅游推广周、宣传月等活动,沿线各国签署合作备忘录,提高沿线各国游客签证便利化水平,联合打造具有丝绸之路特色的国际精品旅游线路和旅游产品等。我国"一带一路"建设首开项目——丝绸之路经济带旅游集散中心已于2015年4月30日在乌鲁木齐破土动工。此前,国家旅游局已将2015年确定为"丝绸之路旅游年"。"一带一路"倡议被视为中国旅游业发展的新引擎。

一、什么是"一带一路"

2013年9月7日,习近平主席在哈萨克斯坦首提共同建设"丝绸之路经济带";一个月后,习近平主席在印度尼西亚首提"21世纪海上丝绸之路"。"一带一路"(the Belt and Road)即二者的合称,是指中国与亚太以至东北非及欧洲广大国家和地区互联互通、互利合作的广泛概念。

"一带"即"丝绸之路经济带",是在陆地。它有三个走向:一是从中国出发,经中亚、俄罗斯到达欧洲;二是从中国出发,经中亚、西亚至波斯湾、地中海;三是从中国到东南亚、南亚、印度洋。

"一路"即"21世纪海上丝绸之路",重点方向有两条:一是从中国沿海港口过南海到印度洋,延伸至欧洲;二是从中国沿海港口过南海到南太平洋。

二、"一带一路"五大合作重点

(一)政策沟通方面

各国就经济发展战略进行交流,协商制定区域合作规划和措施。这是"一带一路"建设的重要保障。

（二）道路连通方面

打通从太平洋到波罗的海的运输大通道，逐步形成连接东亚、西亚、南亚的交通运输网络。这是“一带一路”建设的优先领域。

（三）贸易畅通方面

消除贸易和投资壁垒，积极同沿线国家和地区共同商建自由贸易区。这是“一带一路”建设的重点内容。

（四）货币流通方面

扩大沿线国家双边本币互换、结算的范围和规模，增强抵御金融风险的能力，提高本地区的经济国际竞争力。这是“一带一路”建设的重要支撑。

（五）民心相通方面

扩大相互间留学生规模，开展合作办学，中国每年向沿线国家提供1万个政府奖学金名额。这是“一带一路”建设的社会根基。

三、"一带一路"对中国旅游业的影响

“一带一路，旅游先行。互联互通，旅游先通。”在国家“一带一路”倡议中，旅游业处于被边缘化的状态。但发展“一带一路”，旅游当先却是必然趋势，将对旅游业产生很大影响。

（一）基础设施连通大幅提升旅游可达性，强势拉动出入境旅游消费

以公路、铁路、海路（港口）、空路（航运）等为重点，亚欧基础设施更加便利、高端、智能、兼容，这就极大地提升了旅游的可达性。

随着“一带一路”建设的逐步展开，沿线各国将签署合作备忘录，简化民众的签证手续，这将极大促进出入境旅游，尤其是入境旅游。国家旅游局预计，“十三五”期间中国将为“一带一路”沿线国家输送1.5亿人次中国游客、2 000亿美元中国游客旅游消费；同时还将吸引沿线国家8 500万人次游客来华旅游，拉动旅游消费约1 100亿美元。

（二）推动区域旅游合作与融合

（1）促进国内各省市区域旅游合作。例如，湖北推动“一带一路”和长江经济带旅游的一体化发展，加快包装打造“湖北—西安丝路觅源之旅”等精品旅游线路，并在此基础上，推动长江中上游地区和俄罗斯伏尔加河沿岸联邦区的合作发展。

（2）促进跨境区域旅游合作。例如，广西将与泛北部湾地区的越南、泰国、马来西亚、新加坡、印度尼西亚、文莱等国家和地区合作，打造“21世纪海上丝绸之路”国际精品旅游线路，推进形成广西与泛北部湾地区跨国旅游一体化发展格局。

（三）推动地方旅游升级发展

“一带一路”倡议对丝路沿线省、区、市旅游发展影响巨大，丝路旅游受到各地方政府的高度重视。随着《愿景与行动》的发布，沿线各省市率先做出“丝路旅游”的发展布局。湖南借“一带一路”机遇，将重点放在了入境旅游上；新疆把丝绸之路做成品牌，形成“丝绸之路经济带”大旅游概念；宁夏等贫困地区欲大力实施旅游扶贫；海南和陕西等有名的旅游目的地则借此升级，打造国际旅游目的地，提升在旅游业界的影响力，开拓旅游发展新境界。

（四）打造具有丝绸之路特色的国际精品旅游线路和旅游产品

文化是吸引游客的核心基础，“一带一路”中的丝绸之路旅游发展带上的各个地方，历史文化积淀非常浓厚，各不相同，这是旅游发展的核心竞争力。需要注意的是，有关方面要从整体上系统部署和总体协调，各省份旅游企业结合自身特色差异化定位，避免各地旅游品牌重复，从而打造真正充满历史文化的特色旅游之路。

此外，打造“海丝”精品邮轮旅游线路以及“陆丝”高铁旅游专列也成为“一带一路”旅游的新亮点。

第6节　旅游市场调查与预测

旅游企业需要预测未来的宏观和微观环境来进行市场营销，而预测需要信息，信息来源于数据，数据只有通过调查才能获得，因此，旅游企业的营销以调查为前提。随着科学技术的发展，市场营销调查无论在定性还是在定量上都有了长足发展，营销调查方法日益成熟，在旅游市场营销决策中的作用越来越大。

一、旅游市场调查的含义

科特勒将市场调查定义为：系统地设计、收集、分析和报告与公司所面临的特定的营销状况有关的数据。泰勒将市场调查定义为：以系统、客观的方法，发展和提供营销管理决策过程所需的信息。1960年美国营销协会将市场调查定义为：系统收集、记录和分析有关产品及服务的营销问题信息。

从以上诸多定义中，不难发现市场调查有如下两个基本观点。

第一，系统整体性。市场调查不是片面地调查某一方面，而是从总体出发，系统收集和分析信息。

第二，市场调查是手段而非目的，是一种管理工具，其最终目的是有助于科学合理的营销决策。

综上所述，旅游市场营销调查是系统收集、记录、分析有关旅游企业市场的资料和信息，为旅游市场营销决策和营销战略决策提供可靠依据的经济活动。

二、旅游市场调查的类型

旅游市场调查的类型多种多样，每种调查形式都有其独特的功能和局限性，只有按照旅游市场调查的目的、任务和被调查对象的特点，选择科学的调查方式，才能准确、及时、全面地取得所需的各种信息资料。

（一）普查

普查是为了满足某种专门需要而组织的一种一次性调查，一般是对全国某一社会经济领域进行大规模的国情调查，如我国曾经进行过几次工业普查和人口普查等。普查所取得的资料主要是某种现象在一定时点上的总量资料，属于全面调查的范畴，且调查项目详细，资料丰富而全面。

尽管通过普查可以取得全面、详细而丰富的调查资料，但是它涉及面广，所用时间长，人力、物力、财力消耗大，因此不能轻易进行，要做好充分的准备工作，如建立普查机构、拟定调查方案、培训调查人员，并通过试点工作改进调查方案的设计，还要对所需要的原始资料进行整理和补充。另外，还应注意同类普查的内容和时间，在历次普查中应尽量保持一致，以便于比较分析。

目前在全国范围内进行过人口普查、工业普查以及经济普查(2004 年),而全国性的旅游普查还尚未进行过。

(二)重点调查

重点调查是按照一定的研究目的对总体中重点单位的某种数量特征进行调查,它是一种非全面调查。所谓重点单位,就是在总体中虽然为数不多,但这些单位的被研究标志总量却占总体标志总量的绝大部分,这些调查单位的该种数量特征能对总体做出综合说明,通过对这些单位的调查可以得到表明总体基本情况的资料。例如,若想综合了解全国旅游外联、城市接待、创汇等主要旅游经济指标,只要对全国的 60 个主要旅游城市(包括北京、上海、广州、桂林、西安、苏州、杭州等城市在内)进行重点调查,就可以基本掌握全国的大体情况。

通常根据调查的任务不同,重点单位可能是一些企业或行业,也可能是一些地区、城市。能否采用重点调查,是由调查的任务和研究对象的特点来决定的。

一般,当调查任务只要求掌握基本情况,而部分单位又能比较集中地反映所研究的问题时,比较适合采用重点调查。由于重点调查中被调查的单位数量少,可以用较少的人力、物力、财力和时间获得反映总体基本情况的资料,调查的指标项目可以多一些、细一些,因此重点调查具有收集资料快和代表性强等特点,有助于对问题的深入研究,所以重点调查在我国的统计工作中经常被采用。

(三)典型调查

典型调查是在被研究对象中有意识地选择若干有代表性的单位进行调查研究。从旅游市场调查的角度来看,典型调查也是收集原始资料的重要方法,是一种按照调查的预定目的而专门组织的非全面调查。典型调查的范围小,调查单位数量少,因而指标可以多一些,可以用来研究某些比较复杂的专门问题,所以说典型调查是一种深入、细致的调查方式。典型调查的单位是根据调查的目的和任务,在对调查总体进行全面分析的基础上有意识地选择出来的。

正确选择典型单位,保证典型单位有充分的代表性,是搞好典型调查的关键。在一定条件下,典型调查可以验证全面调查数字的真实性,补充全面调查的缺口,收集不需要或不可能通过全面调查和其他非全面调查取得的调查资料。对于从全面调查中发现的一些不够清晰的问题,可以深入若干典型单位进行统计调查,取得有关的统计数字,具体地分析问题。典型调查还可以反映社会现象的一般规律和基本趋势,并对研究新事物、了解新情况、发现新问题具有重要意义。

(四)抽样调查

抽样调查是按照随机的原则从全部单位中抽取一部分单位作为样本进行观察,根据对这部分单位的调查结果,通过科学的计算来推断总体,并有效控制抽样误差的一种调查方法。随着现代统计随机抽样理论和方法的不断完善,抽样调查已在世界各国得到了广泛的运用。由于旅游业调查具有涉及面广、调查范围大、被调查者的流动性强等特点,我国近年来越来越多地采用抽样调查的方法来收集有关旅游经济现象的数据资料。

重点调查、典型调查、抽样调查三种方法的调查结果的准确性及其考核方式有所不同。重点调查由于不需要推断总体,因而只要重点单位的确定基本符合实际,其结果就可以满足要求。抽样调查和典型调查要推断总体,因而不仅有准确性问题,而且还有考核推断的误差问题。抽样调查是按随机原则抽取的,因而在既定的概率和误差范围条件下,推断的准确性可以保证,同时抽样误差可以计算和控制。典型单位的选择取决于人们对现象的认识程度,因而它的客观性和推断结果的准确性难以完全保证,推断误差也不能计算。

三、旅游市场调查的内容

旅游市场调查的内容包括所有与本旅游企业有关的社会、政治、经济、环境及各种经济现象。

(一)旅游市场环境调查

旅游企业的生存与发展是以旅游市场环境为条件的,对旅游企业而言,旅游市场环境是不可控因素,旅游企业的生产与营销活动必须与之相协调和适应。

1. 政治环境调查

政治环境调查要了解对旅游市场起影响和制约作用的国内外政治形势以及国家旅游市场管理的有关方针政策。

2. 法律环境调查

法律环境调查要了解本国及客源国或地区的有关法律和法规条例,包括环境保护法、旅游法、保险法、合资经营条例、出入境管理条例以及地区旅游管理条例等。

3. 经济环境调查

经济环境调查要了解本国及客源国或地区的经济特征和经济发展水平、旅游资源状况、世界旅游经济发展趋势等。

4. 科技环境调查

科技环境调查要了解本国和其他国家新科技的发展水平和发展趋势等。

5. 社会文化环境调查

社会文化环境调查的内容包括旅游目的地和客源地的价值观念、受教育程度与文化水平、职业构成与民族分布、宗教信仰与风俗习惯、社会审美观念与文化禁忌等。

6. 地理环境调查

地理环境调查的内容包括区位条件、地质历史条件、自然景观条件、气候条件、季节因素以及物产条件等。

(二)旅游市场需求调查

旅游市场需求是在一定时期内、一定价格上,旅游者愿意并能够购买旅游产品的数量,即旅游者对某一旅游目的地所需求的数量。旅游市场需求是决定旅游市场购买力和市场规模的主要因素,针对旅游者所进行的需求调查是旅游市场调查内容中最基本的部分。

1. 旅游者规模及构成调查

旅游者规模及构成调查的内容包括:①经济发展水平与人口特征;②收入与闲暇时间;③旅游者数量与消费构成,即调查旅游产品或服务的现实与潜在的旅游者数量(最好也包括旅游者国籍、年龄、性别、职业、入境方式以及地区分布、民族特征等),统计旅游者消费水平及构成(吃、住、行、游、购、娱等方面)、滞留时间等;④旅游者对旅游产品质量、价格、服务等方面的要求和意见。

2. 旅游动机调查

旅游动机是激励旅游者产生旅游行为、达到旅游目的的内在原因。美国学者罗伯特·麦金托什的研究表明:身体健康动机包括休息、运动、游戏、治疗等消除紧张与不安的欲求;文化动机包括了解和欣赏异地文化、艺术、风俗、语言、宗教等求知欲望;交际动机包括结识异地朋友、探亲访友、摆脱日常工作及家庭事务等熟悉而且厌倦的东西、逃避现实和免除压力的欲望;地位与声望的动机包括考察、交流、开会、从事个人感兴趣的研究等满足自尊、取得个人成就和为人类作贡献的需要。

3. 旅游行为调查

旅游行为是旅游者的旅游动机在实际旅游过程中的具体表现。旅游行为调查就是调查客源地的旅游者何时旅游、到何处旅游、由谁决策旅游以及怎么旅游。旅游行为的主要形式有:①文化观光旅游行为,包括观赏自然风光、名胜古迹、社会风情、艺术博物馆、历史遗迹等;②度假休闲旅游行为,包括疗养健身、娱乐购物等;③专项旅游行为,包括体育运动、登山攀崖、科考探险等;④会议旅游行为、特色旅游行为,包括奖励旅游、民俗文化活动、节庆活动等。

(三)旅游市场供给调查

旅游供给是一定时期内为旅游市场提供的旅游产品或服务的总量,旅游市场供给调查包括以下几个方面。

1. 旅游吸引物调查

凡是能够吸引旅游者到来并能引发游客兴趣的事物、事件或现象,均属旅游吸引物范畴。它的数量和质量决定着旅游者对旅游目的地的选择。

2. 旅游设施调查

旅游设施是直接或间接向旅游者提供服务所凭借的物质条件,它又分为旅游服务设施和旅游基础设施两类。

3. 可进入性调查

可进入性是指旅游者进入旅游目的地的难易程度,表现为进入游览点、服务设施和参与旅游活动所付出的时间和费用。可进入性调查的内容包括交通工具和旅游目的地的交通基础设施条件、地方政府政策及旅游经营因素、签证手续的繁简、出入境验关程序、服务效率、旅游线路的编排与组织等。

4. 旅游服务调查

旅游服务是旅游产品的核心,其调查内容包括售前服务(旅游咨询、签证、办理入境手续、财政信贷、货币兑换、保险等)、售中服务(旅游活动过程中向旅游者直接提供的食、住、行、游、购、娱及其他服务)、售后服务(机场、港口相关服务,办理出境手续、托运,委托代办服务及旅游者回家后的跟踪服务等)。

5. 旅游企业形象调查

旅游企业形象是旅游企业经营的无形资产,旅游企业形象调查的内容主要是旅游者对旅游产品或旅游目的地的评价和态度。

6. 旅游容量调查

旅游容量作为旅游地规划管理的一种强有力的工具,可保护环境免遭退化或破坏,维持旅游景点的质量，客观上保证了旅游者在旅游地的体验质量。其调查内容包括旅游基本空间标准、旅游资源容量、旅游感知容量、生态容量、经济发展容量和旅游地容量等。

（四）旅游市场竞争调查

现代旅游营销活动是包括商品、价格、分销渠道和促销在内的营销组合活动。因此，旅游市场营销调查也应围绕这些营销组合要素展开。

1. 旅游竞争状况调查

旅游竞争状况调查的内容包括：现实的和潜在的竞争对手的数量；竞争对手所在地区及活动范围；竞争者的市场占有率及市场覆盖率；竞争对手的销售组织形式、规模与竞争实力；竞争者的市场竞争策略与营销组合；竞争者的销售渠道、宣传手段与广告策略；竞争者的产品质量、数量、品种与价格；竞争者的服务种类、档次、质量、方式及其在旅游者心目中的声誉和形象；竞争者的缺陷以及未在竞争产品中体现出来的旅游者要求等。

2. 旅游产品调查

旅游产品是旅游企业一切经营活动的主体，旅游企业在确定旅游营销组合策略时，旅游产品和服务是其组合的前提。旅游产品调查的内容包括：旅游资源与旅游设施相结合的旅游服务；资源的类型、级别以及旅游产品的特色、优势、风格、声誉、组合方式；旅游产品的市场生命周期；旅游产品的市场占有率和销售潜力；旅游者对旅游产品或服务的评价和接受程度；旅游者购买或接受服务的频率；旅游者对旅游产品还有哪些未体现出来的要求和意见等。

3. 旅游价格调查

价格高低与旅游需求密切相关，应随时弄清价格变动趋势及其对旅游者的影响情况。旅游价格调查的内容包括：旅游产品或服务的定价是否合理；提供给旅游者的优惠条件和付款方式；旅游者的价格心理状态；旅游产品价格的供给弹性和需求弹性；各种旅游产品的差价及优惠价水平是否合理；开发新的旅游产品如何定价等。

4. 旅游分销渠道调查

分销渠道对旅游企业打开销路、尽快占领市场、降低营销费用起着十分重要的作用。其调查内容包括：旅游产品或服务销售渠道的数量、分布和营销业绩；现有销售渠道是否畅通；市场上是否存在经销此类旅游产品的权威机构；市场主要中间商销售渠道策略的实施、评估、控制和调整情况及其对本旅游产品的要求和条件等。

5. 旅游促销调查

旅游促销调查注重促销对象、促销方法、促销投入、促销效果四个方面。其调查内容包括：促销对象的类型；促销信息源选择，信息发送方式与发送渠道；广告、销售促进、人员推销、公共关系等促销方式能否为促销对象所接受，并取得其信赖；促销投入预算；促销宣传的内容是否符合促销范围内的需求水平、知识水平和风俗习惯；促销能引起多少人的兴趣，促销给目标视听者什么样的旅游产品形象，能否使其产生购买欲望；促销后的旅游企业销售业绩如何等。

（五）旅游企业内部调查

对旅游企业内部的调查研究，主要包括如下内容。

1. 企业的经济战略

企业的经济战略调查内容包括:旅游企业发展趋势,旅游企业形象,国内外市场的需求量,旅游企业地域分布特点,旅游企业的规模生产能力、服务规格及档次,旅游企业生产或服务的软、硬件水平,人员规模、素质和员工需求。

2. 产品

旅游企业产品调查的内容包括:企业现有产品的市场占有率,产品竞争力,产品的商标、包装,新产品开发,对竞争产品的比较研究以及对现有产品的改良。

3. 价格

价格调查的内容包括:成本、利润及价格弹性。

4. 促销

旅游企业促销调查的内容包括:新闻媒体、广告效果、旅游企业形象策划、促销策略与战略、促销人员的规模与素质。

四、旅游市场调查的程序和方法

旅游市场调查作为一个过程,有不同的步骤和方法。这些步骤和方法因旅游企业和调查目的的不同而各异。旅游市场调查的程序如图 2-4 所示,共八个步骤。

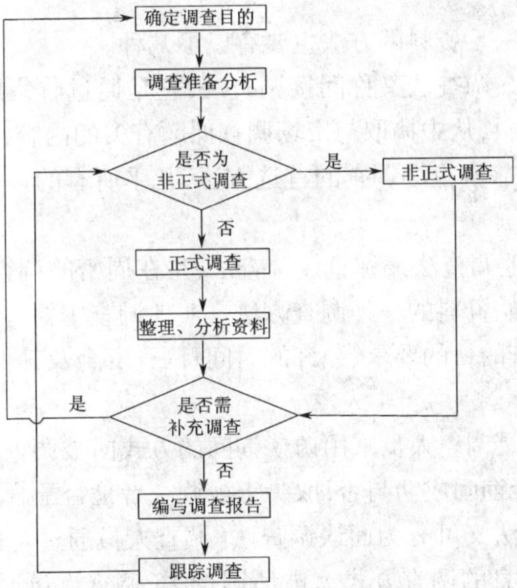

图 2-4 市场调查的程序

(一)确定调查目的

确定调查目的是旅游市场调查的起点,在这一阶段要解决的问题:为什么调查(Why)?通过调查要收集什么(What)?调查结果向谁说明(Who)?

(二)调查准备分析

确定调查目的后,要确定调查人选的范围、调查方式、途径、时限,通过收集和分析现在的资料而获取旅游企业及其外部环境的信息,最后确定调查方案。这一阶段要解决的问题:在哪里调查(Where)?调查多长时间(How long)?怎样调查(How)?

（三）非正式调查

非正式调查是指营销人员与旅游企业外部的人员，包括中间商、竞争者、广告代理商、潜在顾客、合作伙伴等进行非正式的交流。非正式调查之所以必要，不仅在于通过它可判断调查项目的合适程度，而且还可确定调查的范围和深度，节省人力和财力，为正式调查奠定基础。

（四）正式调查

正式调查通常是耗时最长、花费最大而且最容易出错的阶段。在这一阶段，旅游调查人员按既定的时间、方法，针对既定的调查对象，进行实地或桌面调查，收集相关资料。

正式调查是调查方案的实施过程。在这一阶段着重解决如下两个问题。

1. 选择资料来源

旅游市场调查的资料按其来源分为两类。

（1）第一手资料，指为某种特定研究目的而直接收集的原始资料。这种资料针对性强，易为调查者掌握，但这种资料的收集费时、费力，成本较高。

（2）第二手资料，指已经存在的现有资料，这种资料能在极短的时间内从图书馆、政府机构、行会协会、专业调查机构、高等院校、学术团体以及科研单位等大量获取，但准确性较低。因而，选择正确、合理的资料来源成为正式调查的主要内容之一。

2. 选择调查方法

旅游市场调查收集第一手资料的方法主要有以下几种。

（1）文案调查法。文案调查法又称间接调查法，它是通过收集旅游企业内部和外部各种现有的信息数据和情报资料，从中摘取与市场调查课题有关的内容，进行分析研究的一种调查方法。这种方法常被作为旅游市场调查的首选方法，几乎所有的市场调查都可始于收集现有资料。

（2）实地调查法。实地调查法又称直接调查法，是在周密的调查设计和组织下，由调查人员直接向被调查者收集原始资料的一种调查方法。实地调查主要有询问法、观察法和实验法。根据调查项目的类型、调查的目的要求、允许的时间、调查资金及其他物质条件，可灵活选择其中一种或几种方式。

①询问法。询问法就是调查人员采用访谈询问的方式向被调查者了解旅游市场情况的一种方法，又称访谈法。访谈询问成功与否，取决于被调查者是否配合以及调查者的准备和对访谈技巧的掌握程度。询问法又可分为面谈调查法（调查人员通过与被调查者面对面交谈和提问，抑或讨论，获得有关信息的调查方式）、电话调查法（调查人员通过电话与被调查者交谈，获取调查资料的调查方式）、邮寄调查法（将调查问卷邮寄给被调查者，由被调查者根据调查表的要求填好后寄回，从而获取信息的调查方式）、留置问卷调查法（调查者将调查表当面交给被调查者，说明调查意图和要求，由被调查者自行填写回答，再由调查者按约定日期收回，获取资料的一种调查方式）。

②观察法。观察法是调查者在现场对被调查对象和事物进行直接观察或借助仪器设备进行记录，以获得旅游市场信息资料的调查方法。此方法的最大特点是被调查者不会感到正在被调查，心理干扰较少，能客观地反映被调查对象的实际行为，资料的真实性高。该方法对车站、港口、景点的游客数量调查以及旅游商场消费行为调查有良好的功效。

③实验法。实验法起源于自然科学研究的实证法。它是指把调查对象置于特定的控制环境下,通过控制外来变量和检验结果差异来发现变量间的因果关系,从而获取信息资料。这种方法对于研究变量之间的因果关系非常有效。由于实验法是在小规模的环境中进行的,所以在管理上比较好控制,并且完全由客观方法得到资料,数据的可信度高、可靠性强,排除了主观的推论和臆测。

(五)整理、分析资料

调查结束后,应将收集到的大量分散、零星的资料进行归档,去掉不合逻辑、可疑的成分,加以编辑、整理、筛选,保证其系统性和真实性,并从中提取适当的调查结果,列示有用数据。

对整理好的资料采用相关分析、时间序列分析和回归分析进行统计分析,找出各种变量之间的内在联系,预测旅游企业的营销趋势。

(六)补充调查

非正式调查结束后,对于忽略的专题或变动较快的因素,可决定是否进行补充调查。

(七)编写调查报告

调查的最终成果是调查报告。依据其提交对象的不同,调查报告可分为一般报告和技术报告两种。一般报告提交给旅游企业的非专业人员,而技术报告则提交给专业人员。与一般报告相比,技术报告要求内容翔实并符合科研论文的写作要求。

对调查结果的陈述不应停留在大量的统计数字、表格以及统计公式上,而应用清晰明了的语言和数据以解答问题的形式展示给营销管理人员。

撰写调查报告时,应注意以阅读者为导向进行编写。研究人员在调查报告中必须明确回答调查之初确定的问题。不论文字说明还是数据和数学表达式,均应符合报告阅读者的素质。报告引用的数据均应加以复核,力求准确无误。

(八)跟踪调查

调查的结论须在实践中检验,因而有必要进行跟踪调查,即对调查结果进行追踪,及时反馈,总结经验,修正调查结论,提高决策的准确性。

五、旅游市场调查问卷的设计

(一)旅游市场调查问卷设计的步骤

1. 明确调查目的,把握调查主题

弄清调查目的和调查结果的用途,并在对其进行全面分析的基础上,确定调查的主题,由此确定所需收集的特定范围的第一手资料信息,调查问卷应侧重的方面、调查对象和对各种信息资料的取舍。

2. 确定调查内容

在充分分析调查主题的前提下,拟定所要调查的项目,全面考虑,把各种与调查主题有关的内容一一罗列出来,并针对被调查对象的特征,进一步分解成更详细的题目。

3. 决定问句类型

根据实地调查使用的方法和每一个详细问题所获取的信息,决定采用的问句类型。

4. 拟定问句措辞

问句尽量使用简单、熟悉的词汇,避免含义模糊、生僻的词汇;不超越太大的时间跨度,限于被访问者个人经验范围之内；问句不带倾向性和诱导性；确定问句类型之后，还要了解对谁提问、何处提问、何时提问，针对不同的调查形式和调查对象使用不同的问句措辞；力争具体、简明和重点突出。

5. 确定问句顺序

对每一个具体的问题及问句措辞，还必须认真编排并疏理其前后序位，把被调查者感兴趣、容易回答并能调动其热情的问句作为先导，难度大的问句宜放在问卷当中或末尾，同时要考虑整个问卷的逻辑层次，以利于被调查者思考，最后组成一份完整的问卷。

6. 预测试审定问卷

在小范围内进行试验性调查，以弄清问卷还存在的问题，包括：需要的资料是否都能得到、问卷的指示合适与否、问卷措辞是否会引出其他问题、问句的排列顺序是否恰当、对答案的整理分析方便与否等。

7. 修正问卷并定稿付印

通过预测试问卷，针对问题作进一步的修改并定稿，按调查工作的需要打印多份。

(二)旅游市场调查问卷的基本结构

1. 问卷标题

问卷标题应简明扼要，易于引起被调查者的兴趣，如“旅游者消费状况调查”“×××旅游品牌调查”等。

2. 问卷说明

说明词是开始询问前的前导介绍词，主要包括介绍调查员自己、其所代表的调查咨询公司或某企业、调查访问的目的、请求被调查对象的合作及合作的重要性、感谢合作等礼貌性用语。如果访问后有礼品赠送给被调查者，也可在说明词中写明。说明词的质量对整个访问的影响相当大，从某种意义上说，它决定了被调查对象对访问的合作态度。

3. 被调查者的基本情况

这部分是有关问卷所收集的被调查者的基本资料，也称作基本资料部分，包括样本的各种特性。如果样本是个人，则资料包括性别、民族、年龄、受教育程度、职业及职务、收入水平、婚姻状况等；如果样本是单位，则资料包括名称、营业面积、经营范围、职工人数、注册资金、销售量、地址及法人代表等。

4. 调查主体内容

调查主体内容是问卷的主体和核心部分，通常以一系列问句形式提供给被调查者，这部分内容的设计直接关系到该项调查所能获得资料的数量与质量。这部分是问卷最主要的、篇幅最长的部分，是整份问卷的核心主体之一，也是调查目的的集中体现，因此，它是整体调查成功的关键部分。

5. 编码

调查问卷需要加以编码，调查所得的材料一般都需经过计算机处理，因此，对问卷本身和问卷的基本资料以及收集到的资料都要预先做好计算机编号，以方便计算机作业。计算机编号有助于节省统计分析的时间和费用，并能扩大分析的功能，有时还有助于调查项目的管理。这些编号还包括问卷的编号以及问卷中涉及的主要因素、主要单位、主要地区、主要品牌等的编号。

6. 问卷记录

问卷记录主要是为满足调查访问管理和监督的需要，内容通常包括被调查者的姓名或名称、访问地点、调查员姓名、访问时间等。如果问卷有封面，这部分内容一般都放在封面的右下角；如果是简单的问卷，就放在最后，单独成为一部分。

（三）旅游市场调查问卷中问句设计的目的

1. 收集事实

这类问题收集的资料是事实，被调查者按自己的实际情况回答问题。事实问句一般较容易回答。

例：您去年到郊区旅游了 ______ 次？

在设计事实问句时，要充分估计到被询问者有可能因为时间关系记不清所问事实的确切情况。事实问句必须有一个特定的范围，而不能笼统地设问。

2. 收集意见

这类问句以收集被调查者的个人意见或评论性见解为目的，也可以认为是一种态度调查问句。

例：您对我们酒店的服务质量感到满意吗？

A. 满意　B. 无所谓　C. 不满意

态度调查不仅需要考虑真实的态度，还有必要考虑态度的强度，这就涉及态度测量的技术，态度调查常会出现态度判断标准不一致的问题。

3. 探究原因

这一类问句以收集个人意见或行为动机为目的，即解释意见或行为的理由的问句。

例：您为什么选择春节时来昆明旅游？

对探究原因的问句，被调查者通常很难一下子把理由完整地表达出来，因此，最好采用将答案列出来的方式。有时候，解释问句又会遇到有关个人隐私等忌讳的问题，需要利用高明的问句设计去攻克难关。

简言之，以上三类问句之间的区别在于，它们收集的资料分别属于“是什么”“怎么样”“为什么”。事实问句注重的是“是什么”；意见问句注重的是“认为怎么样”；探究原因问句注重的是“为什么这样”。

（四）旅游市场调查问卷中问句的基本类型

1. 开放式问句

开放式问句又称自由回答式问句，这种问句不需要事先拟定答案，被调查者可以针对问题的主题畅所欲言，表达自己的看法和意见，从中可以获得较为广泛的信息资料。

例：您希望我们今后在哪些方面有所改进？

开放式问题在录入计算机时可能会由于理解不同而使记录失真，出现偏差，答案之间的可比性程度低。开放式问题要求调查人员有较高的业务技能和素质，不仅自己的用词要严谨，而且要能够正确理解调查对象的言辞和所表达的内容。采用开放式问句时，经常碰到的问题是调查对象不知道该如何回答，或者答非所问。而且往往被调查者不愿意花过多的时间回答开放式问题。正是由于开放式问题存在诸多局限性,因此在问卷设计中,此类题型只能占很小的部分,设计时应谨慎使用。

2. 封闭式问句

封闭式问句的特征:答案的选项已经限定在某种范围内,备选答案的选项已经给定或者基本给定,回答者只需做出某些选择即可表达自己的看法或者意见,回答者能够表达自己更为开放的信息的自由空间不大。例如是非题、选择题、排序题、评判题、配分题、核对题、比较题等。

例:您对饭店的客房满意吗?

是(　) 否(　)

在问卷设计中常常以封闭式问句为主。开放式问句的答案项是一些可以回答问题的空间预留,可以是横线、括号或留出的页面空间,供调查对象自由填写。封闭式问句有时会表现为完全封闭,而有时会表现为半封闭,最后一个选项是以开放形式注明的其他项。

3. 事实问句

事实问句要求被调查者依据已有事实回答问题,不必提出主观看法。

例:您是通过什么方式了解本旅行社的?(　　)

A. 报纸　B. 网络　C. 宣传册　D. 朋友介绍　E. 不了解　F. 其他

4. 意见问句

意见问句用于了解被调查者对有关问题的意见、看法,不究其原因,为调查决策提供未来需求信息。

例:您认为焦作云台山和洛阳白云山哪个景区价值更高?(　　)

A. 焦作云台山　B. 洛阳白云山

5. 解释问句

解释问句用于了解被调查者的行为、意见、看法产生的原因,为解决问题提供依据。

例:您为什么选择入住豪华套间?(　　)

A. 舒适　B. 安全　C. 卫生　D. 方便

6. 二项式问句

二项式问句也叫是非题,它所提出的问题只能用"是"或"否"、"有"或"无"等肯定或否定的答案来回答。这样的答案相互间是对立和排斥的,被调查者的回答只能在两者中选择一个,不能有更多的选择。其优点是被调查者容易理解,容易获得明确的答案,也便于资料的整理,适合所有类型的被访者。其缺点是无法了解被调查者的意见与程度差别,缺乏给调查者进一步阐明理由的机会,容易使中立的意见发生偏移,影响问题的真实性和调查的深入。这种方法主要适用于互相排斥的二选一的问题以及调查一些事实性的问题。

例:您今年五一假期会出省旅游吗?(　　)

A. 会　B. 不会

7. 多项选择式问句

多项选择式问句对所提出的问题往往有三个或三个以上可能的答案,被调查者可以在这几个限定的答案中任选一个或多个。设计这些问题时,要注意答案应尽可能包括所有情况,防止重复和遗漏。另外也要注意各个答案的排列次序,因为被调查者往往容易选择第一个答案,从而使调查结果失真。答案数量应控制在 10 个以内,以避免过多的答案使被调查者产生厌倦情绪。选择题的优点是可以避免是非题选择面较窄、强制选择的缺点,也可以克服开放式问题面宽不便于资料统计的困难,因此它经常被用于对旅游市场需求和竞争方面的调查。

例:您认为目前旅行社人力资源管理存在的最大的问题是什么?(　　)

A. 组织结构不合理　B. 激励不到位,员工缺乏积极性

C. 薪酬制度不合理　D. 对员工管理失控　E. 其他

8. 顺位式问句

要求被调查者对各种可能的答案,按其重要程度或喜爱程度,排出先后顺序。这种题型是在问卷上列出若干项目,通过判断决定这些项目的先后次序、高低、优劣。这种题型一般分为两种:一种是在问卷中预先给出答案,由调查对象决定答案的先后次序;另一种是不给出答案,请调查对象按自己的喜爱和认识程度排序。排序题能够使调查对象通过对比给出意见和态度,所以能够较为真实地反映旅游产品特性或旅游企业在市场中的地位,也能够有效地调查出影响某些旅游消费行为的诸因素中哪些因素是他们优先考虑的决定性因素。排序题的数目一般不宜过多,应控制在 10 个以内,排序取到第几位,取决于调查的目的。一般性调查可以进行全部排序,重点调查则可只取前几位。

例:您对乡村旅游的住宿设施有什么要求?(请您按照重要程度顺序填写选项代码,可多选)(　　)

A. 安全　B. 卫生　C. 舒适　D. 交通便利　E. 服务周到　F. 独特的建筑外形

G. 原汁原味的农家室内布置　H. 其他

9. 过滤式问句

过滤式问句又称漏斗式问句,调查者对被调查的主题用一种迂回的方式求得回答,然后缩小提问范围,转回主题得到答案。该问句采取投石问路的方法,一步一步地深入,最后引出被调查者对某个所要调查问题的真实想法。

10. 评判题

评判题是要求被调查者表示对某个问题的态度和认识程度的问题。这种题型适合进行专题性的深入调查,常被用于测试顾客对各种问题的见解和意见。评判题在旅游市场调查中的应用也比较广泛。

例:根据客史档案,您在我们酒店入住已达 3 次以上,您认为我们酒店的服务质量稳定程度如何?(　　)

A. 很稳定　B. 比较稳定　C. 一般　D. 不稳定　E. 极不稳定

11. 标尺题

标尺题也叫赋值题,是旅游市场调查中常用来调查企业和产品形象的题型。这类题型是在发问后,给出若干分别赋予一定分值的答案,答案的分值按肯定程度依次递减,要求调查对象选择其中之一。即将几个肯定程度依次递减的答案顺序排列在标尺上,供被调查人员选择。此类题型的最大优点是可以将调查结果量化,以便进行定量分析,获得所调查项目的数量指标。根据统计结果,求出答案的平均值,平均值越大说明评价越高。

例:根据客史档案,您在我们酒店入住已达 3 次以上,您认为我们酒店的服务质量稳定程

度如何？（ ）

A. 很稳定（10 分） B. 比较稳定（8 分） C. 一般（6 分） D. 不稳定（4 分）

E. 极不稳定（2 分）

12. 配分题

配分题是根据调查内容所具有的各种特性，在一定分值范围内，由调查对象为所调查的内容分配一定的数值，以表明调查对象的认识倾向。题目要对分值设定的范围与等级程度进行说明。这种题型多用于调查几个旅游企业之间、某些相同项目间的对比评价。正常情况下只要调查 30~50 人，就可以得出比较稳定的评价。

13. 核对题

先列出某一旅游企业在某些方面的一些特征，再征询被访者对这些特征的看法和意见。

例：您认为山地旅游资源的下列特征的重要程度如何？

特征	重要	一般	不重要
植被茂盛			
山体陡峭			
海拔较高			
人文内涵深厚			
溪流、瀑布较多			
娱乐设施完备			

14. 比较题

比较题采用对比提问方式，要求调查对象做出肯定的回答。这种题型比较适用于对质量和效用等问题进行评价。必要时应重点考虑调查对象对所要调查项目是否熟悉，如不熟悉将很难保证回答的质量。

例：请比较此次旅游中下列哪个景区的服务态度最好？

少林寺□　云台山□　龙门石窟□　清明上河园□

15. 补充题

补充题是在问卷中给出一些未完成的句子，由调查对象把句子写完整。这种题型多用来调查竞争对手的情况。

例：您曾经入住过 2 次以上的酒店是 ________________；您多次入住该酒店的原因是 ________________。

16. 递进询问题

此类题型主要用来调查消费者对旅游企业或产品所持有的态度、意见的程度，目的是要了解旅游者对某企业产品的倾向性到底到了哪种程度，在什么情况下才会改用其他产品或者服务，以测定旅游者对企业或者产品的支持程度。

例：您在未来一年内有没有去 ×× 景区旅游的计划？

有□　没有□

假如 ×× 景区为了应对物价上涨的压力将门票上调 20%，您还会去那里旅游吗？

会□　不会□

如果 ×× 景区将门票上调 50%,您还会继续选择它吗?

会□ 不会□

通过这样的递进询问,可以知道旅游者对某种产品和企业的忠诚度,也可以了解在什么情况下旅游者会改变其购买习惯。

(五)旅游市场调查问卷的编排技巧

旅游市场调查问卷需要正确地对其中的各种问题进行合理的编排,这样才能使调查顺利并卓有成效地进行。

1. 先基本信息,后分类信息

较为规范的调查问卷一般包含以下三种类型的信息。

(1)基本信息。基本信息是和旅游市场调查内容直接相关的信息。例如调查对象的意愿、态度、动机以及相关事实等。基本信息是问卷首先要取得的内容。

(2)分类信息。分类信息是在对调查资料进行分类时所需要的信息,通常作为自变量使用,这些信息最常见的是调查对象个人和家庭的人口和社会经济特征,如性别、年龄、职业、教育、民族、收入等影响旅游消费的因素。

(3)识别信息。识别信息是在对资料进行处理和分析时所需的辅助性信息,包括被调查者的地址、访问日期和时间、调查员和其他人员的姓名。

一般来说,最好将分类信息放在问卷后面。因为这些问题很容易涉及调查个人或企业的隐私,比如说受教育程度、年龄、收入水平、职业、住址等,因此最好安排在问卷的后面。同时,调查对象一般都不愿贸然地如实回答这些问题,而在调查员和被访对象之间已经建立起一种信任关系之后,再提出这些问题,往往能够得到更真实的回答。

2. 先简后难

设计问题时,要由易到难,由简单到复杂,由浅到深。询问开始时往往必须引起对方的兴趣而且容易回答。通常可以用一个过滤问句开始。问卷中容易回答的问题应放在前面,使被调查者感到轻松,不至于产生拘束或戒备心理;较难回答的问题(如涉及态度的问题)最好置于问卷的中部,这样有助于取得被调查者的合作,顺利进入后面的调查活动。

3. 按时间顺序排列

时间顺序是一种常见的逻辑顺序,如果在问卷设计时有一组相互联系的问题和时间顺序有关,可以由远到近排列。按一定时间顺序排列符合人的思维习惯,容易使人回答和有助于回忆。

4. 按内容分组编排

问卷的内容往往涉及几个相对独立的部分,为了保持逻辑关系,在问卷编排时应尽量按主题把所有问题按内容的相关性划分为几个小组,一个主题或一个系列的问句要连续排列,不能在出现隔断以后又回到原主题上,避免在不同部分之间跳动,否则频繁地转换话题,容易使被调查者思路混乱,影响被调查者的注意力并引起被调查者疲劳。

此外,由一个主题转到另一个主题,需要有转接性的安排,保持问题的流畅,不要打断被调查者的思路,最好加入几句说明作为过渡,使话题的转换不至于过于突然。对于过滤性问句或其他的“接问”“跳问第几题”等都要有妥善的排列,跳跃要注意逻辑性,跳跃的题目数量最好不要太多。

5. 顺序过滤

编排问题时应采用“剥离式”方法，即将问题按内容从宽到窄整体排列，最初提出的是离调查主题较远的广泛性问题，再根据调查对象回答的情况，逐步缩小提问的范围，最后有目的地引导到某个专题性问题。这样使前面的问题为后面的问题作铺垫。例如，关于旅游住宿的问题，应先问外出旅游是怎样解决住宿问题的？如果对方回答是住酒店，再问是住几星级的酒店？最后再问在酒店住宿所能接受的价位是怎样的范围？这种方法适合调查对象在接受调查时有所顾虑或者一时不便于直接表达对某个问题的具体意见时所采用。

6. 合理安排备选答案顺序

在提示的答案处理上，需要合理地排列备选答案项目，通常有一定逻辑关系的或层次关系的可以按照层别顺序依次排列。但相同层面的选项，如同类型产品的不同品牌的列举，就需要注意顺位安排，因为所提示的各项位置会直接影响回答结果，一般情况下，位于前方的选项占优势。

7. 较难或敏感的问题应后置

触及个人隐私的、可能引起对方不愉快或困惑的问句要放在后面提出。经验表明，调查对象在顺利地参与调查后，中途拒绝继续调查的可能性较小。因此，问卷的前半部分应用比较容易的问题使调查对象迅速参与到调查中来，然后再问一些有一定难度的问题，得到准确回答的把握则更大一些。因为经过一段时间的交谈，双方有了一定的熟悉程度，这类问题就比较容易被调查者接受。

（六）旅游市场调查问卷设计时应注意的问题

1. 紧扣调查内容

问卷的问题应与调查内容有关，不要列入无关问题，而且要保证重点，避免面面俱到。设计的问题应紧扣调查课题和调查目的，所提出的每一个问题都是为调查任务所服务的，无价值和无关紧要的问题不要列入，以避免冲淡调查内容的主题，影响调查效果。

2. 用词准确

问卷的用语讲究简短、准确和客观，所以生僻、暧昧和模棱两可的词语必然会造成回答上的误差，因为理解的错误是造成回答错误的重要原因之一。设计的问题要使被调查者容易理解其含义。造句的结构要尽量单纯化、口语化，不要故意用双重否定来表示肯定的意思。所提出的每个问题应尽可能简单，使人能马上理解所提问题的含义。因此要强调用词的准确性和清晰性，问题是否准确、清晰决定了能否取得准确答案。应尽量避免使用“或许”“偶尔”等词。

例：您经常外出旅游吗？

从不□　偶尔□　有时□　经常□

对于这个问题，不同受访者的理解可能是不一样的，“偶尔”“有时”“经常”这三个词的概念模糊，因此，应该明确旅游次数。

例：您的收入水平如何？

高收入□　中等收入□　低收入□

这个问题也会使受访者无法选择，因为每个人对收入高低的理解不一样，这就会导致调查结果不科学，因此，最好进行具体界定。

3. 能够并愿意回答

要注意采用由联想唤起记忆的途径，协助调查对象回忆往事，由浅显的问题、不太重要的问题或由有兴趣的问题开始发问，用一系列的问句进行询问，最后逐渐深入到所需要的资料。问题的设计应使调查对象能够回答并且愿意回答。不要询问对方不了解、难以回忆、技术专业性太强的事，尽量避免涉及私人生活或令人窘迫的问题。

例：您国庆节想到哪里旅游？

这个范围太广泛了，受访者很难一下子表达清楚自己的真实想法。

4. 意思要明确

如果题目意思不明确，被调查者混淆不清，就不可能得出准确答案，达不到调查的目的。要使问题确定界限，最好一个问题一个要点，调查对象就不至于在回答问题时混淆不清，也不会给统计分析答案带来困难和麻烦，因此，应当把要询问的内容尽量分解，分成几个问题。

例：您为什么不再愿意住在县城旅馆而改住在农家宾馆了？

在回答这个问题时，不同的受访者可能对这个问题有不同的解读："您为什么不住在县城旅馆了？""您为什么选择住农家宾馆而不改换其他住处？""什么原因使您现在乐于接受农家宾馆？"这样，回答的侧重点会有所不同，答案也会存在差异，因此，在设计问题时，应该使其含义单一化，以便受访者做出准确的回答。

5. 穷举与互斥

在问题的答案列举方面，为了避免备选答案不够全面的情况，而使某些被调查者的情况不包括在选项当中，还需要遵循穷举原则，即凡是可能作为一类的答案都必须列举出来，如果不能一一列举，必须列出主要的选项，然后在最后增加一项"其他"。

还有的时候，被调查者的情况刚好是组限，而使填报标准不统一，有的算在了上一组，而有的算在了下一组。针对这一问题，要遵循的原则是单一选择问句设置的所有选项之间必须是互相排斥的，不能出现相互包含的关系，否则无法划分该答案究竟代表何种含义。

例：您希望一年进行几次郊区旅游？(　　)

1~2 次□　2~3 次□　3~5 次□　5~10 次□　10 次以上□

这样就会有互斥的情形，而且也没有穷举，备选答案应该改为：

0 次□　1~2 次□　3~5 次□　6~10 次□　10 次以上□

6. 语气与内容表达

问题的语气和内容要适合调查对象中各阶层的被调查者。问题是向调查整体中所选样本提出的，而不是向某一个阶层的被调查者提出的，如果问卷语气只向某一阶层提出，那么其他被调查对象容易在回答时因反感而拒绝回答。

例：请阁下对此次旅游发表您的高见。

7. 中性态度提问，问题应保持中性

问题的设计不能暗示调查人员的观点和见解，应力求使回答者避免跟着这种倾向回答。

例如：很多人都认为少林寺比龙门石窟的吸引力更大，您认为如何？(　　)

A. 少林寺吸引力大　B. 一般大　C. 龙门石窟吸引力大

该提问具有诱导性,容易对受访者造成一定的心理暗示,会使调查对象轻易同意题目中暗示的结论,使调查结果的科学性降低。

8. 题量适当

题量过多的情况是最常发生的。问题太多,过于烦琐,不仅增加了调查的工作量,而且容易使调查对象感到费时太多,不愿意回答,降低问卷的回收率。问题太少,过于简略,也满足不了调查要求。问题的多少应视调查主题以及调查对象对调查主题的关心程度、询问场所、调查方式、调查人员业务技术熟练程度等多种因素综合确定。

9. 正确使用提示

问卷中的提示要全面而准确。但是,许多问卷设计者在内容上精雕细琢之后,常常忽略了"提示"这样的简单问题。如有些题目应当是多选而有些则应当是单选,有些题目需要提示和启发 1~2 次,而有些题目则需要注明其他项,有些题目不能启发,有些题目中的用词有确定含义但忘记了注明等。特别是提示多选和提示单选的问题,有可能会被设计者忽略。对整个问卷的提示应写在发问之前;对某一问题的提示应写在该问题的后面。

10. 通过测试发现问卷的设计漏洞

为了发现问卷的设计问题,需要关注问卷预测试。确保设计一份合格问卷的最好办法之一是开展问卷预测试,问卷预测试无疑是检查问卷质量和提高问卷设计水准的非常好的一种方法。问卷可以选择专家预测试、目标对象预测试、设计者相互询问预测试、隔日阅读预测试、领导审批、客户研讨等方法。在考虑到经济性和效率的前提下,预测试时访问十人、几十人甚至上百人都可以考虑,只要能减少疏漏,提高质量。

例:您最近的 10 000 元花费是支出在哪些方面?

调查者的目的是想知道旅游者的花费包含哪些,在旅游上的花费占多大比例。但是在测试中发现,很多受访者并不知道该如何回答此题,也有一些受访者因为隐私而不愿意回答此问题,因此,此题在正式调查中应该进行修改。

例:您每年出游几次?

1□　2□　3□　4□　5□　6□

这个问题并没有穷尽所有的答案,在调查者看来,正常情况下,一个人一年出游 6 次也许算多了,但是,也许受访者一次都不出游呢?也许这个游客每天都出去旅游呢?

因此,通过测试调查问卷,就可以发现问卷中的一系列问题,以便正式调查中不会出现差错。

六、旅游企业市场预测

现代旅游市场竞争日益激烈,旅游企业的生存依赖对企业发展各种因素的判断,而正确的判断则以科学、准确的预测为基础。因而,市场预测构成现代旅游市场营销不可缺少的一部分。

旅游企业市场预测,指根据既成的市场事实,利用已有的知识、预测技术和经验,对影响旅游企业市场变化的各种因素进行研究、分析、判断和估计,以掌握市场发展变化的趋势和规律,诸如旅游企业市场客源流向、流量预测,旅游企业的市场营销预测,客人人均消费额预测,旅游企业产品的价格和利润预测等。

(一)旅游企业市场预测内容

旅游企业市场预测的内容很多,每一个影响旅游企业正常经营的因素都可成为旅游企业预测的对象。就旅游企业预测的目的不同,其预测内容可分为以下几方面。

1. 旅游市场环境预测

旅游业是一个具有高度依托性的行业,受环境因素的影响较大,因此,需要采用定性预测的方式对国际、国内乃至地区的政治、经济形势和产业结构变化趋势做出估计与推断,同时预测国际、国内和地区的旅游形势。

2. 旅游市场需求预测

旅游市场需求预测又可分为旅游市场需求总量预测、旅游客源预测和旅游需求结构预测三种。

(1)旅游市场需求总量预测。旅游市场需求总量主要是指在一定区域和一定时间范围内,旅游者可能的购买力及购买力投向的总量。旅游需求总量可以表示旅游企业在一定时期和一定营销费用条件下,可能达到的最大销售额。通常测量旅游市场需求总量的公式为

$$Q = \sum_{n=1}^{N} P_n \times q$$

式中:Q 为市场需求总量;N 为特定产品的可能购买人数;P_n 为第 n 个旅游者平均购买数量;q 为特定产品的平均单价。

(2)旅游客源预测。旅游客源预测指预测客源地旅游者的变动情况,包括旅游者数量变化、旅游者季节变化、旅游者地区分布状况、旅游者构成变化和旅行游览时间长短变化等。

(3)旅游需求结构预测。旅游者在餐饮、住宿、交通旅行、游览、娱乐、购物方面的消费是旅游企业主要收入的组成部分,其变化直接影响旅游市场需求潜力和旅游产品的销售。

3. 旅游容量预测

旅游需求与供给是旅游市场的两个主要因素,在预测市场需求的同时,也应对旅游供给的发展趋势进行预测,确切地讲,是对旅游容量或旅游承载力进行预测。旅游容量包括旅游心理容量、旅游资源容量、旅游生态容量、旅游经济发展容量和旅游地域社会容量等,应准确测定旅游地的既有旅游容量,预测旅游极限容量,力争使旅游地的接待能力处在一个合理容量之内,维持供需的相对平衡,以保持旅游资源的吸引力和维护自然生态环境不致退化。

4. 旅游价格预测

旅游价格是旅游市场波动的主要标志和信息载体,一般情况下,价格下降,需求量增加,价格上涨,需求量减少。各种旅游产品对价格的需求弹性不同,旅游企业必须预测旅游市场价格变化对旅游市场需求带来的变化,确立在旅游企业可控制范围内的最优价格和供给水平的变动趋势。

5. 旅游效益预测

旅游效益预测主要包括如下内容。

(1)市场占有率预测。市场占有率是旅游企业的旅游产品的销售量占该产品市场总销售量的比重。对它的预测,一方面可以预测本企业的销售量,另一方面可以预测竞争对手的实力

以及本企业在旅游行业中的竞争力和所处的地位，以便掌握市场竞争的动态，采取相应的市场竞争策略。

(2)旅游收益预测。旅游企业通过对营销成本和利润的预测，可以了解旅游收入的数量、构成与水平，反映旅游经济活动的成果，包括经济效益、社会效益和生态效益，有助于提高企业经营管理并为投资决策和营销决策提供依据。

(二)旅游企业市场预测步骤

与旅游企业市场调查一样，旅游企业的市场预测也有一定的步骤，其基本程序如下。

1. 确定预测目标，拟定预测计划

不同的预测目标，需选择不同的预测对象以及不同的预测方法，从而拟定预测计划。因此，旅游企业的市场预测首先要明确预测目标。预测计划要解决为什么预测、预测什么、什么时候预测、在什么地方预测、由什么人预测等问题。

2. 收集、整理和分析资料

资料是预测的基础，预测所需要的资料须具备针对性、准确性、系统性和可比性。因而须对收集的资料进行审核、整理，分析资料结构的性质，以尽量减少预测过程中因资料引起的误差。

3. 选择预测方法，建立预测模型

适宜的预测方法是提高预测质量的主要因素，应在确定预测目的，分析、整理统计资料和确定预测费用的综合基础上，选择恰当的预测方法。同时，在对数据变化趋势的分析中，建立与之相应的预测模型。

4. 正式预测

在已有的资料、数据基础上，确立了合理的预测方式，则可具体地计算，做出定性或定量分析，进行归纳、总结，推测、判断未来市场的发展方向和趋势。

5. 预测误差分析

误差是预测值与实际值之间的差额。预测误差的大小反映预测的精确程度，若误差过大，则失去预测的意义。因此，在每一个预测结果产生之前，应分析误差产生的原因，测定误差的大小，把误差控制在允许的范围内。

6. 确定预测值，提交预测报告

对预测结果进行评价、修正之后，确定预测值，以书面报告的形式反映预测结果，供有关部门决策时参考。

(三)旅游市场定性预测方法

定性预测，是预测者根据自己挖掘的实际情况，结合实践经验、专业水平，对旅游企业发展前景的性质、方向和程度做出的判断，也称为判断预测或调查预测。这种方法的准确程度取决于预测者的经验、理论、业务水平、掌握的情况和分析判断能力。定性预测综合性强，需要的数据较少，能考虑到无法定量的因素，其具体方法有以下几种。

1. 经营管理人员意见调查预测法

这种方法是由旅游企业的经理召开熟悉市场情况的各业务部门主管人员的座谈会，将与会人员对市场商情的预测意见加以归纳、分析和判断，制定企业的预测方案。这种方法的优点

是:有利于调动业务管理人员市场预测的积极性,预测结果比较准确可靠,预测成本低,对市场的变动较为敏感。其缺点为:对市场变化了解不深入,主观因素影响大。

2. 销售人员意见调查预测法

这种方法是对旅游企业销售部人员进行调查,征询其对产销情况、市场动态及未来销售额的估计,加以汇总整理,对旅游企业市场前景做出综合判断。其特点是:销售人员熟悉市场,预测经过多次审核、修正,较接近实际。但由于岗位有限,对经济发展和市场变化全局不够了解,致使预测结果有一定的局限性。

3. 旅游交易会、博览会调查预测法

通过参加旅游交易会、博览会直接向游客或中间商发问卷进行调查,以了解消费者对旅游企业产品的质量、价格的意见和需求量,加以汇总整理,综合判断旅游企业产品销售的前景。

4. 旅游消费者购买意向调查预测法

这种方法是采用随机抽样或典型调查方法,从旅客中抽选一定数目的消费者,通过表格、询问等方式进行调查,将消费者的购买意向加以汇总分析,推断旅游企业产品的未来需要。

5. 专家评估法——德尔菲法

德尔菲法广泛应用在市场预测、技术预测、方案比选、社会评价等众多领域。采用其他定量预测方法无法做出较为准确的预测,以及预测缺乏历史数据、应用其他方法存在较大困难时,德尔菲法尤其适用,特别是当预测时间跨度长达 10~30 年时,采用德尔菲法能够取得较好的效果。

德尔菲法一般包括五个步骤。

(1)建立预测工作组。德尔菲法对于组织的要求很高,进行调查预测的第一步就是成立预测工作组,负责调查预测的组织工作。

(2)选择专家。要在明确预测的范围和种类后,依据预测问题的性质选择专家,这是用德尔菲法进行预测的关键步骤。专家不仅要有熟悉本行业的学术权威,还应有来自生产一线从事具体工作的专家;一般而言,选择专家的数量为 20 人左右,可根据预测问题的规模和重要程度进行调整。

(3)设计调查表。调查表设计的质量直接影响着调查预测的结果。调查表没有统一的格式,但基本要求是:所提问题应明确,回答方式应简单,便于对调查结果的汇总和整理。

(4)组织调查实施。一般调查要经过 2 到 3 轮,第一轮将预测主体和相应预测时间表格发给专家,给专家较大的空间自由发挥。第二轮将经过统计和修正的第一轮调查结果表发给专家,让专家对较为集中的预测事件评价、判断,提出进一步的意见,经预测工作组整理统计后,形成初步预测意见。如有必要可再依据第二轮的预测结果编制调查表进行第三轮预测。

(5)汇总处理调查结果。汇总调查结果,进行进一步的统计分析和数据处理。有关研究表明,专家应答意见的概率分布一般接近或符合正态分布,这是对专家意见进行数理统计处理的理论基础。一般计算专家估计值的平均值、中位数、众数以及平均主观概率等指标。

专家评估法的特点是:集思广益,发挥专家的集体智慧,避免主观性和片面性,提高预测质量,理论、经验与实践相结合,缺少数据时也可应用,简单易行。但由于责任分散,可靠性较差,只适用于总体预测。

（四）旅游市场定量预测方法

定量预测，是根据准确、及时、系统、全面的调查统计资料和经济信息，运用统计方法和数学模型，对旅游企业经济现象未来发展的规模、水平、速度和比例关系进行测定。定量预测方法主要包括时间序列预测法和回归分析预测法两类。

1. 时间序列预测法

时间序列预测法，是将预测目标的历史数据按照时间的顺序排列为时间序数，然后分析其随时间的变化趋势，外推预测目标的未来值的方法。在时间序列预测法中，最常用的预测方法是移动平均法和指数平滑法两种。

（1）移动平均法。根据时间序列资料，逐项推移，依次计算一定项数的序时平均数，边移动边平均，得到一个由移动平均数构成的新的时间序列，借以反映长期趋势。当时间序列的数值由于受周期变动和不规则变动的影响起伏较大、不易显示发展趋势时，可由此法消除这些因素的影响。公式为

$$M_{t+1}=\frac{1}{n}\sum_{i=t-n+1}^{t}X_i$$

式中：M_{t+1} 为预测值；X_i 为第 i 期数据；n 为移动平均期；t 为期数序号。

（2）指数平滑法。指数平滑法是利用过去的资料用平滑系数进行预测的一种方法。相对于移动平均法，指数平滑法减少了对历史数据储存量的要求，同时，根据数据离预测期的远近分别给予不同大小的权数，也较合理。公式为

$$M_{t+1}=ax_t+(1-a)M_t$$

式中：M_{t+1} 为预测值；x_t 为第 t 期实际数据；M_t 为第 t 期预测值；a 为平滑系数。

根据平滑次数的不同，指数平滑法分为一次指数平滑法、二次指数平滑法和三次指数平滑法等。

2. 回归分析预测法

回归分析预测法，是在分析市场现象自变量和因变量之间相关关系的基础上，建立变量之间的回归方程，并将回归方程作为预测模型，根据自变量在预测期的数量变化来预测因变量关系，其大多表现为相关关系，因此，回归分析预测法是一种重要的市场预测方法，当我们对市场现象未来发展状况和水平进行预测时，如果能将影响市场预测对象的主要因素找到，并且能够取得其数量资料，就可以采用回归分析预测法进行预测。它是一种具体的、行之有效的、实用价值很高的常用市场预测方法。

回归分析预测法有多种类型。依据相关关系中自变量的个数不同分类，可分为一元回归分析预测法和多元回归分析预测法。在一元回归分析预测法中，自变量只有一个，而在多元回归分析预测法中，自变量有两个及以上。依据自变量和因变量之间的相关关系不同，可分为线性回归分析预测和非线性回归分析预测。

最简单的回归模型为一元线性回归模型，可表示为：

$$y=\beta_0+\beta_1x+\varepsilon$$

式中：y 是因变量；x 是自变量；ε 是随机误差项；β_0 和 β_1 称为模型参数（回归系数）。

最常用的回归系数的求解方法是最小二乘估计法。其基本原理是,根据实验观测得到的自变量 x 和因变量 y 之间的一组对应关系,找出一个给定类型的函数 $y=f(x)$,使它所取的值 $f(x_1)$, $f(x_2)$,…, $f(x_n)$ 与观测值 y_1, y_2,…, y_n 在某种尺度下最接近,即 $\sum_{i=1}^{n}(y_i-\hat{y}_i)^2=\sum_{i=1}^{n}(y_i-\hat{\beta}_0-\hat{\beta}_1x_i)^2$ 最小,即在各点处的偏差的平方和达到最小,用这种方法求得的 $\hat{\beta}_0$ 和 $\hat{\beta}_1$ 将使拟合直线 $y=\hat{\beta}_0+\beta_1x$ 中的 y 和 x 之间的关系与实际数据的误差比其他任何直线都小。

根据最小二乘法的要求,可以推导得到最小二乘法的计算公式

$$\begin{cases}\hat{\beta}_1=\dfrac{n\sum_{i=1}^{n}x_iy_i-\sum_{i=1}^{n}x_i\sum_{i=1}^{n}y_i}{n\sum_{i=1}^{n}x_i^2-\left(\sum_{i=1}^{n}x_i\right)^2}\\ \hat{\beta}_0=\overline{y}-\beta_1\overline{x}\end{cases}$$

其中,

$$\overline{x}=\frac{1}{n}\sum_{i=1}^{n}x_i,\overline{y}=\frac{1}{n}\sum_{i=1}^{n}y_i$$

还必须对所得的回归模型的可信程度进行检验,即相关性检验,也即对回归模型描述实际数据的近似程度进行检验。

相关系数是衡量一组测量数据 x_i,y_i 线性相关程度的参量,其定义为

$$r=\frac{\overline{xy}-\overline{x}\,\overline{y}}{\sqrt{(\overline{x^2}-\overline{x}^2)(\overline{y^2}-\overline{y}^2)}},$$

或者

$$r=\frac{n\sum x_iy_i-\sum x_i\sum y_i}{\sqrt{\left(n\sum_{i=1}^{n}x_i^2-\sum_{i=1}^{n}x_i^2\right)\left(n\sum_{i=1}^{n}y_i^2-\sum_{i=1}^{n}y_i^2\right)}}$$

r 的取值范围为 $0<|r|\leqslant 1$。$|r|$ 越接近于 1, x, y 之间线性越好; r 为正,直线斜率为正,称为正相关; r 为负,直线斜率为负,称为负相关。$|r|$ 接近于 0,则测量数据点分散或 x_i, y_i 之间为非线性。

【本章小结】

旅游市场营销活动会受到外部的宏观因素和微观因素的影响。宏观因素包括政治、法律、文化、社会、经济、人口、地理、科技等,微观因素包括旅游消费者、公司购买者、旅游中间商、竞争者、公众等。营销活动还受到旅游企业内部的企业资源、企业能力、企业文化、组织结构等因素的影响。旅游企业可以通过 SWOT 分析模型对企业所面临的整体环境进行分析,以正确选择其营销战略。企业的宏观和微观环境的相关数据只有通过调查才能获得,需要设计合理的调查问卷,最后通过预测技术对企业未来所面临的环境进行预测,以帮助企业

选择正确的营销战略。

【思考题】

1. 试分析当地某旅游景点或酒店的营销环境。

2. 下列场合分别适合采用哪一种类型的调查方法？为什么？

(1)某餐馆想了解儿童对该餐馆产品的销售有什么影响。

(2)某饭店想收集有关商务旅行者对其客房整体满意程度的信息。

(3)某投资者考虑在一处迅速发展起来的郊区开一家饭店。

(4)某景区想要检验它所做广告的效果。

3. 试拟定一份调查问卷。

【练习题】

一、单选题

1. 旅游企业的营销活动不可能脱离周围环境而孤立地进行，在遇到环境不利于旅游企业的市场营销活动时，旅游企业应该主动(　　)。

A. 控制环境　　B. 征服环境　　C. 改善环境　　D. 适应环境

2. 运用 SWOT 分析模型对某旅游企业外部环境及内部条件进行分析后，发现该企业外部有众多的机会，又具有强大的内部优势，那么该旅游企业宜采用什么战略？(　　)

A. 争取型　　B. 开拓型　　C. 保守型　　D. 抗争型

3. 要求被调查者根据已有的事实回答问题，不必提出自己的主观看法的问句属于(　　)。

A. 开放式问句　　B. 事实问句　　C. 意见问句　　D. 解释问句

二、多选题

1. 旅游市场营销环境(　　)。

A. 是旅游企业能够控制的因素

B. 是旅游企业不可控制的因素

C. 可能形成机会也可能造成威胁

D. 是旅游企业可以了解和预测的

E. 通过旅游企业的营销努力是可以在一定程度上去影响的

2. 微观环境指与旅游企业紧密相联，直接影响企业营销能力的各种参与者，包括(　　)。

A. 企业本身　　B. 市场营销渠道企业　　C. 顾客

D. 竞争者　　E. 社会公众

3. 下列因素中，属于宏观环境因素的有(　　)。

A. 国家整体经济状况　　B. 企业所属的地域　　C. 旅游协会

D.《中华人民共和国反不正当竞争法》　　E. 所在城市人口数量

三、判断题

1. 同一个国家不同地区的旅游企业之间的营销环境基本上相同。　　(　　)

2. 营销活动只能被动地受制于环境的影响，因而营销管理者在不利的营销环境面前可以说是无能为力。　　(　　)

3. 国家对旅游资源的保护有日益加强的趋势，这意味着旅游景区市场营销活动将无法开展。 （ ）

【参考文献】

[1] 孙梦阳，季少军. 旅游市场营销 [M]. 北京：北京航空航天大学出版社，2017.
[2] 魏成元. 旅游市场营销 [M].2 版. 北京：中国旅游出版社，2017.
[3] 操阳，纪文静. 旅游市场营销 [M]. 大连：东北财经大学出版社，2017.
[4] 李君轶. 旅游市场调查与预测 [M]. 北京：科学出版社，2017.
[5] 杨艳蓉. 旅游市场营销与实务 [M]. 北京：北京理工大学出版社，2016.

第3章　旅游购买行为分析

学习目标

1. 了解市场分类，了解旅游者购买行为的特点。

2. 理解影响旅游者购买行为的主要因素；掌握旅游者购买决策过程。

3. 了解旅游组织市场与旅游者市场相比的特点。

4. 熟悉旅游组织市场的购买对象、三种购买决策类型和谁是决策参与者。

5. 掌握旅游组织市场的特点及影响购买决策的因素；清楚旅游组织市场购买决策过程。

教学重点

1. 掌握旅游者购买决策过程。

2. 清楚旅游组织市场购买决策过程。

课前导读与体验

中国游客到日本爆买已经是众所周知的现象，不管是家电、化妆品还是高级食材，通通都要"买买买"，其消费力相当惊人。为了让中国游客掏出更多钞票，近年来许多日本百货公司和购物中心纷纷推出了专门为中国游客设计的购物优惠，而现在也有媒体指出，若在日本购物时称自己为中国人，可以享受与众不同的待遇。

《今日头条》报道指出，一些韩国游客到日本购物时，竟然会假装自己是中国人。在许多日本人的印象中，中国游客具有非常高的消费能力，因此店员对中国游客都特别亲切、热情，若说自己是中国游客，不仅可以体验到当土豪的感觉，也能享用各种中国游客限定优惠。

这篇文章引起了日本网友的热烈讨论，有些人说很多百货公司的店员看到中国人的时候，态度变得完全不一样，比对待日本人还亲切，店家也要赚钱，有特别优惠也正常吧。不过，也有网友认为，只对中国消费者推出优惠很不公平，其他国家的人也是客人啊，而且不是每个中国人都会爆买！

不过，最近也有日本一家著名化妆品牌店被揭发，竟然在门口贴出中国人禁止入内的告示，引发了很大的争议，可见自称中国人即有优惠不适用于所有商店。

（资料来源：http://www.sohu.com/? strategyid=00005）

第1节　旅游者购买行为概述

旅游者是旅游活动的主体，是旅游业赖以生存和发展的关键因素。旅游者是旅游企业营销活动的出发点和归宿，只有深刻认识旅游者的特点，准确把握旅游者的购买行为，才能提高市场营销效率,在激烈的竞争中获得优势。

一、旅游者购买行为的概念

旅游者购买行为是指旅游者购买旅游产品的活动及与这种活动有关的决策过程,即旅游者在旅游动机的引导下,为了达到一定的目标,选择、比较并最终购买旅游产品的过程。它包括旅游者为什么购买、购买什么样的旅游产品、在何时何地以何种方式购买。

旅游者购买行为的发生过程是十分复杂的。尽管旅游者在旅游活动中都有一些共同的需要和动机,特别是生理性需要和动机,但是,由于社会环境的影响和人体内因素的差异,不同的旅游者会产生不同的购买行为。

二、旅游者购买行为的特点

(一)旅游者购买行为的综合性

同日常生活的消费者购买行为相比较,旅游过程中的购买行为具有综合性的特点,旅游者购买行为并不是对单项物质产品和服务的购买,而是对包括饮食、住宿、交通、游览、娱乐、通信以及购物、其他服务在内的多种形式的产品和服务的综合性购买。其中,饮食、住宿、交通、通信以及其他如医疗等服务为旅游者提供了在旅游活动中所必须具有的基本生活条件,属于基本生活产品的购买;而游览、娱乐等购买行为则是本质旅游产品的购买,也是旅游者购买的目的所在。基本生活产品的购买和本质旅游产品的购买之间是互相联系、互为依托的,仅有一个方面的购买或者任何一方面的购买出现问题,都会影响整个旅游者购买行为所产生的效果。当然,对于不同种类和形式的旅游活动而言,旅游者对基本生活产品的购买和本质旅游产品的购买也是不尽相同的,但同其他消费者的购买行为相比,旅游者购买行为仍具有明显的综合性特点。例如,旅游者住进某一酒店时,并不是单纯地在那住宿,还包括在酒店吃饭,而且饭后还会参加一定的娱乐活动,比如和朋友一起健身、唱歌等。

(二)旅游者购买行为的多样性

随着人们生活需要的多样化和复杂化,旅游者进行旅游活动的目的越来越多样化,旅游者购买行为的动机也各不相同。因此,人们选择了不同形式的旅游活动,进行不同形式的购买行为。针对购买目的的不同,旅游者购买行为的动机主要可以分为四种类型。第一种类型是生理动机诱发类型,它包括身体的休息、体育运动、娱乐活动、治疗以及对健康的种种考虑。此类旅游者购买行为的动机是身体的运动和治疗。第二种类型是文化动机诱发类型,是指人们获得关于其他地区、国家的知识的愿望,包括了解和欣赏异地文化、艺术、风俗、音乐、宗教和绘画等。第三种类型是人际交往动机诱发类型,包括在异地结交新朋友、探亲访友等。第四种类型是地位和声望动机诱发类型,包括想要被人承认、引人注目、受人赏识等。

可见,尽管每一次旅游者购买行为都包括饮食、住宿、交通、游览及购物等环节,但由于购买者的动机不同,他们选择旅游的形式和进行旅游购买的形式也是千差万别的。不同形式的旅游活动必定有不同的购买水平、购买范围和购买结构,每种旅游活动购买的物质产品和服务也大不相同。另外,不同旅游者的旅游动机可能相同,但由于其他主观因素和客观条件的制约,旅游者购买行为也不尽相同。例如:对于中老年旅游者来说,购买行为的动机一般出于对身体健康的考虑,比如泡温泉、做按摩;对于教师、作家、艺术家等,一般是以了解和欣赏各地的文化、艺术、风俗等为主;对于生意人、白领阶层来说,一般是为了谈生意和结交各种生意上的朋友或者避开日常繁忙的工作。

(三)旅游者购买行为和旅游产品生产、交换的同一性

旅游者购买行为更主要地表现为旅游者对旅游服务的购买,而旅游吸引物又是不可转移的,因此决定了旅游者的购买行为和旅游产品的生产、交换具有同一性的特点。

一方面,由于旅游购买行为只能在目的地进行,而不能转移到旅游者的常住地进行,因此旅游产品的交换是在旅游目的地进行的;另一方面,在物质产品的生产过程中,包含生产、分配、交换和消费四个环节,而旅游产品更多地是以服务的形式表现出来的,由服务人员面对面地提供给旅游者,而不能预先生产出来等待旅游者到来后才出售。因此,旅游产品的生产与旅游者的购买行为在时间上具有同一性。

由于旅游者的购买行为和旅游产品的生产、交换具有同一性,因此,旅游者每进行一次同样项目的旅游,都会有不同的购买经历。对于同时进行的同一个旅游项目,不同旅游者的购买经历也是不同的,即每个旅游者的购买满意程度是不尽相同的,旅游购买效果具有很强的主观性。另一方面,由于旅游服务的提供者和购买者是直接接触并相互影响、相互作用的,因此旅游者对旅游服务的反应比较容易获知,使提供者可以及时地发现旅游产品中存在的问题,缩短旅游市场信息反馈的周期。例如,旅游者对接送的专车、入住的宾馆、提供的饮食、导游的服务态度等的满意度不认可都可以及时地反馈给提供者,以便提供者对旅游者的意见及时做出反应。

(四)旅游者购买行为的不可重复性

由于旅游产品是综合性的产品,形成旅游产品的旅游吸引物、旅游设备设施以及旅游从业人员提供的服务不能转移到旅游者的常住地,又由于旅游者对旅游产品的购买只是对使用权的购买,因而旅游者的购买行为并没有取得对旅游吸引物、旅游设备设施等产品的所有权,一旦旅游活动结束,旅游者对旅游产品的使用权将不复存在。旅游者购买旅游产品不可能像购买有形消费品一样带回常住地反复享用。

旅游产品生产和旅游者购买行为在时间上的同一性也决定了旅游者对旅游产品的消费是不可重复的,由于旅游产品更多地表现为旅游从业人员凭借旅游设施设备及旅游吸引物等物质产品向旅游者提供旅游服务,服务过程表现为旅游者和服务人员的面对面接触。只有当旅游者购买这些服务时,旅游服务的生产过程才开始进行,旅游者也才开始占有服务的使用价值,一旦生产过程结束,服务的使用价值就随之消失,购买过程也就终结,不能反复进行消费。

(五)旅游者购买行为的高档次性

旅游者购买行为的产生主要是为了满足人们发展和享受的需要,因而旅游者购买行为必然表现为高档次的消费。旅游过程中旅游者对物质产品和服务的要求必然远远高于对基本生活必需品的要求。旅游者购买行为的高档次特点不仅表现在旅游者对物质产品需求的高水平上,而且对服务产品的需求档次也往往有更加严格的要求。例如,无法想象一般的旅游者在自己居住的城市每天都住三星级以上的宾馆,但是,旅游者在异地旅游时往往会出于安全、卫生、舒适甚至是炫耀的考虑而住高星级的宾馆。

三、旅游者购买行为的类型

旅游者在现实的购买活动中,受社会因素、文化因素、环境因素和个人特点的影响,呈现出复杂多样的购买行为。按照不同的标准可以将旅游者购买行为划分为以下几种类型。

(一)按旅游购买决策单位划分

按此标准可分为旅游者购买行为和组织机构购买行为两类。

1. 旅游者购买行为

旅游者购买行为是指购买旅游产品是供个人、家庭或结伴消费群体的最终消费,而不是为了转让赚取利润或供法人单位旅游消费的购买行为。旅游者购买行为又可分为个人购买行为和群体购买行为两类。时下的旅游市场由单个旅游者组成的"群购"行为日渐增多,一些旅游企业已注意到这一现象,通过给予一定优惠来吸引"群购者"。

2. 组织机构购买行为

组织机构购买行为是指购买旅游产品是为了赢利目的而进行转卖或供法人单位消费的购买行为,分为旅游中间商的购买行为和团体消费购买行为两类。这两类客户都是旅游市场的庞大客户,其中团体消费购买行为包括各类企业、事业单位、政府机构、社会团体等的购买,针对旅游中间商的营销策略与团体消费购买有较大的差别。一些旅游企业开发团体消费市场很有办法,通过组织由法人单位秘书参加的秘书俱乐部使旅游购买者组织化,授予法人代表签单权,方便购买,以此来开发团体消费客户;还有一些企业开发旅游中间商很有办法,通过联合广告、联合营业推广、价格优惠等吸引中间商经营或代理本企业产品。

(二)按旅游购买能力划分

根据旅游购买能力可分为经济型、标准型、豪华型等三类旅游购买行为。

1. 经济型购买行为

旅游购买者由于受经济能力制约或因为图实惠、讲求实用价值,倾向于购买较为廉价的旅游产品。经济型购买者数量众多,而一些旅游企业往往却不够重视,如中低档次酒店的经营者不切实际地把眼光向"高"处看,仅仅盯着高中档消费客人,其结果是生意清淡,而另一些中低档酒店经营者则把餐饮、康乐等旅游产品面向工薪阶层、面向社区,走大众化、经济型经营道路,不仅人气很旺而且效益可观。

2. 标准型购买行为

标准型购买行为指购买能力一般的旅游购买行为。购买者多属于中等收入阶层,如果是旅游团一般称标准团。

3. 豪华型购买行为

豪华型购买行为指购买能力强的旅游购买行为。这类购买者追求个性化需求的满足、上档次的产品和服务、较有知名度的品牌,同时这类购买者比较挑剔。

(三)按旅游购买方式划分

按旅游购买方式,旅游购买行为可分为单项旅游产品购买行为、包价旅游产品购买行为两类。

1. 单项旅游产品购买行为

单项旅游产品购买行为是指只购买某单项旅游产品的旅游购买行为。如北京旅游者驾驶自备车去八达岭长城,只要购买登长城的门票即可。旅游企业根据这类购买行为,把旅游产品"拆零"销售则大有可为。绝大多数酒店都把餐饮、康乐、客房、车务、洗衣等旅游产品以"拆零"方式供旅游者选择消费。

2. 包价旅游产品购买行为

包价旅游产品购买行为是指购买者购买包价旅游线路的购买行为。其又分为全包价旅游产品购买行为、半包价旅游产品购买行为、小包价旅游产品购买行为和自助旅游产品购买行为等四类。

(1)全包价旅游产品购买行为,指购买整个包价旅游线路的旅游购买行为。为满足旅游过程中的食、住、行、游的需要,旅游购买者所需支付的费用包括综合服务费、房费、交通费、专项附加费等。

(2)半包价旅游产品购买行为,指不含午餐、晚餐的包价旅游线路的旅游购买行为。

(3)小包价旅游产品购买行为,指购买者可从包价旅游线路中进行选择性购买,如顾客购买旅游期间的客房使用权、交通工具使用权等,其他项目自理。

(4)自助旅游产品购买行为。自助旅游仅需旅游公司提供订房服务、交通票务服务,旅游者付给订房服务费、订票服务费,旅游过程中的食、购、娱等所有费用全部自理。

(四)按旅游购买时间划分

旅游产品的季节性较强,有明显的淡旺季之分,季节不同、地点不同,旅游购买行为也不同,甚至在一日、一周之中,旅游产品购买会呈现明显的差别。按旅游购买时间划分可分为旺季(时)、平季(时)和淡季(时)购买行为。

(五)按旅游目的划分

1. 观光型

这种类型是指旅游者以观光游览为目的外出旅行而导致的购买行为。

2. 娱乐消遣型

这种类型是指旅游者以娱乐、消遣、求得精神松弛为主要目的,离开常住地外出旅行而导致的购买行为。

3. 求知型

这种类型是指旅游者以获得精神文化为目的,离开常住地外出参加文化旅游活动而导致的购买行为。

4. 公务型

这种类型是指旅游者以完成公务为主要目的,在一定时间内到外地出差,顺便参加旅游活动而导致的购买行为。

5. 保健型

这种类型是指旅游者为了增进自身的身体健康,同时又能轻松地欢度假期而离开常住地外出参加旅游活动而导致的购买行为。

此外,还有以联系亲情、友情,宗教朝圣等为目的而导致的旅游购买行为。

(六)按购买费用来源划分

(1)自费旅游,指全部旅游费用由旅游者个人或家庭承担。

(2)公费旅游,指全部或绝大部分旅游费用由相关部门、政府、企事业单位或社会团体承担,公务旅游、商务旅游、会议旅游均属此列。现在这种类型的旅游我国已经明令禁止。

(3)社会资助旅游,是由社会有关方面通过各种资助或补贴的方式帮助收入过低的贫困家庭参与到旅游活动中来,这种情况多见于西欧国家。

(七)按旅游者购买目标的确定程度与决策行为分类

1. 全确定型

这种类型也称例行反应行为类型,是指旅游者在购买行为发生之前,就已有明确的购买目标和具体要求,如旅游产品的类型、数量、价格,他们根据已经确定的目标和要求进行购买行为。这种情况下,旅游产品大多属于价格适中且经常购买的旅游产品,且很少受营销手段的干扰。

2. 半确定型

这种类型也称有限度解决问题行为类型,是指旅游者对旅游产品有大致的购买意向,但具体目标和具体要求需要经过对同类旅游产品的比较选择后才能做出购买决策的购买行为。这种情况下,旅游者一般需要通过收集各方面的信息,来降低不太熟悉的旅游产品的购买风险。为此,旅游营销人员应当设计一套沟通方案,增进消费者对旅游产品的认识和信心,以坚定其购买决心。

3. 不确定型

这种类型也称广泛问题行为类型,是指旅游者没有明确和确定的购买目标,购买与否都是随意的、不确定的购买行为。一般旅游者在选择不太熟悉且价格较昂贵的旅游产品时,一般会出现较大的随机性。因此,旅游营销人员需要研究潜在旅游者的心理特征,主动热情地为其做好宣传服务,尽量引起他们对某一旅游产品的兴趣。

(八)根据旅游者的性格特点分类

1. 习惯型

这种类型是指旅游者凭借以往的购买经验和消费习惯而采取的一种反复性的购买行为。这种购买行为类型即例行反应行为类型,这类旅游者对旅游产品的选择是以熟悉与信任为基础的,一般不大受时尚流行的影响。

2. 理智型

这种类型是指旅游者在实际购买前已收集旅游产品的信息,了解市场行情,并经过慎重权衡利弊才做出最终购买决定的购买行为。这类旅游者一般计划性强、稳重、有主见,熟悉市场行情,乐于收集信息,经验比较丰富,对旅游产品的品质、特征、用途、价格高低等都有自己的见解,主观性强,不易受外界因素的影响。

3. 经济型

这种类型是指旅游者对旅游产品的价格十分敏感的购买行为,又称价格型购买行为。这类旅游者有两种类型:一种认为高价意味着高质量,而且可以体现其经济实力或较高的身份与地位;另一种则倾向于选择价格较为低廉的旅游产品,他们往往善于发现别人不易觉察到的旅游产品的价格差异,并花费较多精力了解其价格及相关信息,希望买到价廉物美的旅游产品。

4. 冲动型

这种类型是指旅游者受现场环境的激发,以直观感觉为主,未经事先考虑,临时做出决定的购买行为。这类旅游者性格一般较外向,易受宣传广告和旅游产品外观的影响,从个人兴趣出发,喜欢追求新产品。

5. 随意型

这种类型是指旅游者在购买旅游产品时无固定偏爱，一般为顺便购买或尝试性的购买行为，又称不定型购买行为。这类旅游者或者缺乏购买经验，或者缺乏主见，心理尺度尚未稳定，既不苛求也不挑剔，购买行为也比较随便。

此外，旅游购买行为还可按购买动机、购买心理、购买季节、购买方式、购买对象等因素来划分。对于营销人员来说，对旅游购买行为进行分类，目的是为了分析旅游市场，确定不同的消费对象，以拟定相应的营销策略，设计适销对路的旅游产品。

四、影响旅游者购买行为的因素

旅游者购买行为的产生，依赖于社会的、政治的、经济的、文化的、个体的多种因素。从旅游消费者的实际情况来看，可大体分为两大类，即由需求产生的内部因素（或个体因素）和影响需求的外部因素。

（一）经济因素

影响旅游消费者购买行为的经济因素主要是社会生产力发展水平和旅游者的经济收入。

1. 社会生产力发展水平对旅游者购买行为的影响

由于市场购买活动的对象是由生产商提供的，生产商能够提供什么、提供多少，客观上制约着消费什么和消费多少。生产不仅制约着消费的品种、规格、数量，而且制约着消费结构。在社会生产力发展还不足以使人们的生活水平达到一定的程度时，旅游业只能停留在政府型、接待型上，旅游也只是少数有钱人的生活方式，旅游产品的开发、旅游市场也只停留在原始阶段。当经济发展速度加快时，现代人则会把旅游作为一种提高生活质量的生活方式，国际国内的旅游产品经销商每天都在制定无数个销售方案，无一不说明旅游消费的大量出现是社会生产力发展的必然结果。例如，当社会生产力不发达时，人们以马车作为主要的交通工具，不可能像现在的旅游者那样以汽车、火车、飞机作为主要交通工具，方便地外出旅游。又如，在生产力水平比较低的时代，旅游者的旅游项目主要以观光旅游为主，而随着生产力水平的不断提高，一些大型的游乐场、度假村等不断出现，旅游项目就不断丰富多彩起来。

2. 旅游者的经济收入对旅游者购买行为的影响

在现代社会中，仅有旅游消费的欲望并不能创造旅游市场，还要有现实的购买力，才能使旅游消费欲望成为现实。旅游者的经济收入直接影响其购买行为，决定着旅游者能否实现旅游及旅游消费水平的高低。确切地讲，旅游者的经济收入并不是指旅游者的全部收入，而是其全部收入扣除纳税及社会消费、个人及家庭日常生活消费后可随意支配收入的那一部分。经济收入的不同对旅游者的购买行为有不同的影响。据有关资料统计，20 世纪 80 年代初，美国家庭年收入在 15 000 美元以上的家庭外出旅游的可能性比年收入低于这一水平的家庭高 2 倍；年收入在 25 000 美元以上的家庭外出旅游者更多，相当于年收入在 5 000 美元以下家庭的 5 倍。

旅游者的经济收入变化也会影响其旅游消费构成，如经济收入增加会使消费者在食、宿、行、游、购、娱六大要素方面的消费比例发生变化，对旅游目的地的选择和对旅游产品、旅游价格的要求等也会发生相应的变化，就如人们无法想象，享受最低社会保障金的下岗职工能够拿出几千元到外地旅游。

(二)社会因素

旅游者购买行为除了受社会生产力发展水平和个人经济水平的影响外,还受到许多社会因素的影响。对旅游者购买行为影响较大的社会因素主要有社会阶层、相关群体、家庭以及社会地位与角色等。

1. 社会阶层

任何一个社会都存在一定的社会阶层。任何社会的人都被自觉或不自觉地根据地位、声望、价值观以及生活方式等划分为相对稳定的人的群体。同一社会阶层中的人的行为有较大的相似性。受教育程度和职业是判断社会阶层的最主要因素。例如,国外大公司的职员在进行外出商务旅游时,出于对自己的身份和公司地位的需求,乘坐飞机往往是坐头等商务舱而不坐普通舱,住的酒店往往是高星级酒店。

处于同一阶层的消费者,其购买行为大致相同。他们倾向于选择相同种类的产品及品牌,对企业的营销活动也有基本一致的反应,对于旅游市场营销活动来讲,受教育程度高、社会阶层较高的消费者趋于开放和自信,他们对旅游有基本相同的积极态度,对旅游消费中的精神享受和文化体验有更深的认识。社会阶层较低的人一般相对封闭、不愿冒险,在选择消费方式上有明确的功利性、短视性,在旅游消费行为中也偏向于现实性、稳定性。

2. 相关群体

旅游者的相关群体是指直接或间接影响其态度、行为的群体,亦即消费者的社会关系,包括家庭、邻居、同事、朋友、社会团体等。相关群体为旅游者的购买行为提供参考依据,对购买行为有重大影响。相关群体有不同类型,一个人可能同时属于几个相关群体,不同相关群体对购买者的影响程度也有差异。一个人的旅游购买行为受家庭成员、朋友、邻居、经常接触的同事等相关群体的影响较大。例如,在家庭旅游中,丈夫想到拉斯维加斯或是澳门去娱乐,而妻子想到法国或香港去购物,丈夫出于体谅和关爱妻子,往往会听从妻子的想法,到法国或香港去购物。

另外,人们还受自己不属于其中的相关群体的影响。如果某一特定的旅游者希望成为某群体中的一员,那么这一群体就是他的崇拜性群体。相反,如果某人不愿意接受一个群体的价值观和行为方式,并拒绝加入其中,那么这一群体就是此人的隔离群体。相关群体对个体的影响来源于它对其成员的约束力,使其对群体中的个人行为具有较强的影响。对于旅游市场营销过程而言,一定的旅游产品、价格以及销售渠道、促销手段对相关群体的影响十分明显。在某类旅游产品刚刚进入投入期时,旅游者在购买与否的决策上受到相关群体的影响较大,而在品牌的选择上受到的影响较小。当此类产品进入成熟期时,旅游者在品牌选择上一般会受到相关群体的较大影响。在每个相关群体中,部分成员在某一领域的意见又对其他群体成员的行为产生影响。因此,旅游市场营销人员必须制定不同的市场营销策略,影响群体的各类成员。

3. 家庭

家庭是最重要的相关群体。父母的价值观、生活方式、行为准则对子女的影响是深远的。家庭使其成员的行为趋于一致化。家庭不但影响家庭成员的购买行为,而且在西方大部分旅游活动是以家庭的形式进行的,我国的家庭旅游近年来也呈现逐渐上升趋势。与朋友、同事以及正式群体等出游的频率相比,家庭旅游的频率是最高的。因此,旅游市场营销人员应该仔细研究家庭这一特殊的相关旅游群体对旅游者个体购买决策的影响,并且应该深入了解在家庭旅游过程中家庭各个成员的购买行为。

第一,不同家庭成员对家庭旅游购买行为的影响不同。首先提出进行旅游购买的家庭成员是家庭旅游购买行为的倡导者,家庭中的任何一个成员都有可能成为购买倡导者。在孩子尚小的家庭中,父母一般是购买的倡导者。随着子女年龄的增大,子女也逐渐影响到家庭的购买决策。在旅游过程中,子女经常成为某些购买行为的决策者。夫妻双方在购买决策中的作用因购买产品的种类及家庭不同而有所差异。对于大多数旅游产品,由于属于集体购买行为,往往由夫妻双方共同商量决定。例如,对于花费较大、所花时间较长的旅游产品往往由夫妻双方和孩子共同商量决定。

第二,家庭生活周期对个人及家庭的旅游购买行为有很大的影响。家庭生活周期是指一个家庭从成立到消失的全部过程,新婚阶段对旅游产品的消费在我国俗称"蜜月旅行"。新婚夫妇对具有特色的旅游产品以及旅游目的地的环境、位置有较多的选择。这一阶段的旅游目的地可能较多,旅游消费呈现出一个较强的旺盛期。在子女未成年阶段,受环境、经济、身体、安全等方面的影响,家庭旅游购买行为多集中到近距离的目的地和相对单一的旅游产品。子女成年后,家庭对旅游产品消费的可能性增多,经济宽裕,可进行豪华或远距离的旅游,对旅游产品的要求也可能有较高的水准,外出旅游要求与其社会地位、经济收入相称。在退休年迈的阶段,经济状况好的老年人往往会结伴外出旅游,其旅游需求为舒适、慢节奏、高消费。国际上通常称这些老年旅游者为"银发阶层"。

4. 社会地位与角色

社会地位是指从社会角度规定了权利和义务的社会位置。角色是对于具有某一特定地位的人所应具有的行为的期望。

旅游者的购买行为往往要符合自己的地位和角色。大部分旅游消费品具有很大的地位上的象征意义,如选择星级酒店、豪华舒适的交通工具,选择旅游目的地,消费某一特定的旅游产品,等等,往往都代表着一定的社会地位。这些具有社会地位象征意义的产品的营销者就应充分重视购买者的地位和角色,或尽量使自己的产品具有地位上的象征意义。

当然,在一般情况下,旅游者的购买行为也可能脱离自身的社会地位和相应的角色,如旅游者外出的消费水平、所期望的产品及服务质量往往高于其社会地位。至于角色,旅游者亦可能会因为参加那些参与性极强的旅游消费活动而暂时忘记自己的"角色"。

(三)文化因素

文化是影响消费者购买行为的重要因素。每一个社会都有与其相适应的文化,文化对人们行为的影响主要取决于消费者的文化背景和文化水平。

1. 消费者文化背景的影响

不同的消费者生活在不同的文化背景之下。文化是影响消费者购买行为的重要因素。在人类历史的发展过程中,中西方在饮食、服饰、艺术、建筑以及价值观念、伦理道德、宗教信仰等方面都有明显的差异。人们期望通过旅游来了解遥远而陌生的异域文化。不仅如此,随着人们旅游意识的增强,消费者所欣赏的文化背景将在一定程度上被保留甚至强化,这固然是商业因素使然,但的确也为形形色色的旅游消费者打开了一扇扇了解不同文化习俗的"窗户",使他们能够以平常心看待与自己的生长环境迥然不同的异域文化，进而欣赏它、了解它、接受它。

2. 消费者文化水平的影响

旅游者受教育程度的高低是影响其购买行为的又一重要文化因素。首先，文化水平的提高强化了旅游者购买行为的自觉性、主动性。由于消费者受教育程度的提高，对消费现象了解的深入，消费者可能有意识地、主动地接受和消费某种旅游产品，以此达到其期盼的陶冶情操、开阔视野、教育后代的目的；反之，受教育程度较低的消费者对购买行为的选择只能停留在一个较低的层次。其次，旅游者文化水平的高低影响着其旅游消费结构。一般来说，消费者受教育程度越高，对精神生活方面的需求越多，受教育程度较高的旅游者可能更多地考虑旅游产品构成中"精神愉悦"的因素，如独特的风情、高质量的服务、高品位的旅游商品等；反之，受教育程度较低的旅游者可能对提供物质享受的产品怀有浓厚的兴趣。此外，同样的产品，由于销售渠道和促销手段的不同，可能会在不同文化程度的消费者中产生完全不同的效果。

(四)个人因素

影响旅游者购买行为的个人因素主要是指旅游者的人口统计因素，如年龄、健康状况、性别、职业及居住地等。

1. 年龄

年龄本身对旅游购买行为并没有实际意义，但年龄的差别往往意味着生理状况、心理状况、收入及旅游购买经验的差别。因此，不同年龄的旅游者会表现出不同的旅游购买行为。

年龄是人的生命周期阶段划分的主要依据。在一个人成长的每个阶段，随着生理和心理的发展，他会购买各种不同的产品和服务。一个人的生命周期与家庭生命周期往往有很大的关系。成立家庭之后，每个成年人就会依据自身情况及家庭成员的需要来安排旅游购买活动。

由于年龄的差异，不同旅游者选择的旅游产品的种类、品牌及其在旅游过程中的购买行为有很大差别。一般来讲，年轻人喜欢时髦的、刺激性和冒险性较强的、体力消耗较大的旅游活动。老年人由于有丰裕的积蓄，同积蓄及收入较少的年轻人相比，更倾向于选择豪华、舒适、体力适中的旅游产品。

2. 健康状况

几乎任何一项旅游活动都需要耗费一定的体力和精力，因此旅游者的身体健康状况就成为旅游购买行为的直接影响因素。身患重病的人很难进行闲暇旅游活动，而健康状况不佳者也只能在体力允许的范围内选择旅程较短、耗时较少的旅游项目。健康状况不同，旅游者对交通工具、住宿设施及饮食的要求有很大差异。例如，近年来兴起的生态旅游业，能够满足人们日益增长的生态需要。由于城市化进程的加快，空气和水污染日益严重，垃圾、噪声使城市居民的生存环境日趋恶化，因此，旅游者对清洁空气的向往、对良好生态环境的追求已越来越迫切。

另外，生理健康状况有时也影响旅游者的心理状况，从而间接影响到旅游者的购买行为。例如，我国现阶段的老年消费者经历过较长一段时间的并不富裕的生活，他们一般生活都很节俭，价格便宜对他们选择商品或服务确实有一定的吸引力。但是随着人们生活的改善，收入水平的提高，老年消费者在购买商品或服务时也不是一味追求低价格，质量可靠和使用方便才是他们考虑的主要因素。例如，在子女长大独立、经济负担减轻之后，一些老年消费者试图补偿过去因条件限制未能实现的消费欲望，他们在旅游观光、健身娱乐、营养保健等方面有着强烈的消费兴趣。又如,西藏不是每个人都能去的。非高原地区的人,特别是久居平原地区的人,即使身体健康,刚到西藏也会出现不同程度的胸闷、气促、呼吸困难等缺氧症状,即通常所说的"高原反应",随着海拔的增高,这种反应会更强烈。同时,这种缺氧现象容易引起头痛、失眠、脱水、呼吸和脉搏加快、红细胞增多、血压升高、食欲减退、易疲惫等症状。因此凡患有心、肺、脑、肝、肾方面疾病以及严重贫血和高血压的人,不宜到西藏旅游。这种地区还包括云南西部、四川西部的高原地带和一些平均海拔在 2 000 米以上的山峰。

3. 性别

性别对旅游购买行为的影响大多产生于传统文化所赋予的性别角色行为以及不同性别在社会结构中所处的地位和由此带来的就业和收入两个方面的差别。除此之外,性别差异也在纯粹的生理意义上对旅游购买行为产生一定的影响。男性和女性购买者在感官功能如视觉、听觉及触觉等方面的某些差异,使旅游者对旅游营销刺激的反应有差别。例如,春节过后,旅游市场降温,进入相对的旅游淡季。可"三八"妇女节却掀起了各旅行社争夺市场的热潮。为了显示女性节日特点,旅行社纷纷做出"偏心"举动,主要是从价格上对女性倾斜,同一线路女性报名可获得几十元的特别优惠。一些精明的旅行社将目光瞄准了撑起世界的"半边天"——妇女,不约而同地推出"妇女路线",打妇女牌,设计女性旅游产品,如"3 月水样女人""购物主题游"等针对女性的旅游产品线路成为春季旅游中的一道风景。

此外,男性和女性在体力上也存在较大差异,男性往往比女性在体力上更充沛,运动速度更快,但体力恢复较慢,因此两性在选择旅游项目上也有区别。例如,某一旅行公司在旅游总体市场不景气的情况下,以独特的眼光发现了惊险性旅游项目与 40~45 岁男性消费者之间的相关性,并在此基础上设计了具有针对性的旅游路线与项目,结果所开发的旅游路线与项目深受此年龄段男性消费者欢迎。

4. 职业

一个人的职业在很大程度上决定了这个人在社会结构中所处的地位和他的收入水平。同时,职业也决定了一个人闲暇时间的多少。职业本身意味着购买者的工作性质和生活经历。不同职业的人,由于工作性质可能会促使其选择不同的旅游产品。工作繁杂程度高、人际交往频繁、工作任务重的就业者倾向于选择放松型的度假旅游。例如,20 世纪 90 年代后,欧美许多白领阶层多以"放松"和"逃避"为旅游目的,追求闲淡舒适,而不再热衷于选择刺激性强的旅游项目。

职业决定收入水平,收入水平则决定一个人的购买能力,可自由支配收入的增加是旅游购买欲望产生的必要条件。收入的多少直接限制了旅游者购买旅游产品的种类、品牌、购买方式以及购买数量。闲暇时间是限制旅游购买欲望的另一个客观因素。职业的种类在很大程度上决定了就业者的闲暇时间。有些职业具有较长的闲暇时间,如教师。同时,职业也决定了闲暇时间的搭配。有的职业可能允许职工在冬季才有度假机会,有的就业者则只能在夏季才得到度假机会,所以,职业在一定程度上影响着旅游购买行为的时间性和旅游天数。

5. 居住地

居住地对旅游营销人员有重要意义。一个地理区域的地形、气候、地貌及水文等特征是该地区居民生活经历中的重要部分。这方面的生活经历会促使旅游者寻找地理要素上有差异的目的地。另外,居住地的地理位置也意味着目的地和客源地之间的距离。距离对旅游目的地的选择既是推动因素,也是阻碍因素。远距离既给旅游目的地带来遥远感和吸引力,同时也带来交通、时间及价格上的问题。

居住位置影响人们的旅游购买范围。人们倾向于在较近的范围内进行旅游咨询和预订。尽管现代化的通信技术使得居住位置及旅游销售地点的位置对旅游购买行为的制约程度有所下降,但旅游营销人员还是应力求使分销地点接近市场的居住位置。例如,大多城市的最好旅游季节是秋天。北京的春天风沙大,冬天到处是光秃秃的,只有夏、秋两季适宜游览;上海、杭州、苏州等地处于江南,春天是梅雨季节,夏天炎热,冬天阴湿,只有秋天气候最好;而重庆、武汉、南昌、南京号称"四大火炉",夏季酷热难当,应该避免夏季到这几座城市旅游。

第 2 节 旅游者购买决策行为的心理特征分析

旅游者的购买决策行为除了受社会因素、文化因素和个人因素影响之外,还受需要、动机、感知及学习等心理因素的影响。

一、需要与旅游需要

(一)需要

需要是客观刺激通过人体感官作用于人脑所引起的某种缺乏状态,如人体内的生化作用引起饥饿的感觉,进而产生进食的需要。需要是人类活动的基本动力,它激发人们朝一定的方向行动。

现代最著名的需要理论是美国心理学家马斯洛的"需要层次理论"。该理论把人类的需要由低到高分为五个层次:生理的需要、安全的需要、社交的需要、尊重的需要和自我实现的需要,如图 3-1 所示。一般而言,人类的需要由低层次向高层次发展,低层次需要满足后才追求高层次的满足。如一个食不果腹、衣不蔽体的人可能会铤而走险而不考虑安全的需要,也有可能会沿街乞讨而不考虑社会需要和受尊重的需要。但是这种层次不是刚性的,有些人的需要层次的顺序可能不同或者无高层次需要。

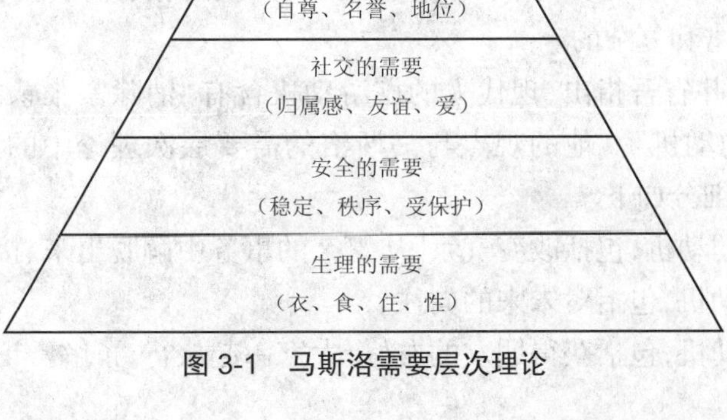

图 3-1 马斯洛需要层次理论

（二）旅游需要

旅游需要是人类总需要中的一个组成部分，是人类改变日常生活环境以调节身心节律的一种需要，属于高层次的需要。同时旅游需要也是一种综合性的需要，它在一定程度上包含了人类各层次需要的内容，包括食、住、行、安全、求知、社会交往、审美需要等各个方面。

由于人们价值观和生活方式的不同，旅游需要也会有较大差别。有的人通过旅游活动结交新朋友，获得了友情和爱情，从而满足了社交的需要；有的人通过旅游活动，寻求到从未看到过的事物，开阔了眼界，学到了知识，增长了认识能力和审美能力，从而满足了自我发展的需要；有的人通过旅游活动，尤其是国际旅游或豪华旅游团，获得了优越感和自信心，从而满足了受尊重的需要。

旅游营销人员应该针对旅游者不同的需要，制订不同的营销方案。如既可以通过宣传旅游产品给人们带来幸福、欢乐、友情、爱情来满足人们社交的需要，也可以通过宣传旅游产品代表的成功与成就来满足人们地位和受尊重的需要。同时在旅游活动中要尽可能多地满足游客多方面的需要，如在旅游过程中，许多旅游者喜欢到陌生的地方，探求不熟悉的事物，满足自我发展的需要，但并不排斥对生理和安全的需要。

二、旅游者购买动机

（一）动机

动机是发动和维持人的活动并使活动指向一定目的的心理倾向。动机源于需要，当人产生某种需要而又未能得到满足时，人体内便出现一种紧张状态，形成一种内在动力，促使人们去采取满足需要的行动。当人的需要得到基本满足时，紧张状态消失，恢复平衡，从而这个动机也就不存在了。因此，动机支配着人的行为。

可以说，动机来源于需要，行为取决于动机。但是不能反过来说，有某种需要，就一定产生某种动机；有某种动机，就一定有某种行为。因为一个人同时可能存在多种需要，不是每一种需要都能产生动机，也不是每一种动机都引起行为。动机之间不但有强弱之分，而且有矛盾和冲突，只有最强烈的动机（优势动机）才能导致行为。如一位女士拥有一笔钱，既想买高级化妆品，又想买高级时装，还想去旅游，等等，最后决定购买行为的只能是那个最强烈的需要和动机。因此，对企业而言，要想吸引消费者，必须善于根据消费者的需要，设置某些刺激物，激发足以引起消费者购买行为的优势动机。

（二）旅游动机

旅游动机是推动人们进行旅游活动的内在驱动力，它规定了旅游行为的方向，并指导着人们旅游活动的心理过程。旅游动机来源于旅游需要，而人的旅游需要具有多样性的特点，因此旅游动机也是非常丰富和复杂的。

日本心理学家今井省吾指出，现代人的旅游动机含有“消除紧张感的动机”“社会存在的动机”和“自我完善的动机”。他的观点与马斯洛的需要层次理论中的三个高层次需要相一致。这三种动机具体细分如下。

（1）消除紧张感的动机，包括改变气氛、从繁杂的事务中解脱出来、接触自然。

（2）自我完善的动机，包括对未来的向往。

（3）社会存在的动机，包括获得朋友的友好、大家一起旅行、了解常识、家庭团圆。

美国麦金托什把旅游动机分为四类。

(1)身体健康动机,包括休息、运动、消遣、娱乐、健身和疗养等,目的是通过身体的活动消除紧张和疲劳。

(2)文化方面的动机,包括了解其他国家的音乐、艺术、民俗、舞蹈、绘画和宗教等,目的是了解更多地域文化,增长知识。

(3)社交方面的动机,包括接触其他民族、探亲访友、结交新朋友等,目的是摆脱日常事务、摆脱家庭和邻居等。

(4)地位和声誉方面的动机,包括公务旅游、会议旅游、考察旅游、修学旅游以及实现个人兴趣爱好的旅游等,目的是被承认、被注意、被赏识、被尊重以及获得良好的声誉。

对旅游营销人员而言,一方面要设置刺激物,激发消费者的旅游动机,如制作精美的广告画面、设计经典的广告语言等;另一方面要设法控制旅游者的旅游动机,激励他们在同样期望的选择面前,取其一而舍其他。如饭店客房独特的风格气氛,提供赠品、免费书报杂志等服务,便会激励客人再次光顾。

三、购买过程中的感知选择

人们的需要受到外界刺激形成动机,这种动机引起的行动如何,还要看他对客观情境的感知如何。不同的人对外部事物的信息筛选、加工和解释过程是不一样的。心理学家认为感知过程分为三个基本类型。

(一)选择性注意

选择性注意指在众多的信息中,人们易于接受对自己有意义的信息以及与其他信息相比有明显差别的信息。如喜欢美食的旅游者会对美食类旅游信息格外关注;与众不同的广告会给旅游者留下深刻的印象;旅游淡季较为明显的价格差异会激发旅游者的热情。

(二)选择性扭曲

选择性扭曲指人们往往按照自己的偏见和先入之见来解释外来信息,使之与原有的思想模式相一致。由于存在选择性扭曲,人们接收到的信息并不一定与信息的本来面目相一致。如旅游者已经通过亲朋好友的亲身经历对某家旅游企业的信誉度形成了思维倾向,当外界广告的刺激与其建立起来的感知不一致时,他们往往对广告产生不信任。

(三)选择性保留

选择性保留指人们易于记住与自己观念相一致的信息,忘记与自己观念不一致的信息。如旅游者偏爱某品牌的酒店,往往只记住这家酒店的优点,每次需要再次购买时,就会首先想起这个品牌而不考虑其他。

以上三种感知过程要求旅游营销人员规划及实施市场营销活动时要针对服务产品的无形性及高度象征性,选择最适当的方法,把产品和服务的信息传递给旅游者,对其产生强有力的刺激,进而影响其感知过程,最终影响其购买行为。

四、学习过程

人类的行为有些是本能的、与生俱来的,如新生儿的啼哭,但大多数行为(包括消费行为)是通过后天经验获得的,即通过学习、实践得来的。学习过程就是人们在社会实践中,受后天经验的影响而改变其行为的过程。学习能对人们的动机、感知及态度产生很大的影响,同时深刻影响着旅游购买行为的产生。

按照"刺激—反应(S-R)"理论,人类的学习过程是驱使力、刺激物、提示物(诱因)、反应和强化等一系列因素相互作用的过程。驱使力是促使旅游者产生购买行为的内在力量,它源自旅游者未得到满足的需要;刺激物是使旅游者需要得到一定满足的事物信息;提示物是能够诱发旅游者购买行为的所有因素;反应是旅游者为满足需要所采取的购买行为;强化是旅游者的购物评价,如果对所购买的旅游产品满意程度高,则反应被增强,以后对具有相同诱因的刺激物就会产生相同的反应,如果满意程度低或者不满意,则反应被削弱,以后对具有相同诱因的刺激物不会产生反应。

因此旅游营销人员要积极运用旅游者的学习过程,运用刺激性暗示和积极的强化手段来刺激消费者对旅游产品的需求。例如:努力设计具有差异的整体旅游产品,刺激消费者的购买欲望;及时有效地向消费者提供启发需求的提示物,诱发旅游者的购买行为;积极强化旅游者对旅游企业的旅游产品的满意度,以创造重复购买行为。

第3节　旅游者购买决策过程

旅游者的购买行为,不仅是一个价值交换的行动,而是由一系列相互关联的活动构成的整体过程。一般而言,这个过程包括五个阶段:问题识别阶段、信息收集阶段、选择评估阶段、购买决策阶段、购后行为阶段,如图3-2所示。

这个模式表明,旅游者购买过程早在实际购买前就已开始,并延伸到实际购买以后,这就要求旅游营销人员注意旅游者购买过程的各个阶段而不是仅仅重视销售。

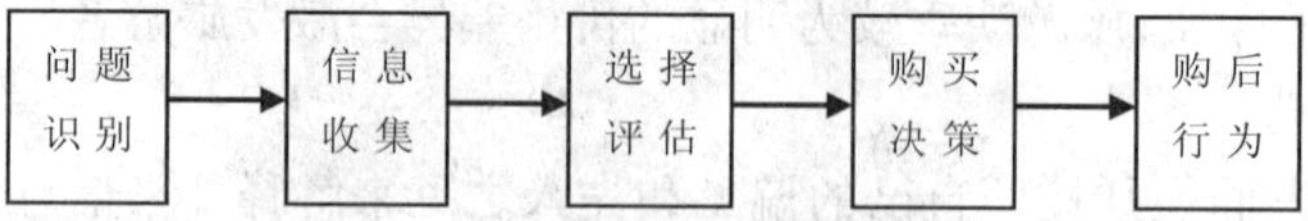

图3-2　旅游者购买决策过程

一、问题识别

旅游者购买决策过程从问题识别开始,问题识别阶段也是旅游者需要的认识过程。这种需要可能由内在刺激物引起,如日常工作过于紧张或身体状况不好需要休息等;也可能由外界刺激引发,如亲朋好友或广告中对某种旅游产品的极力推荐等。内在刺激来源于旅游者的生理需要,外在刺激则包括能够激发旅游者需要的一切因素。但在一般情况下,旅游需要是两方面共同作用的结果。

对旅游营销人员而言,一方面应该深入了解旅游者产生需要的自身生理、心理状况以及旅游者所处的环境,从而发现自己的旅游产品可以满足旅游者的哪些需要;另一方面要设计有针对性的诱因,努力唤起和强化旅游者的需要,最终唤起旅游者的购买行为。

二、信息收集

当人们产生了旅游需要后,就会有意地或下意识地收集有关旅游产品的信息。这个阶段是购买决策的调研阶段。根据旅游者收集信息的积极性,可将信息收集过程分为两种情况:加强注意和积极收集。加强注意状态指消费者只是对能够满足需要的旅游产品信息变得更加敏感和关心,虽然并不有意识地收集信息,但是留心接受信息,比平时更加关注该产品的广告、别人对该产品的评价等。积极收集状态指消费者主动地、广泛地寻找有关旅游产品的各种资料,打电话询问旅游机构,并向亲朋好友、同事等主动询问相关产品的情况。

旅游者信息的来源主要有以下四种:个人经验来源(旅游者以往的旅游经验)、相关群体来源(家庭成员、亲朋好友、同事邻里及其他熟人)、商业来源(旅游营销人员推销、广告、旅游产品介绍等)、公共来源(报纸、杂志、广播、电视等大众传播媒介,公共组织)。

旅游营销人员不仅要通过市场调查了解旅游者的信息来源,更要了解不同信息来源对旅游者购买决策的影响程度。一般情况下,旅游者由商业来源获得的信息最多,其次是公共来源和相关群体来源,最后是经验来源。但是从旅游者对信息的信任程度看,经验来源和相关群体来源最高,其次是公共来源,最后是商业来源。各种来源的信息对旅游者购买决策都有相应的影响,在正常情况下,商业来源主要起"通知"作用,而其他几种来源能起到"评价和实证"作用。因此,旅游企业除了利用商业来源传递信息以外,还应重视旅游产品的质量,保证旅游者获得满意的旅游经历,同时使相关群体来源和公共来源的信息发挥良好的口碑宣传作用,以加强信息的影响力和有效性。

三、选择评估

选择评估是旅游者在获得全面的信息后,根据这些信息运用一定的评价方法,对同类旅游产品的不同品牌加以评价,最终做出选择的过程。旅游者在评估过程中涉及一系列评价标准,这些标准通常是由旅游者自身的态度和旅游产品的客观属性共同构成的,具有多样性的特点。但无论如何,旅游产品能够提供给旅游者的"利益"是旅游决策行为的最终标准。

假设绝大多数旅游者都是理性购买者,每位旅游者都依照旅游产品为他们提供的利益大小进行排序和选择。这就是旅游者选择评估的期望值模式,其公式为

$$B=\sum_{i=1}^{n}A_iW_i$$

式中:B 是旅游者感觉到的特定旅游产品能为其提供的总利益;A_i 是第 i 个属性的得分,即旅游者感觉到第 i 个属性能提供的利益的大小;W_i 是属性 i 的权重;n 是属性的个数。

由此可见,要增强旅游产品的吸引力,必须提高 B 的值,旅游营销人员可以从两个方面努力:一是提高旅游产品的形象,使旅游者感到各个属性提供的利益增大,即提高 A_i 的值;二是努力提高该产品优秀属性对旅游者的重要性,或者提高被忽视属性的重要程度,即改变 W_i 的值。

四、购买决策

购买决策是旅游者做出购买决定和实现旅游产品购买的过程,是旅游购买行为的中心环节。旅游者对旅游产品信息进行评估后,就会初步形成购买意图。然而从购买意图到决定购买之间,还要受他人态度和意外环境因素的影响。

他人态度主要是旅游者家人的态度或其他关键人士的态度。如果他人的反对态度越强烈,或持反对态度的人与旅游者的关系愈密切,修改购买意图的可能性就越大。意外环境因素包括与产品相关的突发因素和与产品无关的突发因素。与产品相关的突发因素可能是旅游购买者突然发现了有关产品的不利信息,如该旅游产品突然涨价或目的地发生流行性疾病等;与

产品无关的突发因素包括购买者出现了其他更为迫切的购买需要或闲暇时间减少等因素，这些都有可能改变旅游者的购买意图。

旅游者修改、推迟或取消某个购买决定，往往受已觉察到的风险的影响。“察觉风险”的大小，随所购产品金额的多少、产品性能的稳定程度及购买者信心的强弱而定。因此，旅游营销者应设法使购买者所承担的风险减到最低限度，令旅游者对旅游产品产生信赖和认可，促使旅游者做出购买决定并付诸实现。

五、购后行为

旅游者购买某项旅游产品之后，会通过实际消费行为来检验自己购买决策的正确性，确认满意程度，作为以后类似购买活动的参考。因此可以说，购后行为是购买决策的反馈阶段，它是本次购买活动的结束，也是下次购买或不购买的开端，包括购后满意度评价和购后的活动两个内容。

（一）购后满意度评价

购后的满意程度取决于购前期望得到实现的程度。如果感受到的产品效用达到或超过购前期望，就会满意，超出越多，满意度越大；如果感受到的产品效用未达到购前期望，就会不满意，差距越大，不满意度越大。可用如下函数式表示：

$$S=f(E,P)$$

式中：S 表示旅游者的满意程度；E 表示旅游者对旅游产品的期望；P 表示旅游者感受到的使用效果。如果 $P>E$，旅游者会感到很满意；如果 $P=E$，旅游者会感到满意；如果 $P<E$，旅游者会感到不满意。

旅游者对旅游产品的期望质量是根据营销人员提供的信息及其他来源的信息综合形成的。因此，旅游营销人员在提供信息时要实事求是，不能过分夸大产品的实际效用，否则会在期望质量和实际质量之间形成较大的差距，导致旅游者不满。

（二）购后的活动

购买后的满意程度会影响到旅游者的购后活动。如果旅游者消费某项旅游产品之后感到满意，则反应大体相同，即重复购买或带动他人购买该产品。如果感到不满意，其反应则迥然不同，有的旅游者会寻找能表明该产品具有高价值的信息或避免能够表明该产品具有低价值的信息，证实自己原先的选择是正确的；有的旅游者可能当场向旅游企业、旅游管理机构及旅游行业协会提出投诉，讨回或补偿损失；有的旅游者则倾向于不再购买此项旅游产品或该旅游企业的产品；有的旅游者会警告相关群体注意该旅游产品以免上当，通过发泄不满来恢复心理平衡。

因此，旅游营销人员要采取各种积极的措施，消除旅游者的不满意感。如：通过寄送感谢卡、有关本产品的最新支持性资料或打电话问候等服务，帮助旅游者消除疑虑，增大再次购买的可能；鼓励和重视游客投诉，促使旅游者和企业之间进行良好的沟通，积极提供补偿服务，为游客提供新的满足等。

第 4 节　组织机构的购买行为分析

旅游者市场是旅游产品的最终市场，但大多数旅游企业有时并不直接把产品卖给旅游者，而是先卖给组织机构，然后再由它们提供给旅游者。因此，旅游营销人员必须像重视个体旅游行为分析一样，重视组织机构的旅游购买行为分析。

一、旅游购买组织机构的分类及其特征

按购买旅游产品目的的不同，可以将旅游购买组织机构分为两大类型：一类是不以赢利为目的的一般组织机构，其购买活动是为了自身消费；一类是以赢利为目的的旅游中间商，其购买活动是为了代理或转卖。

进行旅游购买的一般组织机构有公司企业、政府机构及军事机构、学校、各种行业协会及专业协会、会议机构等，其中公司企业是进行旅游购买的最大客户。公司企业经常需要为来访的同行或业务单位人员提供食宿服务；公司企业召开各种会议或员工在外出差需要预订各种旅游服务；公司企业往往是奖励旅游的积极购买者。

政府及军事机构经常会由于接待来访客人、出访、会谈及职工休假等原因购买旅游服务。这类组织机构进行旅游购买时对产品和服务的要求较高，客人的消费反应往往会给旅游企业的声誉带来很大影响。

各种专业协会及会议机构购买旅游产品时，往往会有一些特殊的需求，能否满足这些特殊的需求，是这些购买者及使用者满意的重要保证。

旅游中间商包括旅游零售商、旅游批发商、会议代理商、奖励旅游代理商等。旅游产品的最终使用者并非都向旅游产品的生产者进行直接购买，很大一部分旅游购买行为都产生于各种旅游中间商，它们为其顾客充当了采购代理人的角色。

一般而言，组织机构的购买行为具有购买者数量较少，但购买数量大、批量多、价值高，购买决策所需的信息多，决策时间长，往往签订购买合同等特点。

二、影响一般组织机构旅游购买的因素

影响一般组织机构旅游购买行为的因素可以分为环境因素、组织因素、人际因素和个人因素。下面以公司企业为代表来介绍各种影响因素。

（一）环境因素

环境因素是公司企业所处的外部因素，包括宏观经济前景、政治法律状况、技术发展、社会文化及竞争态势等。

宏观经济因素中诸如产业政策、经济周期、通货膨胀率、利税以及原材料价格、员工薪酬等因素的变化，直接影响着公司企业的经营效益，都会增强或削弱其经济实力，从而最终影响到接待来访客人、员工出差、员工奖励旅游、会议开支等旅游购买行为。当公司面临经济衰退、通货膨胀时，往往会降低旅游购买的数量和档次。

政治法律因素对市场主体的各种立法及市场规则会影响到公司业务的开展，有损或有利于公司的经营效益。如法律对公司规模及垄断程度的限制，会降低利润，减小公司规模，进而降低旅游购买的数量。目前世界经济发展中出现了经济政治化的倾向，目的地国和客源国之间政治关系的变化往往导致经济关系的变化，这对跨国公司会产生重大的影响，该公司对旅游产品的购买势必会发生方向上的改变。

新技术的应用会对公司的经营效益产生重大影响，增强其经济实力，从而间接地影响到旅游购买；先进的通信技术会在很大程度上代替公司之间业务人员的商务往来，减少公司对商务旅游产品的购买。但是,尽管通信技术的先进程度不断提高,但通信技术也难以替代商务人员面对面的交流沟通。

社会文化因素会影响到公司企业对员工的福利及奖励措施的选择。在20世纪70年代以前,普遍的做法是增加员工的薪酬及提供其他物质利益。随着社会文化观念的改变,目前奖励旅游已经广泛被人们认可。

公司企业之间也存在旅游消费的示范效应。与公司相关的其他组织机构,尤其是竞争对手的旅游购买行为,会对企业的旅游购买产生很大的影响。目前奖励旅游及员工的带薪休假已成为公司企业间进行人才和声誉竞争的有力手段。许多公司的员工在外出差时购买豪华的旅游产品,就是对公司名声和实力的彰显。

(二)组织因素

组织因素是企业的内部因素,包括企业的经营目标、业务特点、企业文化及组织结构等。

企业的经营目标会影响企业的旅游购买行为,如以追求总成本降低为目标的企业,会对低价旅游产品更感兴趣;公司的业务特点也决定着员工出差的地点、时间以及对交通工具的选择,如一个美国的汽车转卖商,经常需要去底特律等汽车厂家集中的地区采购。同时,企业的旅游购买活动也会随着业务的季节性而呈现较强的季节性。

企业文化在很大程度上会影响企业的旅游购买行为。重视员工发展的企业必然会重视员工福利及激励,度假旅游及奖励旅游是当今社会的一种重要的福利手段。尤其是一些工作强度大、操作复杂程度低或污染较大企业的员工往往有较长时间的休假。这些企业一般会大量购买度假旅游产品。强调节俭的企业文化,会限制员工购买高档次的商务旅游产品;而认为员工对商务旅游的购买是企业声望和实力象征的公司,会鼓励商务人员购买豪华商务旅游产品。

企业的组织结构特点也会影响到旅游购买行为。一些大的企业组织结构比较完善,往往设有旅游部,作为单独的部门负责全公司的旅游产品采购。由于旅游购买有专人负责,这些购买者一般都接触大量的旅游信息,具有丰富的购买经验。一些组织结构不太完善或旅游购买分工不太明确的企业里,通常是由有需要的各个部门自行负责,缺乏统一的购买。组织结构中,权力的集中程度也会影响旅游购买行为。一般而言,权力集中程度高的企业,绝大多数较大的旅游购买决策都由集权者进行,而权力集中程度低的企业,直接负责旅游产品购买的人员就具有较大的决策权。

(三)人际因素

人际因素也是企业内部因素,包括参与旅游产品购买过程的各种角色(使用者、影响者、购买者、决策者、信息控制者)的职务、地位、态度及其相互关系。这些不同的角色所组成的购买决策单位通常称作购买中心。购买中心的每个成员都在不同程度上影响着购买决策。因此旅游营销人员应当了解企业中每个人在购买决策中扮演的角色是什么,他们之间的相互关系如何等,充分利用这些因素促成旅游交易。

1. 使用者

使用者是企业中需要使用旅游产品的人员。一般情况下使用者首先提出旅游产品购买建议,也可以提出旅游产品的具体内容。

2. 影响者

影响者是指影响旅游购买决策者的人,他们一般是旅游部门的专职人员,具有丰富的购买和消费经验。影响者为决策者提供各种决策信息。

3. 购买者

购买者是指按照职责有权选择旅游产品提供者并进行实际购买的人。

4. 决策者

决策者是指有权力选定旅游产品提供者的人。在企业的日常预订中,购买者往往就是决策者。但当购买大批量的旅游产品时,如购买奖励旅游产品或福利旅游产品,一般由公司的高级管理人员作为决策者来批准。

5. 信息控制者

信息控制者是指控制着接近购买中心其他成员途径的公司人员。他们控制着影响购买中心其他人员的各种信息,作用十分重大。

(四)个人因素

个人因素属企业内部因素,包括参与旅游产品购买过程的有关人员的年龄、个性、受教育程度、工作经验、偏好等。由于个人特点不同,不同的购买人员会表现出不同的购买类型。这与影响旅游者购买行为的个人因素相似。如有些受过良好教育的理智型购买者,选择旅游产品提供者之前要经过周密的竞争性方案比较。有些购买者个性强硬,喜欢与旅游产品提供者反复较量,如果遇到涨价、服务质量下降,就会减少或停止采购。

三、一般组织机构的旅游购买过程

一般组织机构的旅游购买过程与个体消费者的旅游购买过程有相似之处,但也有一些差别。这个过程可以分为五个步骤,即公司问题识别、建立购买标准、寻找供应商、选择供应商和购买后的评估及反馈,如图 3-3 所示。

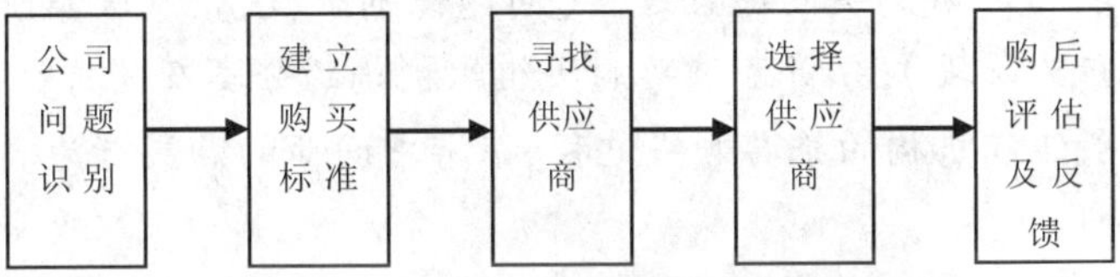

图 3-3 一般组织机构的旅游购买过程

(一)公司问题识别

当公司成员有旅游需要时,公司的旅游购买过程就开始了。这种购买需要使用者了解,还必须反映到购买者或决策者,以对需要进行重新判断。因此旅游营销人员除了仔细了解使用者的需要外,还必须和购买者或决策者建立密切联系,以便有针对性地制定营销策略。

(二)建立购买标准

当使用者的购买需要明确以后,购买者或决策者就会为购买确立各种标准。例如:需要购买什么类型的旅游产品;有多少人参加本次旅游活动;旅游目的地和旅游线路的选择;具体时间的安排;旅游活动项目的安排;交通和食宿的标准;费用的预算;等等。

（三）寻找供应商

购买人员将购买标准拟定为招标书，并选择若干个旅游服务企业，把招标书寄送给他们，并请他们提出各自的投标书，以作为选择的依据之一。

（四）选择供应商

公司决策人员根据投标书来选择旅游服务企业。在选择过程中，同时考虑旅游服务企业的信誉、产品质量、支付条件、价格、营销人员的素质等，在综合权衡的基础上，找出最佳旅游服务企业。

（五）购买后的评估及反馈

购后评估是购买人员对旅游服务企业的绩效进行综合评估的过程。通常情况下，购买人员要征求旅游产品最终使用者的意见，了解他们的满意程度。购后反馈一般是通过购买人员和旅游企业营销人员的交往来实现的。购后评估和反馈最终可导致购买人员做出下次是否继续购买该旅游企业产品的决定。所以，旅游营销人员应注重购买人员和最终使用者的反应，及时提供售后服务并更新旅游产品。

四、旅游中间商的购买行为分析

旅游中间商是指以转售或代理的形式将旅游产品提供给最终消费者的企业和个人。因此，旅游中间商对旅游产品的需求实质上是派生性需求，是由最终消费者市场决定的，消费者市场对旅游产品的选择直接影响到旅游中间商对旅游产品的购买和代理行为。所以，当旅游营销人员能够证明自己的产品为旅游者接受时，中间商就会倾向于购买这些旅游产品。

旅游中间商购买行为的基本动因是赢利，因此旅游中间商会根据佣金和支付条件来选择旅游产品供应商。当然，产品和服务质量及声誉也是中间商选择旅游服务企业的重要依据。

【本章小结】

本章总结了旅游者购买行为的概念、类型，分析了旅游需要、旅游动机、购买中的感知选择和学习过程；详细分析了旅游购买的决策过程（问题识别阶段、信息收集阶段、选择评估阶段、购买决策阶段、购后行为阶段）；分析了旅游购买组织机构的分类及其特征、影响一般组织机构旅游购买的因素、一般组织机构的旅游购买过程、旅游中间商的购买行为。

【思考题】

1. 何谓旅游者购买行为？旅游者购买行为的类型有哪些？
2. 什么是旅游需要？什么是旅游动机？
3. 旅游购买的决策过程有哪些？
4. 影响组织机构旅游购买的因素有哪些？
5. 一般组织机构的旅游购买过程是什么？

【练习题】

一、单选题

1. 旅游购买行为按旅游购买方式可分为单项旅游产品购买行为和（　　）两类。

A. 标准型购买行为　　B. 包价旅游产品购买行为

C. 经济型购买行为　　D. 豪华型购买行为

2. 影响一般组织机构旅游购买行为的因素可以分为环境因素、组织因素、人际因素和

(　　)。

A. 个人因素　　B. 集体因素　　C. 财力因素　　D. 心理因素

3. 按购买旅游产品目的的不同,可以将旅游购买组织机构分为两类:一类是不以赢利为目的的一般组织机构;另一类是以赢利为目的的(　　)。

A. 旅游代理商　　B. 旅游零售商

C. 旅游中间商　　D. 旅游批发商

二、多选题

1. 心理学家认为感知过程分为三个基本类型,分别为(　　)。

A. 选择性注意　　B. 选择性扭曲　　C. 选择性保留

D. 选择性认知　　E. 选择性记忆

2. 一般而言,旅游者购买决策过程包括五个阶段:问题识别阶段、(　　)、(　　)、购买决策阶段、购后行为阶段。

A. 信息收集阶段　　B. 市场调查阶段　　C. 甄别选择阶段

D. 咨询阶段　　E. 选择评估阶段

三、判断题

1. 现代最著名的需要理论是美国心理学家马斯洛的"需要层次理论"。该理论把人类的需要由低到高分为五个层次:生理的需要、社交的需要、安全的需要、尊重的需要和自我实现的需要。(　　)

2. 旅游动机是推动人们进行旅游活动的内在驱动力,它规定了旅游行为的方向,并指导着人们旅游活动的心理过程。(　　)

3. 生产观念是在买方条件下产生的。(　　)

【参考文献】

[1] 孙九霞,陈钢华. 旅游消费者行为学 [M]. 大连:东北财经大学出版社,2015.

[2] 李志飞. 旅游消费者行为 [M]. 武汉:华中科技大学出版社,2017.

[3] 肖怡然. 旅游消费者行为学 [M]. 北京:北京理工大学出版社,2017.

[4] 侯宏杰. 旅游消费者行为研究 [M]. 北京:光明日报出版社,2013.

[5] 斯沃布鲁克. 旅游消费者行为学 [M]. 北京:水利电力出版社,2004.

第 4 章　旅游目标市场营销

学习目标

1. 理解旅游市场细分、目标市场和旅游市场定位的概念。
2. 掌握旅游市场细分方法、目标市场策略和旅游市场定位方式。

教学重点

1. 旅游市场细分方法。
2. 旅游目标市场策略。

课前导读与体验

瞄准长者旅游细分市场　助力中山全域旅游发展

2017 年是我国全域旅游的发力之年，也是中山市创建“国家全域旅游示范区”的关键之年。市旅游局看到银发一族对休闲旅游的需求，欲继续在细分市场及全域旅游发展方面发力。

中山旅游局对接了中国老龄化市场需求以及中老年日益增长的游客市场，联合同程旅游“百旅会”特色社群，于珠三角地区招募社群游客，体验中山特色旅游产品，并以“快乐大巴”的形式组织游客前往中山进行体验和感受。据悉，同程“百旅会”是同程旅游旗下的中老年旅游社群，服务对象主要是在同程旅游注册的中老年会员。“幸福长者游中山”的所有同程专线，除游览中山市重点景区外，重点融入体验活动，如咀香园杏仁饼 DIY 体验、中山市美食品尝体验等，既丰富老年游客的游览体验，又扩大了中山特色旅游的影响力。

（资料来源：http://news.sina.com.cn/c/2017-11-06/doc-ifynmnae2150383.shtml）

第 1 节　旅游市场细分

旅游目标市场营销中，旅游企业需要区分主要的细分市场，把一个或几个细分市场作为目标，同时为每个主要细分市场定制产品或服务以及营销方案。目标市场营销战略的制定一般需要经过三个主要步骤：旅游市场细分、目标市场选定和旅游市场定位，如图 4-1 所示。

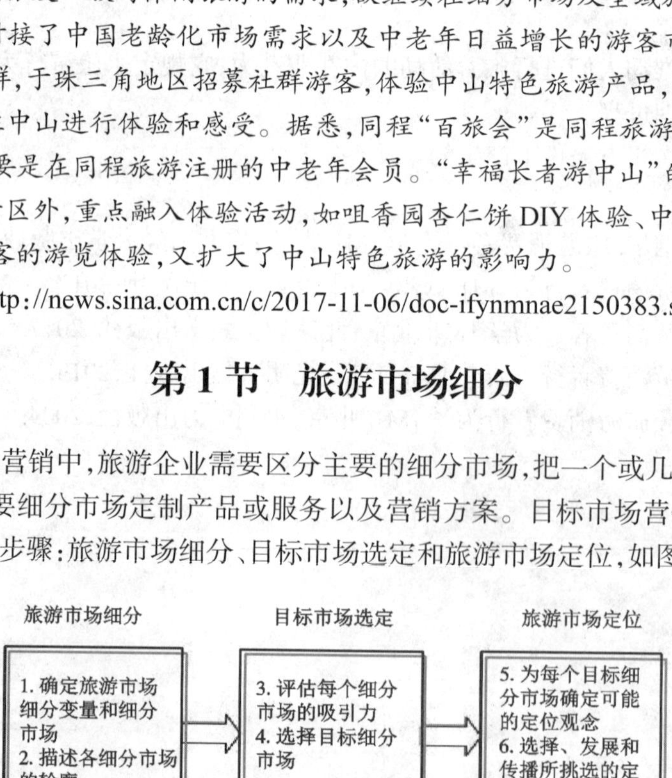

图 4-1　目标市场营销战略的制定步骤

一、旅游市场细分的概念

科特勒在《营销管理》中指出：现代战略营销的核心可以被描述为 STP 营销，即细分（Segmenting）、目标（Targeting）和定位（Positioning），并且市场细分又是目标市场选择和市场定位的前提和基础，由此可见其重要性。

市场细分的概念是美国市场学家温德尔·史密斯（Wendell R. Smith）于 20 世纪 50 年代中期提出来的，是指根据旅游者对产品不同的欲望与需求、不同的购买行为与购买习惯，把整个市场划分为若干个由相似需求的旅游者组成的消费群体，即小市场群。因此，分属于同一细分市场的旅游者，他们的需要和欲望极为相似；分属于不同细分市场的旅游者，他们对同一产品的需要和欲望存在着明显的差别。市场细分的基础和依据是消费需求的异质性理论。

这里必须指出的是，细分市场不是根据产品品种、产品系列来进行的，而是从旅游者的角度进行划分的，根据市场细分的理论基础，即从旅游者的需求、动机、购买行为的多元性和差异性来划分。

旅游企业面对成千上万的旅游者，他们的需求和欲望是千差万别的，并且分散于不同的地区，而且随着环境因素的变化而变化。对于这样复杂多变的大市场，无论一个规模多么巨大的旅游企业，都不可能满足该市场上全部顾客的所有需求；又由于旅游企业的资源、设备、技术和人员等方面的限制，也不可能满足全部顾客的不同需要。因此，旅游企业只能根据自身的优势条件，从事某方面的生产、营销活动，选择力所能及的、适合自己经营的目标市场，所以进行市场细分对于旅游企业来说非常重要。

二、旅游市场细分的发展阶段

旅游市场细分的发展是由供求关系、竞争状况、消费者状况的发展变化所确定的，其发展阶段如图 4-2 所示。

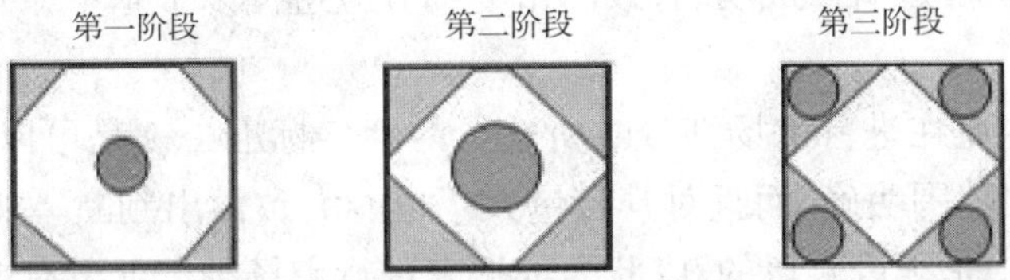

图 4-2 旅游市场细分的发展阶段

第一阶段：大众市场。由于受到技术水平、社会经济发达程度的限制和影响，旅游消费者的需求处于比较初级的层次，市场上旅游服务产品的供应也比较单一，几乎没有竞争。

第二阶段：集成市场。当有其他一些旅游服务产品进入市场时，为了更充分地满足旅游顾客更多的需要，旅游企业的服务产品增加了更多的服务内容和功能。

第三阶段：细分市场。市场经济发展到今天，供不应求的市场局面不复存在，竞争者数量很多，形成了完全的买方市场，要求旅游产品和服务的内容与功能跟自己的需求刚好对应。

三、旅游市场细分的作用

市场细分不是从产品出发，而是从区别旅游者的不同需求出发。它是以旅游者的需求差异为出发点，根据旅游者购买行为的差异性，把旅游者总体市场划分为许多类似性购买群体的细分市场，其目的是使企业选择和确定目标市场，实施有效的市场营销组合，从而以最少、最省的营销费用取得最佳的经营成果。具体来说,市场细分对于旅游企业有以下作用。

(一)有利于选择目标市场和制定市场营销策略

市场细分后的子市场比较具体,比较容易了解旅游者的需求,旅游企业可以根据自己的经营思想、方针及生产技术和营销力量,确定自己的服务对象,即目标市场。针对较小的目标市场,便于制定特殊的营销策略。同时,在细分的市场上,信息容易了解和反馈,一旦旅游者的需求发生变化,旅游企业可迅速改变营销策略,制定相应的对策,以适应市场需求的变化,提高企业的应变能力和竞争力。

(二)有利于发掘市场机会,开拓新市场

通过市场细分,企业可以对每一个细分市场的购买潜力、满足程度、竞争情况等进行分析对比,探索出有利于本企业的市场机会,使企业及时做出投产、异地销售决策或根据本企业的生产技术条件编制新产品开拓计划,进行必要的产品技术储备,掌握产品更新换代的主动权,开拓新市场,以更好适应市场的需要。

(三)有利于集中资源投入目标市场

任何一个企业的资源、人力、物力、资金都是有限的。通过细分市场,选择了适合自己的目标市场,企业可以把主要市场资源用在最具实力的竞争市场,有效地提供产品、价格、促销和销售渠道,去争取局部市场上的优势,占领自己的目标市场,避免传递错误的信息或把信息传递给不适当的旅游者。

四、旅游市场细分的原则

旅游企业可根据单一因素,亦可根据多个因素对市场进行细分。选用的细分标准越多,相应的子市场也就越多,每一子市场的容量相应就越小。相反,选用的细分标准越小,子市场就越少,每一子市场的容量则相对较大。如何寻找合适的细分标准,对市场进行有效细分,在营销实践中并非易事。一般而言,成功、有效的市场细分应遵循以下基本原则。

(一)可衡量性

可衡量性是指企业在进行市场细分时所选择的细分标准必须是可以识别和度量的,亦即细分出来的市场不仅范围明确,而且对其容量大小也能大致做出判断。如具有"依赖心理"的青年旅游者,在实际中是很难测量的,以此为依据来进行市场细分就没有太大意义。

(二)可进入性

可进入性指细分出来的市场应是旅游企业营销活动能够抵达的,也就是通过努力能够使产品进入并对旅游者施加影响的市场。一方面,有关产品的信息能够通过一定媒体顺利传递给该市场的大多数旅游者;另一方面,该企业在一定时期内有可能将产品通过一定的分销渠道运送到该市场。否则,该细分市场的价值就不大。

(三)有效性

有效性是指细分出来的市场,其容量或规模要大到足以使企业获利。进行市场细分时,旅游企业必须考虑细分市场上顾客的数量以及他们的购买能力和购买产品的频率。如果细分市场的规模过小、市场容量太小、细分工作烦琐、成本耗费大、获利小、就不值得去细分。

(四)对营销策略反应的差异性

对营销策略反应的差异性指各细分市场的旅游者对同一市场营销组合方案会有差异性反

应,或者说对营销组合方案的变动,不同细分市场会有不同的反应。如果不同细分市场的顾客对产品的需求差异不大,行为上的同质性远大于其异质性,此时,企业就不必费力对市场进行细分。另一方面,对于细分出来的市场,旅游企业应当分别制定独立的营销方案。如果无法制定这样的方案,或其中某几个细分市场对是否采用不同的营销方案不会有大的差异性反应,便不必进行市场细分。

五、旅游市场细分的标准

如前所述,一种旅游产品的整体市场之所以可以细分,是由于旅游者的需求存在差异性。引起旅游者需求差异的变量很多,旅游企业一般是组合运用有关变量来细分市场,而不是单一采用某一变量。概括起来,细分旅游者市场的变量主要有四类,即地理变量、人口变量、心理变量、行为变量。以这些变量为依据来细分市场就产生了地理细分、人口细分、心理细分和行为细分四种市场细分的基本形式。

(一)地理细分

以地理环境为标准细分市场就是按旅游者所在的不同地理位置以及其他地理变量(城市、农村,地形、气候等)将市场加以划分,地理环境是大多数旅游企业采取的主要标准之一,这是因为这一因素相对其他因素表现得较为稳定,也较容易分析。

地理环境主要包括区域、地形、气候、城镇大小、交通条件等。不同地域的旅游者基于当地的自然条件、经济发展水平、文化和生活方式以及消费观念,在旅游消费和购买行为上存在较大的差别。以我国为例,东部和西部的经济水平差距很大,南方和北方的气候条件、生活方式明显不同,同一地区内的旅游者需求具有一定的相似性,不同地区的消费需求则具有明显的差异。

按照国家、地区,南方、北方,城市、农村,沿海、内地,热带、寒带等标准来细分市场是必需的,但是,地理环境是一种静态因素,处在同一地理位置的旅游者仍然会存在很大的差异。因此,企业还必须采取其他因素进一步细分市场。

地理变量易于识别,是细分市场应予考虑的重要因素,但处于同一地理位置的旅游者需求仍会有很大差异。比如,在我国的一些大城市,如北京、上海,流动人口逾百万,这些流动人口本身就构成一个很大的市场,这一市场有许多不同于常住人口市场的需求特点。所以,简单地以某一地理特征区分市场,不一定能真实地反映旅游者的需求共性与差异,旅游企业在选择目标市场时,还需结合其他细分变量予以综合考虑。

(二)人口细分

地理细分解释了处于不同地理位置、气候、地形条件下旅游者需求的差异。居住在同一地理位置的旅游者的需求差异,需要用人口因素来区分。人口细分指按照人口变量(年龄、性别、收入、职业、教育水平、家庭规模、家庭生命周期等)来细分旅游者市场。

旅游者的需求与人口统计变量有着密切的联系,并且这些因素比较容易衡量,有关数据相对容易获取,因此企业经常以它作为市场细分依据,人口细分具体包括以下方面。

1. 性别

由于生理上的差别,男性与女性在旅游产品需求与偏好上有很大不同,如男性更喜欢冒险类旅游,而女性花在旅游购物中的时间较长。

2. 年龄

不同年龄的旅游者有不同的需求特点，如青年人对旅游产品的需求与老年人的需求差异较大。青年人需要新奇的旅游目的地，老年人更喜欢去那些开发成熟的旅游目的地。

3. 收入

高收入旅游者与低收入旅游者在产品选择上有显著不同。比如，同是外出旅游，在交通工具以及食宿地点的选择上，高收入者与低收入者会有很大的不同。正因为收入是引起需求差别的一个直接而重要的因素，在诸如旅游产品的设计上根据收入来细分市场相当普遍。

4. 职业与教育

除上述因素外，还可按旅游者职业的不同、所受教育的不同以及由此引起的需求差别细分市场。比如，农民旅游者喜欢到城市旅游，而学生、教师则喜欢文化气息浓厚的景区。

5. 家庭生命周期

一个家庭，按年龄、婚姻和子女状况，可划分为七个阶段。在不同阶段，家庭购买力、家庭人员对旅游产品的兴趣与偏好会有较大差别。

(1)单身阶段。该阶段的特点：年轻，单身，几乎没有经济负担，新消费观念的带头人，旅游中的娱乐消费较高。

(2)新婚阶段。该阶段的特点：年轻夫妻，无子女，经济条件比最近的将来要好，购买力强，讲究旅游中的浪漫气氛。

(3)满巢阶段1。该阶段的特点：年轻夫妻，有6岁以下子女，家庭用品购买的高峰期，不满足现有的经济状况，由于孩子的拖累较少旅游。

(4)满巢阶段2。该阶段的特点：年轻夫妻，有6岁以上未成年子女，经济状况较好，购买趋向理智型，受广告及其他市场营销刺激的影响相对减少，注重档次较高的商品及子女的教育投资。

(5)满巢阶段3。该阶段的特点：年长的夫妇与尚未独立的成年子女同住，经济状况仍然较好，妻子或子女皆有工作，注重储蓄，购买趋向冷静、理智。

(6)空巢阶段。该阶段的特点：年长夫妇，子女离家自立；前期收入较高，购买力达到高峰期，娱乐及服务性消费支出增加；后期退休收入减少，多由子女安排外出旅游。

(7)孤独阶段。该阶段的特点：单身老人独居，收入锐减；特别注重情感、关注等需要及安全保障，看重探亲旅游。

除了上述方面，经常用于市场细分的人口变量还有家庭规模、国籍、种族、宗教等。实际上，大多数旅游企业通常采用两个或两个以上人口统计变量来细分市场。

(三)心理细分

在地理环境和人口状态相同的条件下，旅游者之间存在着截然不同的消费习惯和特点，这往往是旅游者的不同消费心理的差异所导致的。根据购买者所处的社会阶层、生活方式、个性特点等心理因素细分市场就叫心理细分。尤其是在比较富裕的社会中，消费心理对市场需求的影响更大。所以，消费心理也就成为市场细分的又一重要标准。

1. 生活方式

生活方式是人们对消费、工作和娱乐的特定习惯。例如：有的追求新潮、时髦；有的追求恬静、简朴;有的追求刺激、冒险;有的追求稳定、安逸。由于人们的生活方式不同,旅游消费倾向及需求也不一样。

2. 个性

个性是指一个人比较稳定的心理倾向与心理特征,它会导致一个人对其所处环境做出相对一致和持续不断的反应。俗语说"人心不同,各如其面",每个人的个性都会有所不同。通常,个性会通过自信、自主、支配、顺从、保守、适应等性格特征表现出来。因此,个性可以按这些性格特征进行分类,从而为企业细分市场提供依据。

3. 社会阶层

社会阶层是指在某一社会中具有相对同质性和持久性的群体。处于同一阶层的成员具有类似的价值观、兴趣爱好和行为方式,不同阶层的成员则在上述方面存在较大的差异。很显然,识别不同社会阶层的旅游者所具有的不同特点,将为很多旅游产品的市场细分提供重要的依据。

(四)行为细分

行为因素是细分市场的重要标准,特别是在商品经济发达阶段和广大旅游者的收入水平提高的条件下,这一细分标准越来越显示出其重要地位。不过,这一标准比其他标准要复杂得多,而且也难掌握。行为细分也是一种较深入的细分方法,它与心理细分结合起来,分析效果更好。行为细分依据旅游者购买行为的分类和差别,可以从购买时机、利益要点、使用状况、更新频率以及态度、忠诚度等具体标准出发,将总体市场逐一分解。

1. 购买习惯

即使在地理环境、人口状态等条件相同的情况下,由于购买习惯不同,仍可以细分出不同的消费群体。如购买时间习惯标准,就是根据旅游者产生需要购买或使用产品的时间来细分市场。

2. 寻找利益

旅游者购买商品所要寻找的利益往往是各有侧重的,据此可以对同一市场进行细分。一般,运用利益细分法,首先必须了解旅游者购买某种产品所寻找的主要利益是什么;其次要了解寻求某种利益的旅游者是哪些人;再者要调查市场上的竞争品牌各适合哪些利益,以及哪些利益还没有得到满足。通过上述分析,企业能更明确市场竞争格局,挖掘新的市场机会。

3. 旅游者状况

旅游市场可被细分为旅游产品的非用户、以前的用户、潜在的用户、初次用户和经常用户。对潜在的用户和经常用户应采取不同的营销策略。通过用户状况细分,旅游企业可以了解用户的状况和形成的原因,从而研究采取的策略。

4. 使用数量

根据旅游者购买某一旅游产品的数量细分市场,通常可分为大量使用者、中度使用者和轻度使用者。大量使用者人数可能并不多,但他们的消费量在全部消费量中占很大的比重。很显然,吸引这些旅游者继续购买是旅游企业工作的重点。

5. 品牌忠诚程度

企业还可根据旅游者对产品的忠诚程度细分市场。有些旅游者经常变换品牌,另外一些旅游者则在较长时期内专注于某一个或少数几个品牌。通过了解旅游者品牌忠诚情况、品牌忠诚者与品牌转换者的各种行为与心理特征,不仅可为企业细分市场提供一个基础,同时也有助于旅游企业了解为什么有些旅游者忠诚于本企业产品,而另外一些旅游者则忠诚于竞争企业的产品,从而为企业选择目标市场提供启示。

6. 购买的准备阶段

旅游者对各种产品的了解程度往往因人而异。有的旅游者可能对某一产品确有需要,但并不知道该产品的存在;还有的旅游者虽已知道产品的存在,但对产品的价值、稳定性等还存在疑虑;另外一些旅游者则可能正在考虑购买。针对处于不同购买阶段的消费群体,企业应进行市场细分并采用不同的营销策略。

7. 态度

旅游企业还可根据市场上旅游者对产品的热心程度来细分市场。不同旅游者对同一旅游产品的态度可能有很大差异,如有的持肯定态度,有的持否定态度,还有的则持既不肯定也不否定的无所谓态度。旅游企业应针对持不同态度的消费群体进行市场细分并在广告、促销等方面应当有所不同。

六、旅游市场细分的方法

旅游企业在运用细分标准进行市场细分时必须注意以下问题。第一,市场细分的标准是动态的。市场细分的各项标准不是一成不变的,而是随着社会生产力及市场状况的变化而不断变化的,如年龄、收入、城镇规模、购买动机等都是可变的。第二,不同的旅游企业在市场细分时应采用不同标准。因为各企业的资源、财力和营销产品不同,所采用的标准也应有区别。第三,旅游企业在进行市场细分时,可采用一项标准细分市场,即单一变量因素,也可采用多个变量因素组合或系列变量因素进行市场细分。下面介绍几种旅游市场细分的方法。

1. 单一变量因素法

单一变量因素法就是根据影响旅游者需求的某一个重要因素进行市场细分。如按年龄细分市场,可分为老年旅游市场、青年旅游市场和学生旅游市场。

2. 多个变量因素组合法

多个变量因素组合法就是根据影响旅游者需求的两种或两种以上的因素进行市场细分。如日本的青年修学旅游市场,是根据地域、年龄和寻找利益来细分的。

3. 系列变量因素法

系列变量因素法是指根据企业经营的特点并按照影响旅游者需求的诸因素,由粗到细地进行市场细分。这种方法可使目标市场更加明确而具体,有利于企业更好地制定相应的市场营销策略。如可按地理位置(城市、郊区、农村、山区)、性别(男、女)、年龄(儿童、青年、中年、中老年)、收入(高、中、低)、职业(工人、农民、学生、职员)、购买动机(观光、探亲、修学、健身)等变量因素细分旅游市场。

七、旅游市场细分的步骤

根据美国营销专家麦克阿瑟的观点,市场细分一般由以下七个相互关联的步骤组成。

1. 选定市场范围,确定经营方向

旅游经营者在确定了总体经营方向和经营目标之后,就必须确定其经营的市场范围,这项工作是企业市场细分的基础。市场范围是以旅游者需求为着眼点确定的,因此通过调查工作分析市场需求动态是必要的。同时,企业应充分结合自己的经营目标和资源,从广泛的市场需求中选择自己有能力服务的市场范围,不宜过窄或过宽。

2. 了解客源市场,确定潜在市场需求

在确定适当的市场范围后,根据市场细分的标准和方法,了解市场范围内所有现实和潜在顾客的需求,并尽可能详细地归类,以便针对旅游者需求的差异性,决定采用何种市场细分变量,为市场细分提供依据。

3. 分析可能存在的细分市场

通过分析不同旅游者的需求,同时找出旅游者需求类型的地区分布、人口特征、购买行为等方面的情况,做出分析和判断,构成可能存在的细分市场。

4. 确定主要的市场细分标准

企业应分析哪些需求因素是重要的,通过与企业实际情况和各个细分市场的特征进行比较,寻找主要的细分因素,筛选出最能发挥本企业优势的细分市场。

5. 为可能存在的细分市场命名

旅游经营者可以根据各个细分市场的主要特征,用形象化的语言或其他方式,为各个可能存在的细分市场确定名称。

6、评价初步细分的结果,进一步了解各细分市场的消费需求和购买行为

通过深入分析各细分市场的需求,了解旅游市场上消费者的购买心理、购买行为等,对各细分市场进行必要的分解或合并,这项工作将帮助企业寻找并发现最终的目标市场。

7. 分析各细分市场的规模和潜力

在前面六个步骤完成后,各细分市场的类型已基本确定,此时企业应估算各细分市场的潜在销售量、竞争状况、赢利能力、发展趋势等,并找出市场的主攻方向,进而确定目标市场。

市场细分的以上步骤有利于企业在市场细分中正确选择营销目标市场,但无须完全拘泥于某一种模式,可以根据实际情况进行简化、合并或扩展。

第 2 节　旅游目标市场选择及策略

一、旅游目标市场的内涵

旅游目标市场是指在市场细分的基础上,旅游企业决定要进入的细分市场。旅游经营者根据自己的条件,从细分市场中选择一个或几个子市场作为从事市场营销活动的对象,这一过程被称为目标市场的选择。

并非细分出来的任何一个子市场都可以作为旅游企业的目标市场,一个有效的目标市场应该具备以下条件。

(1)具有未被满足的旅游需求。这包含两层意思:一个是指这个目标市场对本企业的旅游产品和服务有需求、购买欲望和购买能力;另一个是指这种旅游需求未被市场上的旅游企业所满足,或满足程度不够。

(2)本企业有能力满足这一旅游需求。即在满足这种旅游需求方面企业有一定的竞争优势,这主要体现在:一方面企业能够根据旅游者的需求提供这种产品和服务;另一方面企业能够发挥自己管理和销售等方面的优势,通过适宜的渠道、强有力的营销手段去争取目标市场,从而占领该市场。

(3)在满足旅游需求的同时取得一定的经济效益。即在旅游企业进入或占领该目标市场后,企业所获得的经济效益能够抵偿营销费用并有相当的盈余,达到企业的经营目标。旅游企业在选择目标市场时,尤其要注意这一点。

二、旅游目标市场的作用

(一)确定主要竞争对手

旅游企业只有确定目标市场以后,才能知道谁同你争夺同一个目标群体,谁才是你真正的竞争对手。从消费者角度看,消费者在购买旅游产品时,主要在哪几种产品之间进行选择,那么,这几种产品就属于竞争产品。

(二)确定"4P's"

旅游企业确定目标市场以后,才能深入挖掘目标消费群体的需要,才能对目标群体的消费心理、购买行为进行深入的研究,了解他们的真实需求,这样才能有针对性地设计目标旅游者需要的旅游产品和服务,制定目标旅游者乐意接受的价格策略、沟通策略和渠道策略等。

(三)确定市场份额

旅游企业通过对目标市场的分析和评估,能够明确企业自身在该目标市场中占有多大的比例,从而制定清晰的发展目标和发展思路。同时,能够准确地判断自身企业在目标市场中所占份额是在增大还是在减小,企业的成长率是否高于市场平均成长率,从而判断旅游企业的发展状况。

(四)指导市场调查和市场研究

当旅游企业掌握的市场信息和资料无法完整、详细地支持营销决策时,企业需要对市场进行调查和研究,目标市场可以帮助企业明确应该调查哪些群体、应该去问谁,从而保证市场调查研究的准确性和针对性。

三、旅游目标市场选择

旅游目标市场选择,是指旅游企业在市场细分的基础上,根据市场潜量、竞争对手状况、企业自身特点选定要进入的市场。可以看出,市场细分就是为了帮助组织找到适合组织自身资源优势的潜在目标市场,并进而开展营销活动,提高营销效果,评价细分市场是组织选择目标市场的先决条件。目标市场策略选择的多样性和企业情况的复杂性,决定了旅游企业在具体选择目标市场策略时,要通盘考虑,权衡利弊,才能做出最佳选择。一般来说,旅游企业选择目标市场时,必须考虑以下因素。

(一)细分市场的规模和获利能力

细分市场是否具备适度的规模是旅游企业要考虑的首要问题。因为旅游企业开发一个新的市场,要付出较高的广告、宣传等费用,如果市场规模过小,企业进入后得不偿失,无利可图,这样的子市场没有开发价值。大企业一般重视销售量大的细分市场,小企业则应避免进入规模较大的细分市场。市场的规模应从动态的角度来看待,细分市场的发展前景同样要关注。

在分析潜在市场的获利能力时,我们可以从以下四项指标来考虑:①市场潜力,指一定时期内某一市场对某一产品的购买量的最乐观估计;②销售潜力,指一定时期内企业销售量在市场潜力中所占份额的最乐观估计;③销售预测,指一定时期内的企业销售量的预测;④利润预测,指预计的收入与成本之间的差额。

(二)细分市场竞争状况分析

营销计划不能只考虑需求和获利能力,市场中竞争者的类型和数量也是必须考虑的因素。竞争者有行业内、行业外的,有国内的、国外的。竞争是不可避免的,所以获利潜力在一定程度上也依赖于对竞争者的优势和劣势的分析。在评价细分市场的竞争状况时,营销经理必须向自己提这样几个问题:"谁是主要竞争者?""主要竞争者的战略弱点是什么?""主要竞争者营销设计上最易受到攻击的点在哪里?"在介绍竞争力量的类型时,我们引进迈克·波特的五种竞争力量分析法(五种竞争力量分别为:现有行业内的竞争者、新进入者、替代品、供应商和顾客)。第一种竞争力量说明每一行业的经营受行业内部竞争的影响很大;第二种竞争力量指出尽管行业内的企业树立了很多阻止进入的障碍,仍然有新竞争者入侵的危险;第三种竞争力量是替代品的可获得性和适用性,这说明了产品的需求是有弹性的。第四、第五种竞争力量分别来自强有力的供应商和顾客讨价还价的能力。

(三)企业目标和资源

即使细分市场的获利能力不错,行业内外的五种竞争力量也不强,旅游企业仍必须优先考虑其目标及资源与细分市场的相关性。有些细分市场虽有吸引力但因无法与旅游企业长期目标相配合,而很快就得放弃,徒然把企业注意力和精力引离企业目标。

如果细分市场符合企业目标,旅游企业就必须决定其是否拥有在此细分市场成功的技术和资源,每一细分市场都有一些成功的要素,若缺乏或无法即刻获得竞争成功的实力,则不宜加入。要赢得该细分市场,仅拥有必备力量是不够的,还必须拥有优于竞争者的技术和资源。总之,要在旅游企业提供的价值及拥有的优势超过竞争者的前提下,才适宜加入此细分市场。

四、旅游目标市场策略

根据各个细分市场的独特性和旅游企业自身的目标,共有三种目标市场策略可供选择。

(一)无差异性市场营销策略

无差异性市场营销策略指旅游企业只推出一种产品,或只用一套市场营销办法来招徕顾客。当旅游企业断定各个细分市场之间差异很小时可考虑采用这种大量市场营销策略。无差异性市场营销忽视细分市场可能存在的差异,而对所有的细分市场都采用一种营销策略。实际上,旅游企业若采用无差异性市场营销策略,细分市场就没有意义了。无差异性市场营销策略适用于那些产品或服务标准化程度高并且目标顾客所在行业和市场十分广泛的情况。无差异性市场营销的好处在于可以获得成本优势,缺点是使得组织的市场地位很容易受到打击。如果组织不是很强大,忽视差异的结果只能是自己的市场被进行差异化营销的组织所抢占。

(二)集中性市场营销策略

集中性市场营销策略是指旅游企业将一切市场营销努力集中于一个或少数几个有利的细分市场。集中性市场营销就是只选择一个细分市场作为组织的目标市场。以单一目标市场的顾客为营销对象,顾客的需求和行为特点相对来说要简单得多,通过集中性营销,旅游企业可以更加充分地满足其需求。因此采取集中性市场营销策略可以在目标市场上站稳脚跟,树立在该市场上的知名度和声誉,从而在目标市场上巩固其地位。

采取集中性市场营销策略,旅游企业通过专业化生产、经营和销售,可以大幅降低成本,提高利润率。缺点是风险大,采用这种策略的企业,不是追求在较大的市场上占有较小的份额,而是在较小的细分市场上有较大的市场占有率。集中性市场营销策略一般适用于规模较小、实力不够强大的企业。

(三)差异性市场营销策略

差异性市场营销就是指企业面向不同的细分市场,根据各个细分市场的特点,采取各自不同的营销组合和营销策略。差异性营销策略可以满足不同市场、不同顾客的需求,吸引各种不同的购买者。因此,差异性营销在产品设计或宣传推销上能有的放矢,分别满足不同地区消费者的需求,可增加产品的总销售量,同时可使企业在细分小市场上占有优势,从而提高企业的知名度,在消费者中树立良好的企业形象,但是成本会相应增加。

五、旅游目标市场选择的一般过程

选择目标市场就是企业确定到底要进入多少细分市场以及确定要进入的各个细分市场的重要程度。旅游企业往往要根据自身的实力与市场情况确定一个或几个细分市场作为自己的目标市场,并确定第一目标市场、第二目标市场、第三目标市场等,以便将自己各种有限的资源最有效地用在招徕最能增加经济效益的旅游者群体上。

因此,对旅游企业而言,选择目标市场就必须在市场细分的基础上,对各个细分市场进行充分的评估,确定各个细分市场的优先级和重要性;同时,对那些值得大力招徕的细分市场,企业是否有足够的招徕能力,是否能形成足够的竞争优势,围绕这些问题,旅游企业选择目标市场一般要经过以下步骤。

(一)评估各类细分市场的市场容量及其发展趋势

值得旅游企业大力招徕的细分市场必须具有足够的市场容量。旅游企业对各类细分市场容量的评估主要包括两个方面。

1. 各细分市场的销售量及其发展趋势

旅游企业需要收集历年来各类细分市场的销售情况,如销售额、销售额的组成情况,包括接待人数、旅游者组成情况、旅游天数等。然后,以历史统计数据为依据,预测各细分市场未来的需求量及发展趋势,并确定哪些细分市场增长潜力较大,哪些细分市场增长潜力小甚至会萎缩。由于利用现有需求往往比创造新的需求更为有效,企业目标市场的选择一般应考虑增长潜力较大的细分市场。

2. 本企业各类细分市场的销售量及其发展趋势

旅游企业根据自己过去积累的经营资料,对过去的销售情况进行统计分析,了解各类细分市场的销售额、销售额的组成情况,包括接待人数、天数、住房天数、客房利用率、该细分市场接待数占接待总数的百分比等。为保证企业经营的平稳性,企业一般需要把目前业务量比例最高的细分市场作为短期内优先开发的重点。

(二)评估各细分市场的赢利能力

企业应该选择能给自己带来较大利润的细分市场作为目标市场。能给企业带来较大利润的细分市场一般需求量比较大,比如说接待人数较多、开房间的天数较多等。但是有些细分市场，虽然需求量很大，但如果价格偏低，或者经营费用较高，也不会给企业带来理想的利润。因此，旅游企业在选择目标市场时，还要分析各类细分市场的平均价格和销售额，分析各类细分市场所需要的经营费用等。通过分析各类细分市场的变动成本率、固定费用率、利润率等，确定哪些细分市场能获取较大利润，哪些细分市场招徕费用及接待过程中的变动成本不算太大，当企业接待能力有剩余时，应该努力争取，以支付旅游企业庞大的固定成本。

(三)评估各细分市场的季节变化模式

旅游活动具有很强的季节性，在旅游市场上，各个细分市场在不同的季节和时间里，需求的季节变化模式具有较大差异。绝大多数旅游企业在一年中有旺季、平季和淡季之分。旺季的需求量很大，企业一般不需要做大量的市场宣传和推广工作，接待旅游者的人数很多，企业的接待能力可以较充分地利用；平季需求量比旺季小，也能达到一定规模；而淡季需求量则很小。因此，企业要分析各个细分市场旅游者需求的旺、平、淡季，把营销精力放在能充分利用旅游企业接待能力的细分市场上。

(四)分析本企业对各类细分市场的招徕能力

企业选择目标市场时，除了考虑各细分市场是否值得招徕以外，还必须分析自己是否具有足够的招徕能力。因此，旅游企业必须分析自己的产品特色、设备设施情况及服务质量等，以明确本企业是否有足够的能力招徕各类细分市场上的旅游者。如果细分市场旅游者对同类产品和服务的要求超出了本企业现有产品和服务的范围，旅游企业需要衡量达到这种能力需要投入的各种成本；如果具备该细分市场所要求的能力，则需要进一步分析现有产品和服务能否高质量地满足旅游者的需要和要求，有哪些还没得到满足，能否改善产品和服务去适应这些需求。

(五)分析竞争对手对细分市场的招徕能力

当旅游企业明确准备进入的细分市场后，就能够准确地判断真正的竞争对手有哪些。对目标市场的选择，除了旅游企业自身的条件外，竞争对手的情况也是影响企业对各类细分市场招徕能力的重要因素。因此，在选择目标市场时，还必须分析在各细分市场上企业竞争对手在满足各类细分市场的需要和要求方面，与本企业相比有哪些优势和弱点，竞争对手在哪些方面强于本企业，在这些方面能否赶上甚至超越它们，竞争对手是否在大力招徕这些细分市场，竞争对手的产品能否满足这些细分市场的各种需求等。

第3节 旅游市场定位

一、旅游市场定位的内涵

旅游市场定位是指旅游企业根据目标市场上的竞争者和企业自身的状况，从各方面为本旅游企业的旅游产品和服务创造一定的条件，进而塑造一定的市场形象，以求在目标顾客心目中形成一种特殊的偏好。简单地说，旅游市场细分和旅游目标市场的选择是让旅游企业如何找准顾客，而旅游市场定位则是让旅游企业如何赢得顾客的"芳心"。

二、旅游市场定位的作用

旅游企业进行准确的市场定位，其作用主要体现在以下几个方面。

(一)有利于企业建立竞争优势

按照战略管理大师波特的描述,竞争优势来自企业能为顾客创造的价值,而这个价值量大于企业本身创造这个价值时所花费的成本。顾客愿意花钱购买的就是价值,花费低于竞争对手的价格而获得等值的利益,或者得到足以抵消较高价格的独特利益(即超值),顾客均会感到满意。而旅游企业要建立竞争优势,最大限度地让顾客满意,就必须事先明确企业在哪些方面与竞争对手不一样,在顾客心中处于什么位置,即定好位。

(二)有利于企业营销组合的精确执行

解决旅游企业市场定位问题的好处在于,它能够帮助企业解决好营销组合问题,并保证营销组合的精确执行。营销组合——产品、价格、渠道和促销是执行定位战略的战术细节的基本手段。如果说,确定目标市场是让营销人员知道为什么要制定相应的营销组合的话,那么,准确的定位战略则是告诉营销人员如何设计营销组合的内容。例如,一个定位于"优质产品和服务"位置的企业知道,它必须提供优质的产品和服务,相应地,制定一个较高的价格,通过高档的销售渠道进行分销以及在高品位的杂志上刊登广告,这是塑造一种始终如一的、令人信服的高质量形象的主要途径。

(三)避免企业间的恶性竞争

旅游企业如果不能突出自身优势,让企业与竞争对手区别开来,在争夺同样的目标旅游者时,由于客源的有限性,必然会进一步加剧市场竞争,甚至会出现恶性竞争的局面。由于没有进行有效的市场定位,企业产品雷同,在产品品种、服务、人员、形象等方面没有明显的差异,企业间的竞争就会更多地反映在价格上。价格竞争又会进一步降低企业的利润,使企业缺乏技术改造和提高服务质量的资金,最终影响到企业和整个行业的发展。

三、旅游市场定位的原则

如果说定位就是要突出旅游企业自身产品的差异化,那么被选择的差异化特征是否有价值,能不能成为顾客选择购买的理由,非常值得我们思考。因为每种差异化特征都有可能增加企业的成本和顾客的利益,所以旅游企业要细心选择每种区分自己和竞争对手的途径。一种差异化利益值得开发的前提条件是要符合以下这些原则。

1. 重要性

被选择的差异化利益能提供给足够数量的顾客以高度的利益,能够成为顾客"非买不可的理由"中的重要组成部分。

2. 区别性

被选择的差异化利益,要么是其他旅游企业(尤其是主要竞争对手)不能提供的,要么是由企业以一种十分与众不同的方式提供的,能够很容易给顾客留下深刻印象。

3. 独特性

旅游企业向目标顾客提供的这种差异化利益,在技术、设备、人才、服务、环境、资源等方面,不易被竞争对手模仿。

4. 沟通性

这种差异化利益对于顾客来讲,是容易理解和接受的,并且是可见的。旅游企业能够通过一定的方式与顾客进行有效的交流并使其差异化利益在顾客中广泛传播。

5. 可负担性

顾客能够负担得起因企业提供这种差异化利益而增加的成本费用。

6. 赢利性

旅游企业通过提供这种差异化利益有利可图。

同时,随着企业的不断扩大,要防止可能出现的以下定位错误。

(1)定位不够:一些企业发现顾客对自身产品和服务(或者说差异化利益)只有一个模糊的概念,顾客并不真正知道它的任何特殊之处。

(2)定位过分:会引起顾客产生过于狭窄的印象,未来将难以进一步拓展。

(3)定位模糊:对定位有着过多的说明或者时常改变产品和服务的定位,均有可能造成顾客产生混乱的印象。

(4)定位疑惑:从产品和服务特征、价格以及提供者的角度顾客可能很难相信企业宣传的各种利益。

四、旅游市场定位的方法

旅游市场定位的常用方法有以下几种。

(1)初次定位。初次定位是指新成立的旅游企业初入市场、旅游新产品投入市场或者旅游产品进入新市场时,企业为满足某一特定目标旅游者的需要,采用所有的市场营销组合而使其竞争优势与特色为目标旅游消费群体接受的过程。

(2)避强定位。这是一种避开强有力的竞争对手进行市场定位的模式。当企业意识到自己无力与强大的竞争者抗衡时,则远离竞争者,根据自己的条件及相对优势,突出宣传自己与众不同的特色,满足市场上尚未被竞争对手发掘的需求,这就是避强地位。这种定位的优点是能够迅速地在市场上站稳脚跟,并在旅游者心中尽快树立起一定形象。由于这种定位方式市场风险较小,成功率较高,常常为多数旅游企业所采用。

(3)迎头定位。这是一种以强对强的市场定位方法,即将本企业形象或产品形象定在与竞争者相似的位置上,与竞争者争夺同一目标市场。例如,于1999年10月开通的城际间快速列车,以其快速、舒适、便利、价格合理的优势,吸引了很多乘客,与航空客运展开了针锋相对的竞争。实行迎头定位的旅游企业应具备的条件是能比竞争对手设计出质量更好或成本更低的旅游产品;市场容量大,能容纳两个或两个以上的竞争者;拥有比竞争者更多的资源和能力。这种定位存在一定风险,但能够激励企业以较高的目标要求自己奋发向上。

(4)重新定位。重新定位是指旅游企业通过改变产品特色等手段,改变目标旅游者对产品的认识,塑造新的形象。即使企业产品原有定位很恰当,但当出现下列情况时,也需要考虑重新定位。①竞争者推出的市场定位侵占了本企业品牌的部分市场,使本企业产品市场占有率下降。②旅游者偏好发生了变化,从喜爱本企业品牌转移到喜爱竞争对手的品牌。所以,一般来说,重新定位是企业为了摆脱经营困境,重新获得竞争力的手段。当然,重新定位也可作为一种战术手段,并不一定是因为陷入了困境,相反,可能是由于发现了新的产品市场范围引起的。

五、旅游市场定位的步骤

旅游市场定位的关键是企业设法在自己的产品上找出比竞争者更具有竞争优势的特性,

根据竞争者现有产品在细分市场上所处的地位和旅游者对产品某些特性的重视程度,塑造出本企业产品的市场定位。因此,旅游企业市场定位的全过程可以通过以下三个步骤来完成。

1. 识别企业的竞争优势

旅游者一般都会选择那些给自己带来最大价值的产品和服务。因此,赢得和留住顾客的关键是要比竞争对手更好地理解顾客的需要,并向他们提供更多的价值。正如美国学者波特在《竞争优势》一书中所指出的:"竞争优势来自企业能为顾客创造的价值,而这个价值大于企业本身创造这个价值时所花费的成本。""竞争优势有两种类型:成本优势和产品差别化。"据此可以明确,旅游企业的竞争优势取决于其旅游产品开发设计和经营管理方面的成本优势及其旅游产品的创意设计能力。

要想确定企业的竞争优势,需要具体了解以下问题:竞争对手的产品定位是怎样的?目标市场上旅游者的需要和欲望的满足程度如何,哪些需要和欲望是尚未得到满足的?针对竞争对手的市场定位和目标市场上旅游者需要的利益,企业可以做什么?通过回答以上三个问题,旅游企业就可以从中找出与竞争对手的差异所在,并由此确定自己的竞争优势。

2. 选择有价值的竞争优势

并不是所有的差异都能成为竞争优势,旅游企业要做的就是区分哪些差异能够成为有价值的竞争优势。通常,企业要通过对以下问题的回答来衡量。

(1)重要性:要能够给大量的旅游者带来实惠。

(2)独特型:既没有其他企业使用,也不能再以更独特的方式被竞争对手使用。

(3)可沟通性:易于被旅游者见到并理解。

(4)可负担性:旅游者能够负担得起由于差异带来的费用。

(5)获利性:旅游企业能够从中获得利益。

大多数旅游者对各个旅游企业之间的细微差异并不十分感兴趣,旅游企业也没有必要费时、费力去深入探求每一处的不同。一般来说,旅游企业只需要对那些最能体现企业风格、最适合目标市场需要之处进行必要的宣传即可。这就要求企业确定需要突出多少种差异和需要突出哪些差异。

3. 沟通及传播企业的市场定位

在确定了市场定位后,旅游企业就必须要把它准确无误地传递给目标旅游者,使其独特的竞争优势在旅游者心目中留下深刻印象。旅游企业要通过营销活动使目标旅游者了解、熟悉、认同本企业的市场定位,并在旅游者心目中建立与其定位相一致的形象。如一家旅游企业定位为"质量上乘",那么它就必须努力地把这种信息传播出去。优质产品的信息可以通过营销的其他要素表达出来,如高价格,因为在人们的观念中高价格往往意味着高质量:高品质的旅游产品设计、高质量的广告媒体选择、高素质经销商的合作等,这一切必须与企业"质量上乘"的定位相一致。

此外,旅游企业还要不断强化其市场形象并保持与目标旅游者的沟通,以巩固其市场地位。如果目标旅游者对企业的市场定位理解出现偏差,或者由于企业宣传上的失误而造成目标旅游者的误会,企业要及时纠正与其市场定位不一致的形象。

【本章小结】

本章分析了旅游市场细分的概念、旅游市场细分的作用、旅游市场细分的原则、旅游市场细分的标准和旅游市场细分的方法；阐述了旅游目标市场选择和旅游目标市场策略；指出了旅游市场定位的相关概念、旅游市场定位策略、旅游市场定位的具体步骤和旅游市场定位的方法。

【思考题】

1. 什么是旅游市场细分？旅游市场细分的作用有哪些？

2. 旅游市场细分的原则是什么？

3. 旅游市场细分的标准有哪些？

4. 旅游市场细分的方法有哪些？

5. 如何进行旅游目标市场选择？

6. 旅游目标市场策略有哪些？

7. 旅游产品的市场定位策略有哪些？

8. 旅游产品的市场定位的具体步骤是什么？

9. 旅游产品的市场定位方法有哪些？

【练习题】

一、单选题

1. 现代战略营销的核心可以被描述为STP营销，即细分、目标和(　　)。

A. 质量　　B. 定位　　C. 调研　　D. 定价

2. 一个家庭，按年龄、婚姻和子女状况，可划分为单身、新婚、满巢阶段1、满巢阶段2、满巢阶段3、(　　)和孤独七个阶段。

A. 满巢阶段4　　B. 满巢阶段5　　C. 空巢　　D. 离异

3. 旅游目标市场选择，是指旅游企业在(　　)的基础上，根据市场潜量、竞争对手状况、企业自身特点选定要进入的市场。

A. 市场细分　　B. 市场调研　　C. 收集资料　　D. 市场论证

二、多选题

1. 细分旅游者市场的变量主要有四类，即地理变量、人口变量和(　　)四个方面。

A. 年龄变量　　B. 时间变量　　C. 金钱变量　　D. 心理变量

E. 行为变量

2. 结合旅游产品的特性，其市场定位的差异性具体体现为(　　)。

A. 产品差异化　　B. 质量差异化　　C. 服务差异化

D. 价格差异化　　E. 形象差异化

三、判断题

1. 市场细分的概念是美国市场学家温德尔·史密斯(Wendell R. Smith)于20世纪50年代中期提出的，是指根据旅游者对产品不同的欲望与需求、不同的购买行为与购买习惯，把整个市场划分为若干个由相似需求的旅游者组成的消费群体，即小市场群。(　　)

2. 地理变量易于识别，是细分市场应予考虑的重要因素，处于同一地理位置的旅游者需求

没有太大差异。 （ ）

3. 无差异市场营销策略是指旅游企业只推出一种产品，或只用一套市场营销办法来招徕顾客。 （ ）

【参考文献】

[1] 林南枝，黄晶. 旅游市场学 [M]. 天津：南开大学出版社，2015.

[2] 郭英之. 中国出境旅游市场定位与影响因子 [M]. 北京：知识产权出版社，2012.

[3] 蔡红. 中国高端旅游市场：定位与开发 [M]. 北京：中国经济出版社，2009.

[4] 杨益新. 旅游市场营销学 [M]. 北京：清华大学出版社，2008.

[5] 韩勇，丛庆. 旅游市场营销学 [M]. 北京：北京大学出版社，2006.

第5章 旅游产品策略

学习目标

1. 掌握旅游产品的概念,把握旅游产品的特点。
2. 掌握旅游产品的生命周期理论及各时期的营销策略。
3. 了解旅游产品的组合策略。
4. 熟悉旅游产品的品牌策略。
5. 熟悉旅游新产品的概念及开发程序。

教学重点

1. 掌握旅游产品的生命周期理论及各时期的营销策略。
2. 熟悉旅游产品的品牌策略。

课前导读与体验

中加旅游将迎"丰收期"

2017年12月4日,加拿大总理贾斯廷·特鲁多和中国国家旅游局局长李金早等人共同为"中加旅游年"标志揭幕。2018年将是中国—加拿大旅游年,开幕式将于明年3月底在加拿大启动,闭幕式将于明年秋季在中国举办。

2016年中加两国总理宣布,将2018年定为中加旅游年,同意就促进双向游客往来扩大合作。根据双方签署的关于旅游合作的谅解备忘录,两国政府同意在2025年前将双方访客人数提高一倍。随着中加旅游年标志的亮相,加拿大—中国旅游年官方网站也正式启动,为两国游客提供更多实用信息。此外,为迎接大批中国游客的到来,加拿大在签证、航班和交通安排等各方面做了准备工作。加拿大今年已在中国增设南京、成都、杭州、济南、武汉、昆明和沈阳7个签证申请中心,驻华签证中心总数量已达11个;加拿大商家纷纷开通微信和支付宝以及中国银联卡消费业务;加拿大航空公司西捷航空将开通温哥华直飞北京、上海、成都和香港的航班,未来中国游客赴加旅游将更加便捷。

根据加拿大旅游局统计的数据,中国是加拿大增速最快的旅游市场之一,也是第三大游客来源国。2016年将近61万中国游客到访加拿大,截至2017年9月,中国游客全年入境人数达到55.7万人次。自2011年起游客数量每年平均增幅超过20%,消费额约为12.5亿加元,这一数字在未来4年内预计将会大幅提升。强劲的经济增长,高速成长的中产阶级群体和不断增加的航线都充分表明了这个市场的美好前景。

加拿大旅游局局长高思腾表示:"要想在一个像中国这样巨大的市场中占有一席之地,我们需要全天候和数字化的营销战略,微博就是一个强有力的工具。"加拿大旅游局与新浪微博签署战略协议,意在助力加拿大旅游局直接面向利用互联网来定制旅行计划的80%的中国游客,并加强加拿大旅游产品未来在中国游客中的推广力度。

第1节 旅游产品概述

旅游产品是一切旅游活动的基础,旅游产品策略是旅游市场营销策略的核心,旅游市场营销组合策略的其他因素都是围绕旅游产品这个中心来制定和实施的。正确的旅游产品策略是旅游企业生存和发展的关键。

一、旅游产品概念的界定

(一)旅游产品的概念

美国著名市场营销专家菲利普·科特勒把产品定义为任何能够提供到市场供关注、获得、使用或消费,并可以满足需要或欲望的东西。产品的概念并不局限于物质实体,任何可以满足某种需要的东西都可以成为产品,包括物理形体、服务、事件、人物、地点、组织、创意或这些实体的组合。

每一个行业都渗透着服务,而旅游业包含的服务成分更多,服务是这一行业的主体。旅游产业的特性决定了服务在旅游产品构成中的核心地位,因此,仅用实物形态的产品来定义旅游产品(即狭义的定义),显然不足以反映旅游业的行业特征。中国国家技术监督局颁布的《中华人民共和国国家标准旅游服务基础术语》,将旅游服务产品定义为:“由实物和服务综合构成的、向旅游者销售的旅游项目。旅游者既可购买如包价旅游等整体产品;也可购买某一项或几项单项产品。”

旅游产品作为一种特殊的产品,是指旅游企业借助一定的旅游资源和设备设施,向旅游者提供满足其食、住、行、游、购、娱等旅游活动过程中各种需求的服务总和。旅游企业在旅游产品的生产和销售过程中达到赢利的目的,对于旅游企业来说,旅游服务项目实际上既可以分别以单项的形式向旅游消费者提供,也可以多项组合的打包形式向旅游消费者出售。从旅游者的角度看,旅游产品是旅游者为了获得物质和精神上的满足,通过花费一定的货币、时间和精力从离开居住地到返回居住地所获得的旅游经历。旅游者眼中的旅游产品,不单单是其在旅游过程中所购买的一次接送和陪同服务、飞机或火车的一个座位,或是一个旅游景点的参观游览、饭店的一个床位等,而是旅游者对所有这些方面的总体感受,是一次经历或“体验”。

(二)旅游产品的整体概念

旅游产品是既包括有形的实物产品(如旅游资源、旅游设施等),又包括无形的服务、旅游企业的理念、旅游从业人员的素质、包装和品牌的内在价值、游客的期望值等因素在内的混合体。它是一个整体概念,是相对一次旅游活动而言的综合性概念。

以往,市场营销著作用三个层次来表述旅游产品的整体概念,即核心产品、形式产品和延伸产品(附加产品),这种研究思路与表述方式沿用了多年。但近年来,菲利普·科特勒将其由原来的三层结构理论发展完善至五层结构理论,即核心产品、一般产品、期望产品、扩大产品和潜在产品(见图5-1)。产品整体概念的五个层次,体现了以顾客为中心的现代营销理念,其内涵和外延都以消费者需求为标准,真正贯彻了现代营销理念。

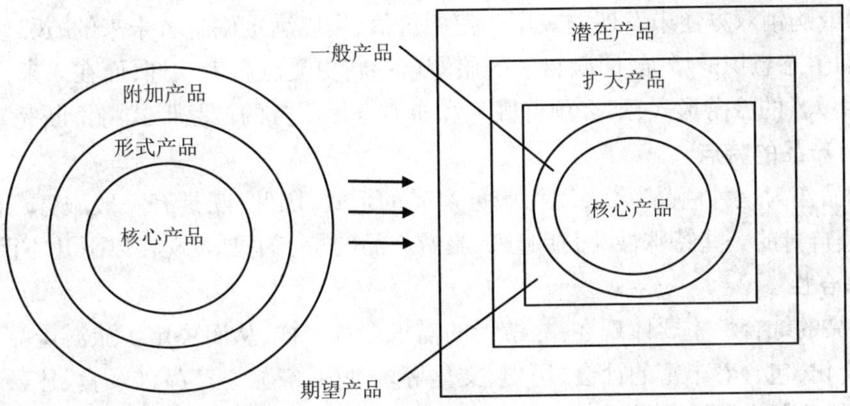

图 5-1 科特勒产品三层次结构理论与五层次结构理论

（资料来源：王金池. 旅游市场营销学. 北京：化学工业出版社，2009.）

1. 核心产品

核心产品是指旅游者购买产品所追求的基本效用或核心价值，满足顾客最主要的需求。例如，顾客到张家界度假，核心体现在享受130多平方千米的国家森林公园巧夺天工的自然风光；在旅馆，顾客享受的是安静、清洁、安全的休息与睡眠环境。核心产品是一个抽象的概念，产品设计者必须把它转化为一定的具体形式，即旅游产品提供给旅游者时的表现形式。

2. 一般产品

一般产品是产品的实体状态和劳务外观，是核心产品的载体，是核心产品借以实现的形式。形式产品向人们展示的是核心产品的外部特征，包括质量、功能、风格、形态、氛围、可进入性、品牌和包装等。例如，去某地旅游乘坐的航班或火车、食宿的酒店、往返机场的交通工具、景点的介绍册等，都属于形式产品的一部分，旅游者能够从这一系列的形式产品中获得产品的价值。

3. 期望产品

期望产品是指旅游者在寻找和选购过程中，逐步形成的对旅游产品属性和功能的认知及心理要求，期望产品往往是行业的惯例或者执行标准。也可以理解为对"核心利益"和"一般产品"的感知和要求，在游览景点景物的过程中，游客对旅游产品的满意度进行评价时，常对出发之前的心理认知的"期望产品"与实际观赏后的"一般产品"进行比较，如果高于期望产品就产生消费者满意，反之则产生消费者抱怨。

4. 扩大产品

扩大产品是指超出旅游者自身期望的附加服务和利益之和，例如，提供免费的机场接送、订票、旅游咨询，或者优惠、赠送纪念品等。今天的竞争从本质上说，发生在产品的附加层次（在欠发达地区，竞争主要发生在期望产品层次），即竞争并不在于各企业生产什么，而在于他们能为其产品增加些什么内容。因此，营销人员必须正视购买者的整体营销系统，通过提供有别于竞争对手、突出产品特色的附加产品可以有效增加企业竞争机会。

5. 潜在产品

潜在产品是指产品在将来最终可能会实现的全部附加部分和转换部分（如拓展、演变、升级、精锐等)或购销双方还未发现的效用和使用价值,用以满足旅游者未来的、长远的需求。例如:随着人们生态意识的增强,回归自然的旅游产品将更受旅游者欢迎;而在未来,更多的人将会选择“自由人”的旅游形式,那么预订服务和旅游咨询服务的产品形式将不断完善。

二、旅游产品的特点

旅游产品作为一种商品,多表现为服务产品的形式,因此,既具有一般服务产品的基本属性,又具有其自身的一些特殊性,概括起来,旅游产品的特点主要表现在以下几方面。

(一)综合性

旅游产品的综合性主要体现在:旅游者的需求多种多样,从而决定了旅游产品表现形式的多样化、综合化,包含着丰富的社会、历史、文化等多种内涵;旅游产品涉及食、住、行、游、购、娱六大要素,从而旅游产品的供给涉及旅行社、饭店、交通、娱乐、金融等多种行业及旅游管理部门。

(二)生产与消费的不可分割性

一般产品的生产和消费在时间上和空间上是分开的,拥有“生产—交换—消费”环节,旅游产品的特殊性在于交换环节往往发生在生产和消费环节之前,而生产和消费在时空上却是同时发生、同时结束、不可分割的。旅游服务往往是一种“面对面”的服务,在旅游者到达以后、旅游服务人员和旅游者都在场的情况下开始进行,一旦顾客不再消费,旅游服务便不复存在。导游的服务、餐厅服务员的服务等都是如此。

(三)不可转移性

旅游产品不像一般物质产品那样可以运输并在交换后发生所有权的转移,旅游者购买旅游产品,发生的只是使用权的转移而不是所有权的转移,其获得的是一种“接受服务”和“旅游经历”的满足感,这种满足感不能转卖给他人,不可多次使用,所以旅游产品具有不可转移的特性。如安徽的黄山、山东的泰山、陕西的华山都是不可转移的。

(四)不可储存性

由于旅游产品生产与消费是不可分割的,旅游企业不可能先把产品生产出来并以实物的方式存储再进行销售,而是需要消费者的参与,如果服务在生产过程中未被销售出去,就意味着失去了这部分价值。因而,旅游产品大多数是不可储存的。例如,宾馆不可能将淡季多余的客房留待旺季时出租。

(五)需求弹性大及替代性强

旅游产品消费属于人们较高层次的需求,并不像实物、衣服等生活必需品,旅游者对旅游产品的需求受收入水平、时间因素、性格偏好、自然及社会环境等因素影响较大。例如,2001年美国“9·11”事件、2003年中国“非典”事件以及2011年日本大地震都对当地旅游业产生了消极影响。同时,旅游产品的替代品较多,人们选择面较大,当某一旅游产品的价值上升时,消费者可购买其他旅游产品予以取代,这些都决定了旅游产品需求弹性大且替代性强。

(六)后效性

旅游者只有在消费过程全部结束后,才能对旅游产品质量做出全面、确切的评价。旅游者对旅游产品质量的理解是其期望质量与经历质量相互作用的结果。期望质量是旅游者实际购买之前,根据所获得的有关旅游产品的各种信息,对产品质量进行的评价;经历质量是旅游者以其实际获得的感受对产品质量所作的评价。如果期望质量高于实际的经历质量,顾客就会产生不满,也不会进行重复购买,而且会产生对企业不利的口头宣传。因此,旅游企业不能把对旅游者面对面服务的完成看作整个销售活动的结束。营销是个连续不断的过程,旅游企业需要进行市场跟踪调查,重视市场的反馈,及时发现旅游产品存在的问题,根据旅游者的意见或建议对产品加以改进,同时和顾客保持长久的业务关系。

(七)脆弱性

旅游产品的脆弱性是指旅游产品价值的实现要受到多种因素的影响和制约。这是由旅游产品的综合性、无形性和不可贮存的特点决定的。旅游产品各组成部分之间要保持一定的质和量的比例,提供各组成部分产品的部门或行业之间也必须协调发展,否则,就会对整体旅游产品产生不利影响。此外,各种自然、政治、经济、社会等外部因素,也会对旅游产品的供给与需求产生影响,从而影响旅游产品价值的实现。旅游企业应对这些不可控制因素进行周密的调研,进行市场环境分析,以便做出正确的旅游产品经营决策。

第 2 节 旅游产品生命周期策略

一、旅游产品生命周期的概念

人和其他生物的生命变化规律都是从诞生、成长到成熟,最终走向衰亡。旅游产品同其他产品一样,也存在生命周期。旅游产品的生命周期(PLC)是指旅游产品开发研制结束后,从投放旅游市场到最后淘汰、退出旅游市场的整个过程。旅游产品进入市场时生命周期开始,退出市场时生命周期结束。

20 世纪 80 年代初,产品生命周期概念被引入旅游研究领域,旅游产品生命周期理论应运而生。旅游产品生命周期理论是一种客观规律,是旅游学中的一个重要理论,任何一项旅游产品的吸引力都会随时间的推移而发生变化,产品在市场上的销售情况及获利能力随着时间的推移而变化,都有一个由兴到衰的过程,只不过这个过程所经历的时间长短会有所不同。

旅游产品生命周期借用了有形产品生命周期的概念。所谓旅游产品生命周期就是指一个旅游产品从开发出来投放市场到最后被淘汰退出市场的整个过程,一条旅游路线、一个旅游活动项目、一个旅游景点、一个旅游地开发大多遵循从无到有、由弱至强然后衰退、消失的时间过程。旅游产品生命周期的各个阶段通常以旅游产品的销售额和利润的变化状态来进行衡量。

旅游产品生命周期可以划分为导入期、成长期、成熟期、衰退期等四个阶段,处于不同阶段的旅游产品在市场需求、竞争、成本和利润等方面有着明显不同的特点,也决定着供给者的不同营销策略。

研究旅游产品生命周期,对旅游产品生命周期理论的内涵有深刻的认识,对于旅游企业或有关部门在激烈的市场竞争中,了解产品的发展趋势,根据生命周期各阶段的特点,有效利用旅游资源,及时开发新产品,淘汰过时产品以及有针对性地制定正确的产品策略,具有重要的指导意义。

需要指出的是,旅游产品生命周期不是一个用来确定产品使用寿命长短的预测手段,相反它是一个概念性、指导性的工具,用来对市场效应、环境和竞争做出概念性的解释,从而帮助人们理解产品会对各种刺激做出何种反应,及时制定合理有效的营销策略。

二、旅游产品生命周期的划分

(一)典型性生命周期

旅游产品生命周期的各个阶段通常是以销售额、企业所获得的利润额的变化来衡量的。在大多数有关产品生命周期的论述中,都认为一般商品的销售历史表现为一条S形曲线,即典型性生命周期(如图5-2),它分为四个阶段:导入期、成长期、成熟期和衰退期。

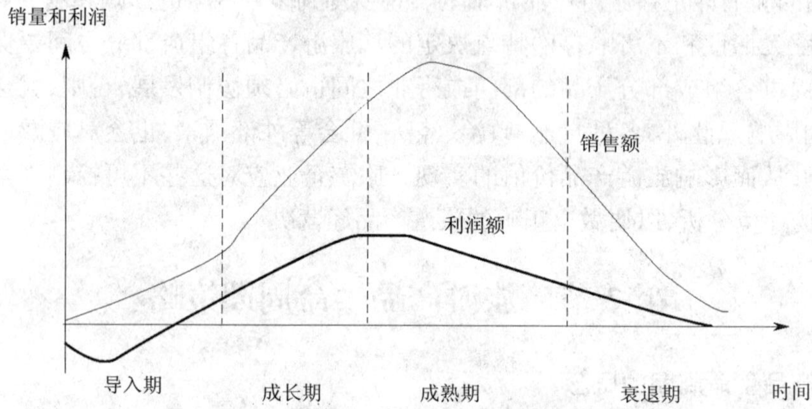

图5-2 旅游产品典型性生命周期曲线

1. 导入期

导入期又称引入期,指旅游产品投放市场的初级阶段。具体表现如新的旅游景点、旅游酒店、旅游娱乐设施建成,新的旅游线路开通,新的旅游服务项目推出。在这个阶段,因为新产品知名度低,尚未被旅游者了解和接受,旅游者的消费购买欲望不强,大多持观望态度,少数大胆求新的旅游者会尝试购买;旅游企业的销售增长缓慢且不稳定;产品尚不能获得规模经济效益,且企业为了使顾客了解和认识产品,需作大量的广告宣传,开展促销活动,支付巨额的销售费用,从而旅游企业利润极低,甚至处于一定程度的亏损局面;从市场竞争来看,此时的新产品经营者少或没有,一般没有同行的竞争对手存在。

2. 成长期

成长期是旅游产品被旅游者接受、销售迅速增长、利润迅速增加的时期,旅游产品充分显示其旺盛的生命力阶段。这一时期,旅游景点、旅游设施等初具规模,旅游产品基本定型并形成一定的特色。经过导入期的投入,产品的知名度大大提高,广告费用相对减少,销售成本大幅度下降,且产量和销售量快速上升,利润迅速增长;受利润的驱使和市场机会的扩大,其他可能竞争者加入市场,新的产品特性开始出现,销售渠道增加,市场开始出现竞争,产品价格呈现下降趋势。

3. 成熟期

成熟期指旅游产品在市场上普遍销售并渐趋饱和的阶段。这个时期是旅游产品的鼎盛发展时期,一般持续时间较长;旅游产品已经为市场绝大多数的旅游者所接受,市场的份额相对稳定,潜在旅游者已为数不多;销售量逐渐增大至顶峰,利润达到最高点,之后均呈缓慢下降趋势；此阶段产品同质化严重，市场竞争异常激烈，差异化成为竞争的核心，而且还有来自更新产品的竞争，旅游企业必须不断增加宣传费用巩固本产品在市场上的地位，这些情况又导致利润降低。

4. 衰退期

衰退期指旅游产品逐渐退出市场的阶段。此阶段新的产品层出不穷，逐渐替代老产品，大多数消费者的购买倾向已发生转变；产品价格被迫不断下降，整体销售量急剧下降，甚至出现滞销和积压，旅游企业进入微利状态，产品逐渐在竞争中被淘汰。

（二）非典型性生命周期

旅游产品是一种特殊的服务性产品，每种旅游产品的市场生命周期并非都要经历四个阶段，它受到市场环境及企业市场营销决策、品牌知名度等影响。旅游产品在经济市场上的周期表现形态各异，不同的旅游产品沿曲线发展的速度、节奏和形态是不同的，出现了旅游产品不按规则生命周期规律变化的情况，常表现为非典型的变异状态。如有些产品种类生命周期的成熟期可能无限延续，"丝绸之路"被誉为永不衰落的产品，而一般的人造景观的生命周期只有 3~5 年。比较有代表性的几种非典型性周期形态如图 5-3 所示。

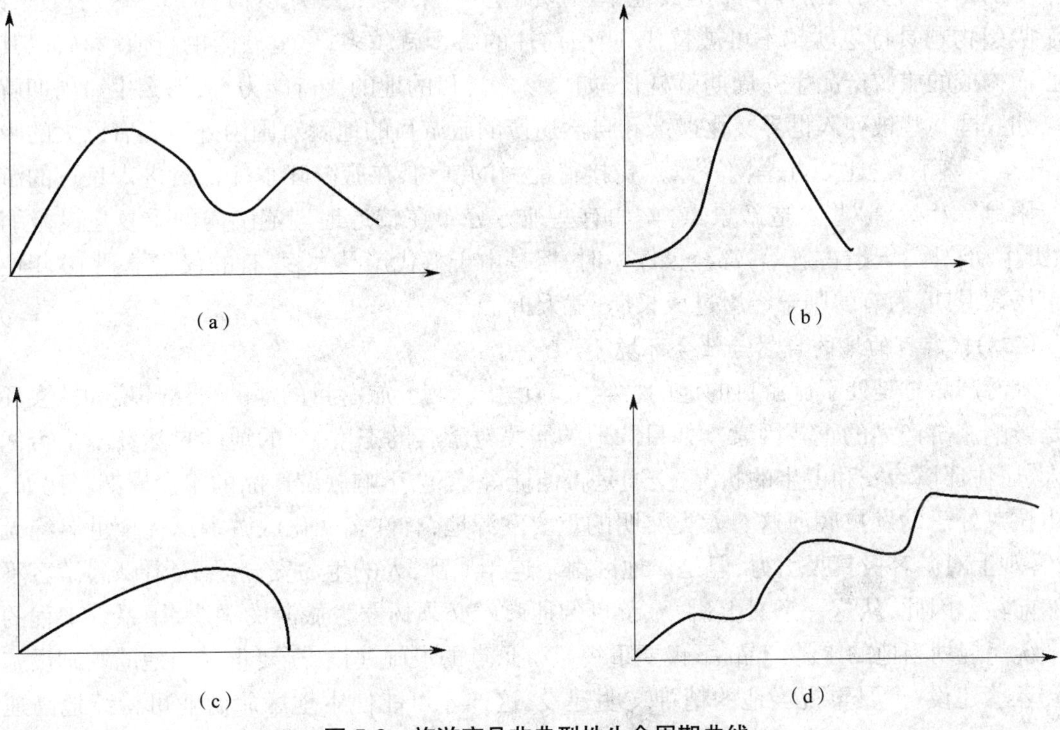

图 5-3 旅游产品非典型性生命周期曲线

（a）风格型 （b）流行型 （c）时尚型 （d）扇贝型

1. 风格型

风格型又称"循环型"，表明产品进入成熟期后，再次进入第二个成长期，销售额和利润都再次上升，但上升幅度小于第一个循环期。这实际上是产品寿命周期的延长，对企业是十分有利的，但企业须付出极大的努力，并做出创造性的营销决策。

2. 流行型

流行型又称“早衰型”，表明新产品虽然顺利经过了导入期和成长期，没有经过足够长的成熟期就开始衰退。

3. 时尚型

时尚型又称“夭折型”，表明新产品直接从导入期进入衰退期，即产品刚进入市场就被淘汰，成为短命产品。据国外资料统计，几乎 80% 以上的新产品遭到这种夭折的命运。

4. 扇贝型

扇贝型也称“多循环型”或“波浪型”，是在产品进入成熟期后，不断开拓产品的新功能、新用途、新市场或改变企业的营销战略，使产品在进入衰退期前，再次进入增长高潮，并且从一个高潮走向另一个高潮。但这种循环是从相对意义上解释的。

三、影响旅游产品生命周期的主要因素

影响旅游产品生命周期的主要因素如下。

(一)旅游产品的吸引力

旅游产品的核心是旅游吸引物，而旅游吸引物本身的吸引力是影响旅游产品生命周期的最重要的因素，它与旅游产品中的其他单项产品是“一荣俱荣、一损俱损”的关系。一般来说，旅游吸引物越具特色就越不可被替代，吸引前往的游客就越多，重复旅游的价值越高，以其为核心而构成的旅游产品生命周期就越长，如果该旅游目的地的接待能力小，那么生命周期就更长。如我国一些被列入世界文化遗产和自然遗产的旅游目的地就对国内外游客有巨大的吸引力，甚至长盛不衰，比如九寨沟等景点受接待能力的制约，在旅游旺季往往对进入景点的游客进行限制。相反，一些人造新景点，比如有些地方分布在较近地理范围内的重复建设微缩景观、野生动物园、人造古迹等，曾经火爆一时，但是由于替代产品太多，有的仅仅不到 10 年便进入市场衰退期，而有的则未经历过成长期，就夭折了。

(二)旅游目的地的自然与社会环境

旅游产品总是处于旅游目的地的特定大环境中，因此，旅游目的地的自然环境和社会环境也是影响旅游产品的重要因素。如目的地的居民对游客的态度、目的地的自然环境是否优美宜人、居住环境治安和卫生的状况、交通是否便捷等，都会影响旅游产品的生命周期。比如，尽管伊拉克处于幼发拉底河这一人类文明的重要发源地，有许多文化旅游资源在全世界绝无仅有，客观上对游客极具吸引力，但是该地区由于连年战乱，人的生命安全得不到保障，游客不敢贸然前往。因此，从这一意义上讲，旅游目的地政府必须树立大旅游的观念，用系统工程的方法来统一规划当地的旅游产品，不仅要重视旅游景点的设施建设，还要重视当地的基础设施和社会环境建设，更要重视当地的精神文明建设，这样才可能使本地区旅游业可持续地高速发展。

(三)消费者需求的变化

游客的旅游需求可能会因时尚潮流的变化而发生兴趣转移，从而引起客源市场的变化，导致某地旅游吸引物的吸引力衰减。旅游消费观念的变化、收入的增加、新的旅游景点的出现、目的地的环境污染或者服务质量下降都会影响消费需求的变化，从而使旅游产品生命周期发生变化。

(四)市场竞争因素

在旅游业市场竞争日趋激烈的今天,很难造成对旅游产品经营的垄断。对于旅游产品,潜在竞争者在导入期持观望态度,但旅游产品的市场前景一旦明朗,必然吸引竞争者趋之若鹜,相应的替代产品和竞争产品必然就多,该旅游产品的市场就会很快饱和,原旅游产品的生命周期相应缩短。因此,需要旅游企业改变经营观念,不断推出旅游新产品,调整营销策略和市场细分战略,这样才可能保持可扩展的客源市场,才能延长旅游产品的生命周期。

四、旅游产品生命周期的营销策略

不同旅游产品有着不同的生命周期形态,但无论旅游产品处于哪个阶段,都对销售者提出不同的挑战,旅游企业需要根据市场情况和产品市场生命周期各阶段的特点,采取相应的营销策略,使产品顺利地通过导入期,较快地进入成长期,保持和延长成熟期,推迟衰退期,防止旅游产品过早被旅游市场淘汰,对已经进入衰退期的旅游产品应明确,是尽快退出市场,还是通过促销使旅游产品的生命力再度旺盛。

(一)导入期营销策略

针对这一时期的特点,旅游企业营销的重点是做好促销宣传工作,提高产品的认知度,扩大旅游市场营销渠道,扩大旅游产品的市场占有率,缩短产品的市场导入时间,突出一个“快”字。其中定价和促销是两个最突出的方面,这两者配合有以下四种策略。

1. 高价高促销策略

高价高促销策略又叫快速取脂策略,即以高价格和高促销水平的组合方式推出新的旅游产品。这种“双高”营销策略,较高的价格是为了尽快收回成本,并给潜在消费者以“高质”的感觉;较高的促销费用有助于迅速建立顾客对于该产品的知晓度,树立旅游产品市场形象,使产品尽快打开销路。这种策略最适合在游客对旅游新产品不了解、对价格不敏感、产品替代性强且生命周期短的情况下使用。如酒吧推出的创新鸡尾酒会、酒店举办的美食节等系列产品。

2. 高价低促销策略

高价低促销策略又叫慢速取脂策略,即以高价格和低促销水平的组合方式将旅游产品推向市场。旅游企业以高价出售保证了在短期内获得较大利润,而较低的促销水平又降低了新产品的销售费用,希望能以小的代价赢得最大的利润。这种策略适用于具有一定市场垄断性的产品,如 1997 年推出的“告别三峡游”。

3. 低价高促销策略

低价高促销策略又叫快速渗透策略,即以低价格和高促销水平的组合推出旅游产品。这是薄利多销的策略,期望能给企业带来最快速的市场渗透和最高的市场占有率。这种策略适用于市场容量大、替代性强的旅游产品,适用于消费者对产品不了解且对价格敏感以及竞争者较强的市场环境,如“西安东线一日游”。

4. 低价低促销策略

低价低促销策略又叫缓慢渗透策略,即以低价格和低促销水平的组合推出旅游产品。使用这种策略的目的是以低价格使市场尽快接受新产品的同时让企业获取尽可能多的利润。在消费者对这类产品比较了解,类似产品知名度较高,但对价格敏感、潜在竞争者较多的情况下,使用这种策略可以较快地推销产品,如“农家游”。

（二）成长期营销策略

根据这一时期的特点，旅游产品营销策略的重点在于：把握好市场机会，提供比竞争者更好的产品，深层挖掘潜在旅游市场，选择有利的中间商，扩大市场占有率，突出一个“好”字。采取的营销策略主要体现在以下几个方面。

1. 产品方面

旅游企业努力提高产品的质量，增加产品的功能和品种，完善优良的旅游服务，有意识地实行产品差异化策略，树立产品独特形象，创名牌产品。

2. 促销方面

促销的重心由对旅游产品功能和属性介绍转向提高企业声誉，创立品牌，树立强有力的产品形象上来，让旅游者增加对产品的信任感，成为忠实的购买者。

3. 价格方面

旅游企业可实行“相机而动”的价格策略，选择适当时机调整价格，以争取更多的旅游者，但要注意价格的降低不能影响旅游产品的质量。

4. 分销方面

旅游企业应对旅游中间商进行选择，选出有信誉、效率高的中间商，并搞好与中间商的协作，使之成为较稳定的合作伙伴。同时在巩固原有的销售渠道的基础上，增加新的销售渠道，开拓更广泛的市场，扩大产品的销售范围。

（三）成熟期营销策略

针对这一时期的特点，企业营销重点是延长成熟期，稳定市场占有率，努力开拓新市场，通过各种改进措施延长产品生命周期，以获得尽可能高的收益率，突出一个“长”字。

1. 产品改进策略

将产品的性能、品质等予以明显改革，引起旅游者重新关注，刺激新的购买欲望；增加新的项目和服务，以便留住老用户、吸引新顾客，从而延长成熟期。例如，改变旅游路线、改变旅游时间，七日游根据需要缩短为三日游，等等。

2. 市场改进策略

市场改进策略即开发新市场，寻找新用户，稳定和扩大产品的销售量，争取竞争对手的顾客，进入新的细分市场，以此来扩大成熟期产品的销售量，并提高产品的使用率和重复购买率。如深圳华侨城的几个大型旅游景区——民俗文化村、世界之窗、锦绣中华，最初的市场定位是港澳同胞，进入20世纪80年代末，随着特区建设步伐的加快，华侨城把目标市场从已经饱和的港澳市场转向内地市场，使得游客的数量保持在一个稳定的水平。

3. 营销组合改进策略

这种策略是通过改变市场营销组合因素来延长产品的成熟期，通过调整价格、加强广告宣传、改变销售渠道等进行综合改革，多管齐下，刺激消费者购买。

4. 旅游新产品的研制和开发

旅游企业此时应当准备实行旅游产品更新换代，以适应旅游者日益变化的旅游需求。只有旅游新产品与老产品保持良好的衔接，旅游企业才会居于主动地位。

(四)衰退期营销策略

根据这一时期的特点,企业营销的重点是收缩市场面,有计划地撤出市场,转向新产品,把握好"转""改""撤"三个基本原则。此时期通常有以下几种策略可供选择。

1. 放弃策略

对于衰退比较迅速的产品,应当机立断,放弃经营,把资源转移到其他产品上去,用新产品替代老产品。例如,一些旅游地区由于被国家划为自然保护区,限制游人的进入,以前把这些地区作为旅游产品的旅游公司将面临转产或者停业的局面。

2. 集中策略

对于仍有一定潜力的旅游产品,旅游企业不应盲目放弃,集中策略是把企业的资源集中在最有利的细分市场和最有效的销售渠道上,以最有利的市场创造更多的利润,相应延长旅游产品生命周期。

3. 继续策略

旅游企业不主动放弃某一产品,继续用过去的市场、渠道、价格和促销手段,把销售维持在较低水平上,直到产品完全退出市场。这种策略在企业竞争力较强、其他企业纷纷退出而市场上仍有一批"怀旧型"旅游者时可考虑使用。

五、延长旅游产品生命周期的经营策略

由于旅游产品生命周期的存在,旅游企业通过对其客观规律的认识,可以运用各种经营策略,延长旅游产品的成熟期,使企业获得最佳效益。延长旅游产品生命周期的策略概括起来有以下几种。

(一)旅游产品改进策略

旅游产品改进策略,是通过对成熟期的旅游产品作进一步的完善和改进以吸引新老旅游者。产品改进策略一是改善旅游产品的质量、功能、形态;二是在原有产品的基础上,增加一些有吸引力的项目;三是提高服务质量,改进旅游基础设施和设备,增加旅游目的地交通运输方式等。香港游主要以购物为主,但随着内地物品的丰富,购物的吸引力相对减少,香港特区政府积极开发了新的旅游项目,如2005年投入运营的"迪斯尼乐园"必然增加对游客的吸引力,不仅吸引新的游客,还会使许多已经游过香港的老游客故地重游。同样,九寨沟在增加新的景点的同时,修建了九寨机场,降低了游客进入九寨沟的难度,势必延长其旅游产品的生命周期。

(二)旅游市场开拓策略

旅游市场开拓策略,就是为成熟期的旅游产品寻找新的游客,开发新的市场。如果旅游产品的原客源市场主要放在本地区,那么就可以到外地区去开发客源市场,甚至开发国外客源市场,当客源增加时旅游产品的销售量必然持续增长。比如泰国的旅游,1997年下半年,泰国受亚洲金融风暴影响,国内游客和东南亚游客大大减少,使旅游业凋敝,而我国受金融风暴的影响较小,因此,泰国旅游部门就把组织客源市场的重点放到了中国,很快我国游客成为泰国旅游业的主要客源,泰国旅游也因此恢复了生机。就我国国内旅游市场的开拓来看,基于我国的国情,城乡二元结构致使旅游几乎成为城里人的活动,而近年来,我国农村经济发展很快,对旅游的需求大幅度增长,也是旅游产品开发的新机遇。

（三）调整旅游产品的营销组合策略

市场营销组合策略，是对产品、促销、销售渠道和定价这四个因素的组合加以合理的改进和重组，以刺激旅游产品销售量的回升。如提供更多的服务项目，改变分销渠道，增加直销，增加广告，或在价格上加以调整，以刺激销售量，吸引更多的旅游者。

（四）旅游产品升级换代策略

延长旅游产品生命周期的根本途径是根据旅游市场上涌现出的需求新特点，进行旅游产品的升级换代和旅游新产品的开发工作。如对于中国观光旅游产品来说，理想的情况是，当第一代观光产品，即以七大旅游城市为中心，散布于部分重点旅游城市的观光产品进入成长期后，就有第二代产品逐步进入开发建设阶段，如包括参与性活动在内的娱乐、观光型产品的出现。这样第一代观光产品进入成熟期后，第二代观光产品就进入了成长期，依此类推，使观光产品的生命周期得以延长。

第3节　旅游产品组合策略

旅游产品的生命周期理论说明了旅游产品在市场上有从成长到衰退的发展过程，因此旅游企业一般会同时经营多种产品，并使各种产品形成生命周期上的互补，以减少风险。旅游企业的各种产品之间应有一个最优化的组合结构，形成有效的产品组合。

一、旅游产品组合相关概念

旅游产品线是在技术上、结构上满足同一类旅游需求的产品项目的集合，即我国通常所指的产品大类；产品项目指产品大类中的单个产品。例如，旅行社经营观光旅游产品，这就是一条产品线，其中包括西湖观光、泰山观光、庐山观光等这些具体产品，每个具体产品就是产品项目。

旅游产品组合，也叫产品搭配，是指旅游企业所经营的全部旅游产品线和旅游产品项目的组合和搭配。通俗地说就是旅游企业的经营范围和结构。

旅游企业的产品组合情况可用宽度、深度和相关性来表达和体现，这三个因素的不同，构成了不同的产品组合。

旅游产品组合的宽度又叫产品的广度，是指一个企业所有产品线的数量，即产品类型数量的总和；产品线数量越多，产品组合宽度就越大，反之则宽度越窄。

产品组合的深度，又叫长度，是指每条产品线中不同等级、规格的产品的多少，即每种产品大类所拥有的可以单独计算的旅游产品项目的数量，数量多者为深，数量少者为浅。对一条产品线旅游产品项目的计算叫单线深度，将全部产品线的旅游产品项目进行叠加再除以产品线数量（宽度），叫平均深度。

产品组合的相关性，又叫关联度，是指旅游企业各产品线之间在最终用途、生产条件、生产渠道等方面的关联程度，若一致程度高则产品相关性就大；反之，相关性就小。

如表5-1所示，产品项目总数是12，该旅游产品组合宽度为3，包括客房。单线组合深度分别为4、3、5，平均组合深度为（4+3+5）/3=4。

表 5-1 某酒店产品组合

组合情况	产品组合宽度		
产品组合深度	客房	餐饮	康乐
	标准间 普通房 豪华间 总统套房	咖啡厅 酒吧 餐厅	保龄球馆 网球场 KTV 棋牌室 游泳池

一般来说,增加旅游产品组合的宽度,扩大经营范围,有利于充分发挥企业的潜力,适应更多层次的不同需求;拓展旅游产品组合的深度,可以在市场细分的基础上扩大旅游市场,满足不同旅游消费者的需求,提高市场占有率;加强产品组合的关联度,可以使企业的资源得到充分利用,精干专业,提高其在某个领域和地区的声誉,如果产品线之间没有任何的内在联系,则会加大经营风险。但这些并不是绝对的,旅游企业产品组合的宽度、深度越大,组合出来的局部产品就越多,但并不一定经济效益就高,产品越多,意味着成本越高,投入的服务越多,质量也越难以保证,因此旅游企业应根据实际情况,结合自身条件来确定产品组合。

二、旅游产品组合的类型

旅游产品的组合原则应以最有效地利用资源、最大限度地满足市场需要和最有利于竞争为标准。常见的旅游产品组合有四种类型。

(1)全面全线型组合,即针对全部旅游市场的各种旅游需要的旅游产品组合,包括各种类型的旅游线。

(2)市场专业型组合,即向某一特定的市场提供其所需要的产品。

(3)产品专业型组合,即只经营一种类型的旅游产品来满足多个目标市场的同一类需求。

(4)特殊产品专业型组合,即针对不同目标市场的需求提供不同的旅游产品。

三、旅游产品组合开发的影响因素

组合开发旅游产品时,需考虑众多背景因素的制约和影响。概括来说,主要包括以下一些因素。

1. 旅游市场的需求倾向

不论何种市场,其需求总是在时间和空间上不断变化的,旅游市场需求也不例外,在不同的时代和地区,旅游消费者的需求倾向各有特点。这些多样化的旅游需求是旅游企业组合开发旅游产品的重要依据,由于需求是变化的,因而产品的组合也应该是动态的。

2. 旅游企业的目标市场

进行旅游产品的组合开发,就是要使经过组合后的旅游产品系列更具竞争力,更加适销对路,能以更快的速度占领目标市场,因而对目标市场的准确定位成为旅游产品组合开发的先期工作,并对旅游产品的组合开发产生重要影响。

3. 旅游企业的发展规划

以长远的眼光来看,旅游产品的组合开发不能仅停留在对现时旅游市场的过度迎合上,而应符合旅游企业的发展战略,在既定的规划框架内着手开展,重在使旅游产品结构愈益科学化、合理化。

4. 竞争对手的现实状况

“知己知彼，百战不殆”，在进行旅游产品的组合开发时，还必须对市场上的主要竞争企业有较为深入、透彻的了解，借鉴其成功的经验模式，全面比较双方的优势和劣势，扬长避短，才能组合开发出合理而科学的旅游产品。

四、旅游产品组合开发的策略

对旅游产品进行组合时，应适时地根据不同的情况调整和优化产品组合。产品组合策略也就是企业对产品组合的宽度、深度和相关性等方面的决策。可选择的产品组合策略如下。

（一）扩大产品组合策略

扩大产品组合策略又叫多线深线型，包括扩展产品组合的宽度和增加产品组合的深度。前者是在现有产品组合中增加旅游产品线，扩大旅游企业经营范围，如某饭店集团在住宿产品线、餐饮产品线的基础上，增加旅行社业务产品线；后者是在现有旅游产品线中即产品线内部增加新的产品项目，如某旅行社经营的观光产品主要是以山水旅游为主的产品，现又增加名人故里游的观光产品。一般来说，扩大产品组合可使企业的人、财、物等资源得到充分利用，并可分散市场变化带来的风险，增强企业的竞争力，但同时也会增加产品管理难度和经营成本。故旅游企业采用扩大产品组合策略要考虑本身的实力和产品组合相关性。

（二）缩小产品组合策略

缩小产品组合策略与扩大产品组合相反，包括缩小产品组合的宽度和深度，取消相关性差的产品。即通过缩减旅游产品线或者旅游产品线中的产品项目，集中力量生产或经营一个或几个旅游产品线或较少的旅游产品项目，缩小旅游企业经营范围。当市场不景气时，缩减产品组合会降低企业成本，反而能保持甚至会增加利润，可以有效利用企业资源，求精、求专实现旅游企业生产与销售的专业化。但由于其目标市场较单一，市场规模有限，从而当市场需求发生变化时，企业极容易陷入困境。

（三）产品线延伸策略

产品线延伸是指全部或部分地改变企业原有产品的市场定位，实际上是突破原有经营档次或范围，使产品线加深加长，有向下延伸、向上延伸和双向延伸三种。

1. 产品线向下延伸

产品线向下延伸是指旅游企业原来生产高档产品，后来决定增加低档产品，如高档饭店餐饮部增加低价位的家常菜。向下延伸的目的在于利用高档产品的声誉吸引购买力水平较低的消费者购买企业的低档产品，但要特别注意不损坏原有产品的形象。

2. 产品线向上延伸

产品线向上延伸是指旅游企业原来生产中低档产品，后来决定增加高档产品，如某经营普通型旅游产品的旅行社开始经营豪华型的旅游产品。向上延伸可以使企业增加丰厚的利润，但应考虑如何证明自己有生产高档产品的能力，打消旅游者的疑虑。

3. 产品线双向延伸

生产中档产品的旅游企业在占据市场优势之后，决定向产品线的上下两个方向延伸，一面增加高档产品，一面增加低档产品，扩大某类产品的市场范围。但旅游企业进入的市场范围合适才好,把握双向延伸的度至关重要。

(四)旅游产品组合改进策略

旅游产品组合改进策略是旅游企业在现有产品组合的基础上,改进现有组合方式、改进产品质量、改变旅游方式等的策略,如旅行社改进旅游产品线中的交通工具。这一策略投资少、见效快,既能使旅游产品组合向深度发展,又能提高旅游产品的声誉,吸引更多旅游者,取得较高的市场占有率。旅游企业应该根据市场变化不断调整旅游产品组合结构,使旅游产品组合保持在合理的范围。

第4节 旅游产品品牌策略

随着旅游市场的不断成熟,越来越多的消费者在选择旅游产品时会把产品的品牌作为购买决策考虑的依据。品牌化在旅游业中逐渐成为一股强大的势力。诸如西安兵马俑、桂林山水、杭州西湖、云南"香格里拉"、安徽黄山、河南少林寺以及全聚德、五芳斋、狗不理、绍兴老酒、苏州刺绣等,这些品牌和产品充分展示了中华民族五千年的灿烂文化,展示了我国旅游文化资源的丰富多彩。随着旅游业的发展,竞争不断加剧,旅游品牌对旅游企业有着越来越重要的影响,没有品牌的竞争是无力的竞争,没有品牌的市场是脆弱的市场,塑造品牌、经营品牌是旅游市场营销的重要内容,旅游企业应该重视产品品牌策略。

一、旅游产品品牌及其含义

旅游品牌是指用来识别旅游企业产品或服务的名称、术语、标记、符号、图案或它们的组合。广义的旅游品牌具有结构性,包含某一单项产品的品牌、旅游企业品牌、旅游集团品牌等。狭义的旅游品牌是指某一种旅游产品的品牌。

在旅游市场营销中,旅游品牌是形成企业服务特色、取得企业竞争优势的重要手段。旅游企业一旦树立起良好的品牌形象,其知名产品将以较高的市场占有率在竞争中立于不败之地,同时,由该企业提供的一般品牌产品也会从中受益。

品牌一般由品牌名称和品牌标志组成,这是品牌的最基本的概念,例如中国国际旅行社、中国青年旅行社等就是中国旅游业的知名品牌。但是,现代旅游品牌已经超越了区别的功能,成为企业形象和文化的象征,消费者从形象和文化中能感受到消费该品牌产品或服务带来的心理上的价值利益。因此,品牌最持久的含义是其价值、文化和个性,它们构成了现代品牌的实质。一个旅游品牌表达六层意思:属性、利益、价值、文化、个性、顾客。例如,中国旅游业图形标志是1969年在甘肃省武威市出土的东汉时期的青铜器"马踏飞燕"(图5-4),它象征着中国数千年光辉灿烂的文化历史,显示文明古国的伟大形象,吸引着全世界的旅游者,也标志着中国旅游业前程似锦。又如,2001—2003年香港的旅游主题是"动感之都,就是香港"(图5-5),展示出一个充满机会和活力的东西方文化汇聚的都市形象,既树立了自己的旅游形象,又张扬了城市个性。这些都是旅游品牌营销的成功先例。

图 5-4 马踏飞燕

图 5-5 动感之都——就是香港

品牌可以注册成为旅游商标,旅游商标是指旅游企业将自己的品牌名称和标志在商标管理部门注册后,就享有使用其品牌名称和标志的专用权以及相应的法律保护,其他企业不得仿效使用。但目前我国这方面的法律法规还不够健全。

品牌策略一般要经历四个步骤,如图 5-6 所示。

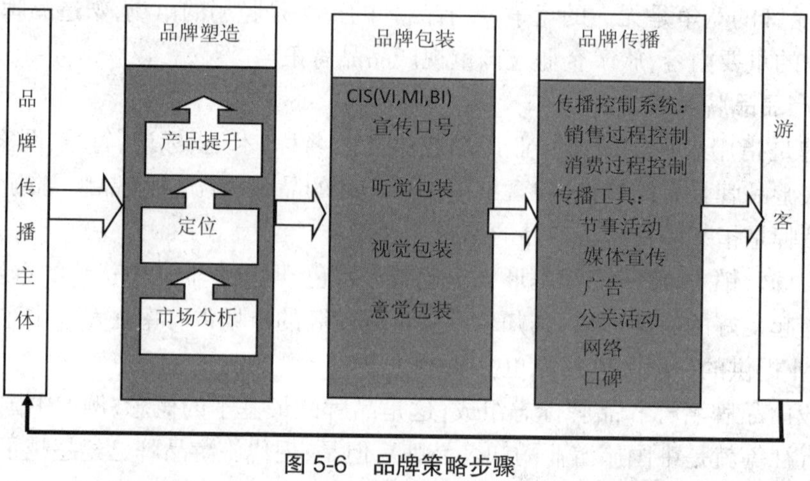

图 5-6 品牌策略步骤

(资料来源:于成国.旅游市场营销.北京:中国科学技术出版社,2015.)

二、旅游产品品牌策略

就品牌的战略价值而言,一个强势的品牌能给旅游企业带来巨大的经济价值。正因为如此,在旅游业中,品牌策略的实施变得越来越普遍。旅游产品品牌策略主要有统一旅游品牌策略、多旅游品牌策略、延伸旅游品牌策略。

(一)统一旅游品牌策略

统一旅游品牌策略又叫家族式品牌策略、公司品牌策略,就是旅游企业所有产品均使用同一品牌。这种策略可以使推广新产品的成本降低,节省大量广告费用。世界上的很多知名饭店都采用这一品牌策略,如香格里拉酒店集团。香格里拉的设计一向以清新的园林美景、富有浓厚亚洲文化气息的大堂等闻名于世。美国的麦当劳公司和迪斯尼公司,它们在世界各地的经营中都统一使用其公司品牌。

统一品牌的弊端在于:由于所有产品都使用同一品牌,一旦其中任何一项产品的市场名声受损,将影响整个企业的市场声誉;如果企业经营多种在性能、品质、价格档次上相差甚远的产品,用同一品牌反而会模糊产品形象,不便于消费者辨别。因此,在采用统一品牌策略时,企业管理者需要认真注意对每一项产品进行质量控制。

(二)多旅游品牌策略

多旅游品牌策略又叫个别品牌策略,是指企业同时拥有两种或者两种以上的品牌,其目的在于获得更大的市场占有空间。多品牌策略的成功靠的不仅是品牌的创建,更重要的是各品牌的保持,使产品在顾客心目中具有明显的差异性,这样就要为产品提供独一无二的特征。例如,洲际酒店集团就拥有洲际、皇冠假日、假日酒店等多个国际知名酒店品牌。

选用多旅游品牌策略,如果新产品在市场上销售不成功,不致影响其他产品的品牌声誉,并且有助于旅游者识别产品。其主要缺点在于:由于本企业需要针对各品牌分别开展营销传播,因而势必需要有足够多的经费预算,否则难以成功打造各品牌的知名度。

(三)延伸旅游品牌策略

延伸旅游品牌策略是指企业利用市场上已有一定声誉的品牌,推出改进型产品或新产品。品牌延伸并非只借用表面上的品牌名称,而是对整个品牌资产的策略性使用。采用这种策略,可以扩展原有的品牌优势,节省推广费用,迅速打开产品销路。这种策略要求扩展的品牌在市场上已有较高的声誉,扩展的产品也必须是与之相适应的优良产品,否则会影响产品的销售或降低已有品牌的声誉。

第5节　旅游新产品策略

产品生命周期理论告诉我们所有产品最终都要步入衰退期,所以企业必须在原有产品退出市场之前,适时地推出新产品来填补市场真空。面对日益激烈的市场竞争,企业为了保持自己的竞争优势和提高经济效益,最有成效的战略之一就是产品创新,不断以新产品代替老产品。另外,企业定期推出新产品,可以提高企业在市场上的信誉和地位,并促进新产品的市场销售。因此,开发新产品对企业而言,是提高企业竞争能力、应付各种突发事件、维护企业生存与长期发展的重要保证。

一、旅游新产品的概念和类型

旅游新产品是指与旅游老产品有一定差别或完全不同的产品。从经营者的角度来看,旅游企业自身第一次生产和销售的产品就可以理解为新产品;市场营销学认为凡是对产品整体概念中任何一部分的创新与改革,都属于旅游新产品。

旅游新产品可作不同的分类。按产品所在地域可划分为国际旅游新产品、国家旅游新产品、地方旅游新产品等。按照其新颖程度可分为以下四类。

(一)创新型新产品

创新型新产品是指旅游企业推出市场上从未有过的产品。这种新产品能够满足旅游者的全新需求或是引领新的消费需求时尚,拓展新的旅游市场,无论对旅游企业还是旅游市场而言它都是全新的。可以是新开发的旅游景点、新开辟的旅游线路或者是新推出的旅游项目。例如，深圳锦绣中华的出现，漂流、探险等旅游项目的出现，给旅游产品的开发带来了新的革命。但这种创新旅游产品的开发周期较长，所需投资较多，而且风险较大。一般中小型旅游企业较少尝试该种旅游产品的开发，更多的是进行改进、更新换代或仿制。

（二）换代型新产品

换代型新产品是指在现有产品基础上进行较大改革后生成的产品。这种新产品可能局部采用新技术、新材料或是进行新观念的变更，产品结构向高级阶段发展，更新换代，使旅游企业更具竞争力。例如：旅游业一般都会经历由传统的一般型观光旅游产品到主题型观光旅游再到非观光旅游的升级换代过程；旅游酒店的客房经过装修改造后，通过加宽带接口，增配电脑、传真机等商务设备后，变为商务客房或商务楼层，这种客房产品就是换代新产品。

（三）改进型新产品

改进型新产品是指在原有旅游产品的基础上，进行局部形式上改进的旅游产品。改进型新产品并不对原有产品进行重大改革，可能是在配套设施或服务方面的改进，也可能是旅游项目的增减或服务的增减。改变后的产品其本质和核心价值没有变，却能更好地满足顾客的需求，增加产品的销售量，提高企业的经济效益。例如游览路线从一日游改为二日游、餐厅延长服务时间等。

（四）仿制型新产品

仿制型新产品是指企业以市场上存在的某种旅游产品为蓝本，进行模仿后生产的产品。仿制是在原有旅游产品的基础上，进行局部的创新和改进，但基本原理和结构是仿制的。仿制新产品相对风险最小，可以节省企业的研发资金投入，使新产品尽快进入市场，获得较高的回报率。由于大多数旅游产品较易被模仿，仿制型新产品在旅游市场极为普遍，不失为开发新产品的一种快捷途径。因此不少企业往往不愿首先尝试，而是采取坐视态度，当某一旅游产品在市场上很受欢迎时，则迅速进行仿制并推向市场。例如，我国各地大量的“形似而神不似”的主题公园的出现，模仿迪斯尼乐园形式建立的各种主题娱乐公园。但这种产品对掌握需求潜量、市场竞争潜力等方面有较高要求，否则有可能开园之日即倒闭之日。

二、旅游新产品的开发策略

旅游新产品的开发，是旅游业存在发展的必要条件，是企业保持活力和竞争优势的重要途径。旅游企业通常采用以下几种策略实行新产品的开发。

（一）资源重组策略

首先，以消费者的需求为基础组合旅游资源。旅游资源是旅游产品的载体，是吸引游客的主要吸引物。在了解市场需求的基础上，对旅游资源进行重新整合，有利于激发旅游者的旅游动机，重新创造旅游需求。

其次，以文化为纽带组合旅游资源。旅游对于旅游者来说，是获得一种经历、一种感受的过程，这种经历与感受，一方面来自对大自然奇观的欣赏，另一方面则来自对文化差异的感悟。因此，通过文化来组合旅游资源和开发新产品，有利于创造出旅游产品的新卖点。

最后，从经济效益的角度组合旅游资源。开发旅游业，最主要的目的是获得一定的经济收益。对于旅游资源实行组合，不仅要有利于资源价值增值，更要提高产业贡献率。

(二)层次结合策略

层次结合策略是指同时推出多种不同档次的旅游新产品。由于消费者经济实力的影响，旅游者的消费水平有一定的层次性，所以企业在开发产品的时候应注意高、中、低档产品序列的结合，从而有利于提高旅游企业经营的覆盖面。例如，开发一条新的旅游线路，应该体现豪华、标准和经济等差异，并作为一个整体推出，以便不同层次消费者进行选择。

(三)超前开发策略

旅游企业要获得长远发展，必须有一个长期、中期和短期的发展策略，这样才能获得长期、持续、稳定的发展。一般来说，企业需储备四种类型的产品：①已经生产完成并进入销售环节的产品；②已经开发成功，等待适当时机投放市场的产品；③正在研究设计过程中，具备雏形的产品；④处于产品构思、创意阶段的产品。

三、旅游新产品开发的程序

一个企业可以通过两种方式得到新产品：一种是通过收购——购买整家公司、购买专利或获得生产他人产品的许可证，如雅高收购了6元汽车旅馆、拉多布罗克并购了国际希尔顿等；另一种是通过自己设立研发部来开发新产品，包括新发明的产品、改良的产品、调整的产品以及新的品牌等。公司必须开发新产品，但新产品开发需冒一定的风险。为了把失败的风险降到最低，应认真做好新产品开发计划，并建立系统的新产品开发程序。一般需经历以下几个阶段，如图5-7所示。

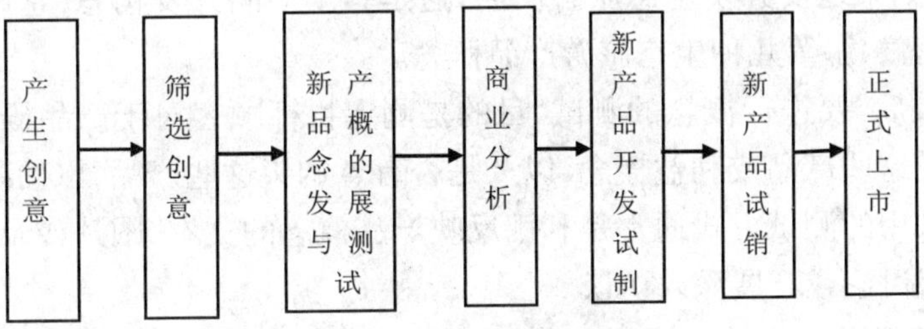

图5-7 新产品开发的程序

(一)产生创意

旅游企业可围绕企业长期的发展战略和市场定位来确定新产品开发的重点，确定旅游新产品的创意和构思。旅游新产品的创意和构思来源有以下几个方面。

1. 游客

游客的需求是旅游新产品开发的原始推动力，企业可以通过对游客进行调查，收集游客对旅游新产品的创意建议，然后进行整理和筛选，捕捉有价值的创意。

2. 旅游的从业人员

旅游业的从业人员，包括旅游产品的销售人员、导游，处于旅游第一线，与游客和竞争者接触密切，最了解游客的需求，最能提出旅游新产品的创意。

3. 旅游科研和策划机构

旅游科研和策划机构处于新产品开发第一线，对旅游产品见多识广，加上一定的理论功底和职业素养，对旅游业的发展颇具前瞻性，企业应该重视它们的创意。

4. 竞争者

企业可以通过分析其他竞争企业产品的成功与不足之处,进行改良和强化,这就是不错的新品开发思路。

5. 旅游企业的高层管理人员

旅游企业的高层管理人员也是旅游新产品开发的重要来源。

(二)筛选创意

创意形成阶段在于促进各种创新性想法的大量涌现。但对于旅游企业来说,并非收集到的所有构思都可行。所以,旅游企业还必须对各种创意进行筛选与评价,以便尽早地发现和放弃那些明显不具可行性的构思,减少不必要的投入。在筛选过程中,应力求避免两种偏差:漏选良好的产品构思,失去发展机会;采纳错误的产品构思,造成失败。

筛选工作的重点在于制定筛选标准。一般地讲,筛选标准的制定主要考虑本企业是否有足够的资源和能力去开发创意、创意是否与本企业的战略发展目标一致等。许多旅游企业都有设计得很好的系统来评定和筛选新产品创意。

(三)新产品概念的发展与测试

经过筛选后的产品构思只是一种设想,还不是具体的产品,所以,新产品设计者必须把构思具体化,从消费者的角度对构思进行详尽的描述,将设想产品所包含的内容,特别是其所能提供的利益以文字和图像等形式进行表达。这就是产品概念的发展。一个构思可能形成一个或几个产品概念,如某地要开发生态旅游产品,这是一个产品开发构思,它可以发展成为林业生态旅游、农业生态旅游等几种生态旅游产品概念。

这一工作完成后,要进行概念的测试,目的是测定目标顾客对于产品概念的看法和反应,了解他们是否接受这些产品或利益概念,以及是否有意购买这些产品,以便决定最终是否开发这个新产品。所采用的测试方式通常是利用反映产品概念的文本、图片或录像,在潜在消费者人群中开展中心组讨论或开展深入访谈。

马里奥特饭店就运用一种所谓联立分析的统计技术来测试"庭院汽车旅馆"的概念。对排列结果进行统计分析,从而决定汽车旅馆的最佳配置方案。

(四)商业分析

产品概念具体化并经过测试之后,将进行商业分析,分析概念性产品有可能具有的商业价值情况,即经济效益分析,包括销售状况预测、成本和利润水平、投资收益率等,旨在确定它们是否符合公司的各项目标及其成功与失败的可能性。这一阶段想要获得准确的预测和评估是不切实际的,旅游企业只能作一大体的估计。企业经常需要一些开发性技术和市场研究手段,产品会审法是常用的方式,即在对新产品概念进行分析时,把本公司的市场销售人员、生产人员、工程技术人员召集到一起,共同商议、进行分析。一些常用的分析方法,如盈亏平衡分析法、投资回收期法、投资报酬率法等非常有助于旅游企业的商业分析。

(五)新产品开发试制

如果产品概念通过了商业分析这一关,就可以进入产品开发试制阶段。在这个阶段,产品概念被发展成实体产品,根据新产品设计方案中所选定的活动内容、路线安排、游客旅游目的等进行具体的组合,要注意服务产品递送系统的建立与测试。在此之前,产品还只是一个口头描述、一幅图画或一件毛坯。邀请旅游专家和国内外经销商参与,邀请旅游者代表进行实验性消费,并请他们提供意见,以便修改新产品,使其更加完善。

（六）新产品试销

开发试制后为使新产品失败的风险最小化,需要进行试销。试销是把一种新产品小批量地投放到经过挑选的、具有代表性的小型市场范围内进行销售,以检验旅游者可能做出的反应。由于服务产品的不可感知性特征,只有实际的市场销售,才是检验服务产品优劣与否的一个最为可靠的办法。实践表明,很多产品试制出来之后仍然会遭到被淘汰的命运。通过试销掌握市场的大概资料以便和企业预期的指标进行有效的对比,从而发现新产品的优缺点并再对其进行改进、完善。

（七）正式上市

新产品通过试销取得成功后,就可以决定全面投入市场,正式进入产品的商业化阶段,这时产品进入市场生命周期的导入期。试销为管理人员提供了正式上市方面做出最后决策所需的信息,在实际操作中,新产品的试销与正式上市是一个比较快的过程,应做好统筹安排,注意把握好新产品上市的时机、销售渠道和进入方法等。在这一阶段,旅游企业还要收集旅游者的反馈信息,掌握市场动态,检查产品的使用效果,为进一步改进产品和市场营销策略提供依据。

上述旅游新产品开发的程序是具有使用价值的新产品开发工作指南。通过对旅游业中新产品开发工作的观察,我们有可能会发现,很多旅游企业在新产品开发工作中没有原封不动地照搬这一程序去做,旅游企业可以根据产品自身的特殊性去研发旅游新产品,如在淡季企业可以通过适当提高产品的附加值等方式促进销售,这也是新产品开发。新产品的开发过程不可能都是一帆风顺的,旅游企业最好把各新产品的研发阶段错开,以降低风险。

【本章小结】

本章介绍了旅游产品的概念,阐述了旅游产品的整体概念,总结了旅游产品的特点;分析了典型性和非典型性生命周期,以及生命周期各阶段相应的营销策略;介绍了旅游产品组合的相关概念,分析了旅游产品组合策略、旅游产品品牌策略;总结了旅游新产品的概念及类型,阐述了旅游新产品的开发程序。

【思考题】

1. 什么是旅游产品？请举例说明旅游产品的整体概念。

2. 针对不同的旅游产品生命周期,应该采取哪些营销策略？

3. 旅游企业可以选择的产品组合策略有哪些？

4. 举例说明什么是旅游产品组合的宽度、深度和关联性。

5. 为什么说旅游产品品牌对于旅游企业有重要意义？旅游企业可以采取的旅游产品品牌策略有哪些？

6. 旅游新产品开发的步骤是什么？

【练习题】

一、单选题

1. 旅游产品是(　　)。

A. 旅游设备　　　　B. 旅游者的总体感受

C. 实物产品　　　　　　D. 旅游购物品

2. 一个旅游企业有多少个产品大类,称为产品线的(　　)。

A. 深度　　　　　　B. 长度　　　　　　C. 广度　　　　　　D. 相关度

3. 对原有旅游产品进行较大改革后所形成的新产品是(　　)。

A. 改进型新产品　　　　　　B. 全新旅游产品

C. 仿制型新产品　　　　　　D. 换代型新产品

4. 旅游产品成长期营销策略的重点在于(　　)。

A. 提供更好的产品,扩大市场占有率

B. 收缩市场面

C. 提高旅游者对产品的认知度

D. 维持现有市场份额,开辟新的市场

二、多选题

1. 旅游产品的特点有(　　)。

A. 综合性　　　　　　B. 非实物性

C. 不可贮存性　　　　　　D. 生产与消费的不可分割性

E. 较大的需求弹性

2. 旅游产品生命周期的各个阶段通常是以(　　)的变化来衡量的。

A. 旅游企业规模　　　　　　B. 企业所获得的利润

C. 销售额　　　　　　D. 销售量

3. 旅游产品的组合策略有(　　)。

A. 产品组合缩减策略　　　　　　B. 产品组合改进策略

C. 产品组合扩展策略　　　　　　D. 产品组合价格策略

三、判断题

1. 当市场不景气或原料供应紧张时,较长、较宽的产品组合会为许多企业带来较多的赢利机会。(　　)

2. 狭义的旅游产品就是旅游商品。(　　)

3. 旅游产品的品牌就是旅游品牌。(　　)

4. 旅游产品在成熟期进入市场的主要销售阶段。(　　)

【参考文献】

[1] 张道顺. 旅游产品设计与操作手册 [M]. 北京:旅游教育出版社,2015.

[2] 张素娟. 旅游产品设计与操作 [M]. 北京:化学工业出版社,2012.

[3] 初晓恒. 我国旅游产品文化挖掘与传递研究 [M]. 上海:上海财经大学出版社,2008.

[4] 杨丽娟. 游客满意度、行为意向与古镇民宿旅游产品创新 [M]. 北京:科学出版社,2017.

[5] 舒伯阳. 实用旅游营销学教程 [M]. 武汉:华中科技大学出版社,2008.

第 6 章　旅游产品价格策略

学习目标

1. 了解旅游产品价格的特殊形式。
2. 熟悉影响旅游产品定价的因素。
3. 掌握旅游产品定价的方法。
4. 掌握旅游产品定价的策略与技巧。

教学重点

1. 掌握旅游产品定价的方法。
2. 掌握旅游产品定价的策略与技巧。

课前导读与体验

节日因素推升中国出境游价格。艾威联合旅游顾问机构最新发布的《2017 年 12 月出境旅游价格指数报告》预测，12 月份，随着圣诞节和元旦假期的来临，各大洲出境旅游价格指数与上月相比均出现不同幅度的上升。其中中国出境旅游价格综合指数（OPI）为 105.1，与 11 月份相比上涨 3.1%，与 2016 年同期相比上涨 3.5%。

亚洲游受青睐

报告指出，12 月份，近程亚洲游产品价格指数为 105.1，环比 11 月份上涨 1.7%。从价格指数变化幅度来看，近程团队游产品中，泰国游产品价格指数上涨幅度最大，价格指数为 115.6，环比上涨 4.8%，与去年同期相比上涨 2.1%。日本游产品价格指数与上月相比小幅下降，环比下降 0.2%。近程自由行产品中，上涨幅度最大的是马来西亚旅游产品价格指数，与 11 月份价格指数相比上涨 6.5%。

从旅游产品价格分析，报告称，主要近程目的地团队游产品中，日本游产品价格最高，均价为 6 622 元，与 11 月份相比下降 1.5%，日本游产品平均出行时间为 6 天；泰国游产品价格最低，产品均价为 4 515 元，与 11 月份相比上涨 3.3%，泰国游产品平均出行时间为 7 天。

大洋洲产品涨幅高

报告发现，12 月份，各中远程目的地大洲的旅游产品价格指数与 11 月份相比均有不同幅度的上涨。其中，大洋洲旅游产品价格指数上涨幅度最大，环比上涨 5.8%；其次为中东、非洲旅游产品价格指数，环比上涨 4.9%；欧洲游产品价格指数和美洲游产品价格指数与 11 月份相比也都有所上涨，环比分别上涨 4.5% 和 3.9%。

从主要中远程目的地价格指数变化比率来看，报告指出，12 月份出境旅游团队游产品中，新西兰旅游产品价格指数涨幅最大，与 11 月份相比上涨 10.9%。自由行产品中，环比涨幅最大的也是新西兰旅游产品，价格指数环比上涨 14.4%。

从旅游产品价格分析，2017 年 12 月份主要中远程目的地团队游产品价格最高的为法国游产品，均价达 26 109 元，环比上涨 10.6%，法国游产品平均出行时间为 11 天；价格最低的为埃及游产品，均价为 9 357 元。自由行产品中，价格最高的为新西兰旅游产品，12 月份均价为 16 922 元，平均出行时间为 10 天。

热带游受热捧

值得关注的是，报告表示，12 月份海岛游产品价格指数为 121.2，与 11 月份相比上涨了 7.9%。在气温较低的冬季，气候温暖适宜的海岛目的地更吸引游客前往，因此，各主要海岛目的地价格指数均有不同幅度的上涨。

（资料来源：http://www.howbuy.com/news/2017-12-04/5649291.html）

第 1 节　旅游产品的价格

一、旅游产品价格的概念

旅游产品价格就是旅游者为满足自身旅游活动的需要而购买的旅游产品的价值形式，它是由生产同类旅游产品的社会必要劳动时间决定的。

二、旅游产品价格的特点

由于旅游产品不同于一般产品，其特殊性决定了旅游产品价格具有不同于一般产品价格的特点，主要表现在以下几方面。

（一）综合性与协调性

旅游产品要满足旅游者食、住、行、游、购、娱等多方面的需求，旅游产品价格必然是旅游活动中食、住、行、游、购、娱价格的综合表现，或者是这些单个要素价格的总体显示。同时，由于旅游产品的供给方分属于不同行业与部门，因而必须经过科学的协调，使之相互补充、有机搭配，因此旅游价格又具有协调性，以协调各有关部门的产品综合地提供给旅游者。

（二）垄断性与市场性

旅游产品的基础是旅游资源，而独特个性是旅游资源开发建设的核心，这就决定了旅游价格具有一定的垄断性，它表现为：一方面在特定时间和特定空间范围内旅游产品的价格远远高于其价值，高于凝结于其中的社会必要劳动时间；另一方面，旅游产品又必须接受旅游者的检验，随着旅游者的需求程度及其满足旅游者需求条件的改变，旅游产品的垄断价格又必须作相应的调整，从而使旅游价格具有市场性，即随着市场供求变化而变化。

（三）高弹性与高附加值性

由于旅游需求受到诸多不可预测因素的影响，使旅游者的旅游需求及旅游动机也千变万化。相反，旅游供给却又相对稳定，于是这种供求之间的矛盾所造成的相同旅游产品在不同的时间里价格差异较大，从而使旅游价格具有较高的弹性。从某种程度上讲，旅游活动就是旅游者获得一次独特心理感受的过程，在不同档次的旅游环境中，相同的旅游产品给旅游者的感受差异会很大。旅游产品的档次越高，服务越好，旅游者愿意支付的旅游价格也会越高，其中便蕴含了较高的附加值。

（四）一次性与多次性

旅游产品中，餐厅的食品、旅游纪念品等商品，是使用权与所有权均出售，其价格是一次性的；此外，诸如旅游景点、旅游交通和客房等只出售使用权而不出售所有权，从而造成不同时间的价格有所不同，因而存在多次性价格。因此，旅游产品价格实质上是一次性与多次性相统一的价格。

三、旅游产品价格的特殊形式

旅游企业出于扩大客源或刺激旅游者消费等原因，往往还在一般旅游价格的基础上，采取特殊的旅游产品价格形式。

（一）旅游差价

旅游差价是指同种旅游产品，由于在时间、地点、质量、销售环节等方面的差异而引起的价格差额。同其他商品差价一样，旅游差价是产品价值的实现形式，是价值规律作用于价格的具体表现。

一般情况下，旅游差价主要有地区差价、季节差价、质量差价、机会差价和批零差价五种。

旅游产品生产经营者在不同的时间、设施、环境等条件下，提供的旅游产品质量、特殊吸引力等会有着显著的差异，而旅游消费者的需求在不同的时间、空间也各不相同，因而反映旅游市场供求关系的旅游价格应有一定的区别，以便利用价格的升降调节市场供求关系，更好地满足旅游消费者的不同需要。

1. 旅游地区差价

旅游地区差价是指同种旅游产品在不同地区销售所形成的价格差额。旅游地区差价的形成主要与不同地区的旅游需求有关，不同地区的旅游需求又与该地的旅游资源状况密切相关。由于自然、地理、历史、社会等方面的原因，各地旅游资源的丰富程度不同，旅游设施条件和旅游服务水平不一，由此形成的旅游吸引力也大不一样。有些地区具有丰富的旅游资源、完善的旅游设施和良好的接待条件，能够吸引较多的旅游者，因而成为旅游热点地区，由此导致了旅游产品价格较高；另一些地区，旅游资源匮乏或者尚未开发，旅游设施条件和接待能力较差，不能吸引较多的旅游者，因而成为旅游冷点地区，旅游价格也相对较低，因旅游热点地区和冷点地区而产生的旅游需求倾向引起旅游供求的地域矛盾，进而导致旅游地区差价的形成。合理地应用旅游地区差价，能够从一定程度上缓解热点和冷点地区的供求矛盾。旅游地区差价可以调节不同地区的游客流量，缓解供求矛盾，通过旅游高价可以控制过多的游客进入热点地区，通过旅游低价可以吸引更多的旅游者前往冷点地区，促进或保证各地旅游业的均衡发展。

2. 旅游季节差价

旅游季节差价是指同种旅游产品在不同的季节销售所形成的价格差额。旅游者的旅游活动受季节影响较大，是旅游季节差价产生的主要原因，使旅游产品的销售有了淡季和旺季之分。世界上不同的国家和地区，其气候条件和自然条件各不相同，因而出现旅游淡旺季的时间也不相同。但是，不管旅游淡旺季的时间出现在什么时候，旅游经营者都要善于应用旅游季节差价，有效地调节旅游供求关系，使淡季不"淡"，旺季也不至于太过拥挤，促进旅游企业经营活动的正常进行。例如，在冬季，我国北方各地区比较寒冷，一般性的旅游活动不易进行，旅游需求减少，形成旅游淡季；进入春季以后，气候转暖，各种旅游需求渐增，形成旅游旺季。但是也有例外，我国哈尔滨市的冬季异常寒冷，一般性的旅游需求减少，但观冰滑雪等特殊性的旅游需求却有较大增加；我国西安市的夏季十分炎热，国际旅游需求量比春秋两季有所下降，是谓旅游平季。

3. 旅游质量差价

旅游质量差价是指同类旅游产品由于质量不同而产生的价格差额。旅游产品的质量存在着明显的差异。例如，旅游饭店按不同的质量标准分为五个星级，每个星级饭店的设施条件、物品档次和服务水平明显不同，因而在价格上表现出较大的差别。旅游质量差价反映了旅游产品在有用性上的区别及相应的价值规定。同一类旅游产品，在生产过程中的劳动耗费不同，由此创造的价值和使用价值也不同，具体表现为等级不一、品质相异、项目有别，种种差别通过价格表现出来，就是旅游质量差价。它使旅游企业的不同劳动耗费得到了补偿，使旅游者的需要得到了不同程度的满足，也调节了同一种类但质量有别的旅游产品的供求关系。实行旅游质量差价必须贯彻质价相符的原则，做到按质论价，优质优价、低质低价。

4. 旅游机会差价

对于一些优惠活动，有时间的限制或者其他方面的限制，那么，这种优惠价格对每个人的机会不是同等的。比如对学生、军人、导游等人的优惠，或是对情侣的优惠。

5. 旅游批零差价

旅游批零差价是指同种旅游产品批发价格与零售价格之间的差额。任何产品在销售时，每经过一个中间环节都要耗费一定量的劳动，旅游产品也不例外。旅游产品的批零差价一般发生在旅游批发商和旅游零售商之间。在旅游经济活动中，批发商主要负责推出旅游产品，即设计和编排旅游线路；而旅游零售商则从批发商手中购进旅游产品，再将旅游产品销售给旅游者。在这个过程当中，旅游零售商需要耗费一定的劳动，支出一定的费用，获得一定的利润，缴纳一定的税金，这些都必须计算到旅游产品的零售价中，由此形成了批发与零售之间的价格差额。该差额就是零售商卖给旅游者的旅游产品价格高于零售商从批发商处购得旅游产品价格的部分。

(二)旅游优惠价

旅游优惠价是指旅游产品供给者在明码公布的价格基础上，给予产品购买者一定比例折扣或优惠的价格。旅游优惠价主要有以下几种形式。

1. 销量优惠

这是指旅游产品或服务的生产经营企业，为了鼓励旅游产品购买者大量购买，根据购买者购买的数量给予一定的折扣。销量优惠可以分为两种。①累计销量折扣。这是指在一定时间内，旅游产品或服务的购买者的购买总数超过一定数额时，旅游企业按购买总数给予一定的折扣。一般情况下，随旅游消费者购买数量的增多，折扣随之增大。这种定价策略有利于加强旅游企业与旅游产品或服务购买者之间的业务关系，吸引回头客。在旅游企业中，常见的累计数量折扣有团体价、会议价、公司价、常客价等。②非累计销量折扣。这是指旅游企业规定旅游产品或服务购买者每次购买达到一定数量或购买多种产品达到一定的金额时所给予的价格折扣，一次性购买数量越多，折扣就越大。如一次购买某旅游产品 100 件，则旅游企业按产品基本价格的 95%收款，若购买 500 件以上又按基本价格的 90% 收款，若购买 1 000 件以上则按基本价格的 80% 收款。采用这种定价策略能刺激旅游消费者大量购买，增加盈利，同时减少交易次数与时间，节约人力、物力等开支。

2. 同业优惠

同业优惠是指对同行消费者给予一定的价格优惠。如航空公司对旅行社、酒店人员的优惠；旅行社对酒店、航空公司人员的优惠；酒店集团人员入住联号酒店的优惠等。优惠的程度或比例既可自行规定，也可互相商定，目的都是为了互利互惠，促进合作，保证相关企业之间业务活动的顺利进行。

3. 现金优惠

现金优惠又称付款期限折扣，是旅游企业对现金交易或按期付款的旅游产品购买者给予价格折扣。企业采用这种定价策略，目的是鼓励旅游消费者提前付款，以便尽快收回资金，加速资金周转。此外，给旅游消费者的现金折扣率一般要高于同期银行贷款利率。如西方国家的旅游企业在交易合同中的付款方式上经常有这类的字样“2/15 净价 28 天”，这就表示付款期为 28 天，如买方在 15 天内付款，给予 2% 的折扣。

旅游企业实行旅游优惠价的目的是为了吸引旅游产品购买者，争取客源市场，努力使企业的经营状况保持相对的稳定。

(三)旅游包价

在旅游活动中，旅游者通过旅游产品零售商购买的满足其全部旅游活动所需的旅游产品的价格，称为旅游包价，它等于这些旅游产品单价之和再加上旅游零售商、批发商的自身经营成本和利润。但有的旅游者不通过旅游零售商购买旅游产品，而直接与旅游产品生产者接触，采取零星购买、多次购买的方式，旅游者每次购买的只是旅游活动诸多环节中的某一项或某几项产品，这种旅游产品的价格就称为单价，如旅游者单独购买的车船票的价格、酒店客房的价格等。

四、旅游产品价格的构成

价值规律是市场经济条件下产品定价的基本规律，旅游产品价格也概莫能外。但旅游产品价格有其特殊性，旅游产品价格与有形产品的价格构成有所差异。一般商品的价格由原材料价格、劳动力价格和利润三部分组成，而旅游产品的价格则由旅游者的实际花费、服务费用和利润三部分组成。

(1)旅游者在旅游过程中各个环节的享用费或使用费，如吃、住、行、游、娱的实际花费。

(2)旅行社收取的服务费用，一般由以下几个方面的费用构成：一是导游的服务费，包括地陪和全陪的费用，尤其是地陪，要全程陪同、讲解、服务全团，是一种体力与脑力结合的服务，导游服务费是对导游员智能、体能付出所应有的肯定和回馈；二是旅行社的其他人工成本，如旅游计划调度、财务等后台人员虽然没有直接为某一个团队服务，但却是旅行社运作旅行团、推销旅游产品所必需的人员；三是向国家上交的税收；四是旅行社联络交际费用，如通信费、商业场地的租赁费、旅游企业与业务伙伴的业务联系费用、旅游企业开发旅游新产品的开发费用等；五是旅行社扩大再生产所需费用。

(3)旅游企业的利润。旅游企业从事旅游业务应该获取合理的利润，如果没有利润，旅游企业不要说扩大再生产，就是连简单再生产也无法维持，追逐利润是资本的天性，否则就没有投资者愿投资旅游业了。

因此，为了旅游业的健康发展，完整的旅游产品价格至少应包含以上三方面的内容，缺少任何一个方面都不能体现旅游产品的价值，都不是一个完整的价格结构，旅游产品价格理所当然地包括以上三部分。一些旅游企业背离正常的价格机制，开展所谓的"零团费"旅游业务，这种做法显然已经完全背离了旅游价格以价值为基础的定价原则，破坏了价值规律在旅游行业的运行，打乱了旅游产品价格的正常构成，不仅是一种不正当竞争、不公平竞争的做法，甚至是一种非法的和违法的价格欺诈行为，只能导致旅游业的畸形发展。

五、影响旅游产品定价的因素

旅游产品的价格确定，要以生产旅游产品或提供服务的社会必要劳动时间为依据，但由于旅游市场供求关系的变化较大，而影响旅游市场供求关系的因素甚多，因而旅游产品的定价一般要考虑到以下因素。

（一）旅游产品成本

旅游产品成本是指产品的生产过程和流通过程所花费的物质消耗和人力资本。旅游产品的成本是影响旅游产品价格最基本、最直接的因素。按照西方经济学的观点，成本可以分为可变成本与不变成本。不变成本又称固定成本，是指总成本中在短期内不随产量变动而变动的那部分成本，如固定资产折旧、企业管理费、贷款利息等，这部分成本在产量增大或降低时都不会随之变化。单位不变成本随业务量呈反比例变化，由于不变成本总额不随产量变化，随着产量的增长，每一单位产品负担的不变成本必然逐渐减少。可变成本是指那些成本总额随着产量的变动而发生变动的成本。直接人工、原材料支出都是典型的变动成本，单位产品的可变成本则保持不变。

不同的旅游产品，其成本构成不相同，对价格的影响也就不一样。景点、酒店客房产品的变动成本较小，而不变成本较大，在制定价格时可以更加灵活。而交通产品、餐饮产品、旅行社产品的变动成本比例更高，其价格变动则相对有限。

（二）旅游企业营销目标

任何企业都不能孤立地制定价格，必须按照企业的目标市场战略及市场定位战略的要求来进行。具体的、可实现的、可衡量的定价目标可使企业在激烈的市场竞争中求得生存，不同的定价目标要求企业依据不同的定价方法和策略进行有效定价，同时定价目标也需要定期监控，以检验企业实行的各项策略的有效性。

1. 理想利润目标

利润最大化是指企业在一定时期内可能获得的最高利润额。旅游企业生产和经营旅游产品不是为了别的，其根本目的就是求得价值的增值、利润的最大化。

以获取利润最大化为定价目标应当注意两点。

首先，最高利润额并不意味着最高的产品价格，利润最大化更多地取决于合理的价格所推动的需求量和销售规模。即使产品在某一时间处于高价的位置，旅游者的抵触、竞争对手的加入和替代产品的出现，也会使旅游产品的高价很快降到正常的水平。

其次，利润最大化也不意味着局部利润的最大化和短期利润的最大化，因为短期利润和局部利润的最大化所采取的高价格，不能维持得太久，还可能因急功近利而造成市场的不良反应,失去开拓更大市场的机会。

因此,旅游企业在以追求利润最大化为目标时,无论产品处于怎样绝对有利的地位,也要采取合适的产品价格;在考虑短期的理想利润时,更要着眼于长期的、整体的利润最大化。一般说来,采取利润最大化的企业的产品或服务大多数处于绝对有利的地位。尽管如此,由于旅游消费者的抵抗、竞争者的加入、替代品的出现等原因,旅游企业某种有利的地位不会持久,旅游产品的高价最终要降至正常水平。因此,旅游企业即使以获取理想利润为目标,其产品的价格高低也应适当,应着眼于长期的理想利润,兼顾短期的理想利润。这是因为企业追求长期利润的目标会促使其不断提高技术水平,改善经营管理,这对企业和旅游消费者都有利,但若企业只顾眼前利益,甚至不择手段地追求最高利润,必将使企业信誉受到损害而难以发展,最终有可能使企业的短期利润也无法实现。

2. 投资利润率目标

企业对于所投入的资金,都期望在预定时间内分批收回,并从中获得一定的报酬。因此,旅游企业在对产品进行定价时,一般要根据投资额规定的利润率,计算每一单位旅游产品的利润额,再加上单位产品的成本,作为该产品的出售价格。旅游企业采用此定价目标时,要注意预期的利润率不能低于银行的贷款利率或是存款利率;若投资来源为政府调拨资金,预期的利润率则要高于政府投资时规定的收益指标。否则,企业制定的产品价格就不能带来相应的投资报酬。但又不能太高,否则就容易遭到同类产品的竞争或旅游消费者的拒绝,预期的投资利润也就不可能实现。

采用这种定价目标的旅游企业应具备较强的实力,自己的产品是畅销产品,不担心竞争对手竞争。

3. 市场占有率目标

市场占有率是一个企业的产品销售量占该行业总销售量的百分比。销售量可以销售额或销售数量来衡量。

企业市场占有率的高低,是一个企业市场竞争力大小的反映,标志着该企业在市场竞争中所处的地位。同时,客源即是财源,市场占有率的大小还代表着潜在利润的多少。因此,保持并逐步扩大市场占有率是旅游企业在竞争中惯常使用的定价目标。

旅游企业在采取此种定价目标时,往往采用低价格策略,吸引更多的旅游消费者。此时,企业就要正确估量自己的实力,同时注意降价的次数不应过于频繁,以免旅游消费者产生预计降价的心理,持币待购,使竞争对手反而有机可乘。此外,由于旅游企业供给能力的形成需要较长的时间,而旅游需求的弹性又较大,因此,以扩大市场占有率为目标的定价,还要求企业及时提供足够的产品和服务,否则,旅游者的需求得不到满足,旅游者就会失去对企业的信任,不利于企业的长远发展。

但在采用这种定价目标时必须量力而行,尤其当运用低价策略扩大市场占有率时,有可能会诱使旅游者的需求量急剧增加,企业就必须有充足的产品或服务供应,否则供不应求的市场态势必将招致潜在竞争者乘虚而入,反而损害企业的利益。

4. 稳定市场价格目标

稳定市场价格目标是指旅游企业为了保护自己,避免不必要的价格竞争,牢固地占有市场，在旅游产品的市场竞争和供求关系比较正常的情况下，以稳定的价格取得合理的利润。

激烈的价格竞争常常使企业之间两败俱伤，虽然从短期看可能会给旅游消费者带来一定好处，但是破坏了正常的市场供求格局，从长期来看伴随企业低价而带来的低质量、低信誉产品等一系列问题终究会给旅游消费者带来灾难，因而经营同一种或同一类旅游产品的主要旅游企业，相互默契地制定较为稳定的价格，以消除价格战，市场中的其他企业则往往与这些实力雄厚或市场占有率最大的企业保持一致的价格，而不轻易变动。

旅游企业要保持价格的相对稳定，必须和经营同种旅游产品的其他企业达成共识，制定出大家都能认可的价格，并且保持一段时期不变。企业采取这种定价目标，目的是为了避免同行之间不必要的价格战，保证各企业都能从市场赚取一定的利润。

5. 应付与防止竞争目标

应付与防止竞争目标是指旅游企业通过服从竞争需要来制定旅游产品的价格。一般是将对旅游市场价格有决定影响的竞争者的价格作为定价的基础。

不同实力和规模的旅游企业，其在市场中的竞争地位不一样，面临的竞争状况也不相同。为了应付与防止竞争，适应复杂的竞争环境，竞争对手的价格往往成为旅游企业定价的基础。

实力较弱的旅游企业，其定价一般跟随主要竞争对手的价格，与之相同或略比其低；实力雄厚的旅游企业，其定价的自由度则比较大，可以采用比竞争对手低的价格来扩大市场占有率，也可以在一开始就把价格定得很低，以此来迫使弱小竞争者退出市场。

6. 维持企业生存目标

维持企业生存目标是旅游企业在经营发生很大困难时选择的一种定价目标。当旅游企业遇到原材料价格上涨、需求严重不足、自然灾害、战争等特殊困难时，旅游产品的价格要受到极大的影响。旅游企业会大幅度降低价格，以保本价甚至是亏本价抛出旅游产品，目的是尽可能收回资金，或者尽量维持企业的运转，等待市场出现转机。维持企业生存的定价是一种特殊的定价形式，旅游企业要么经过这一定价时期的过渡，摆脱困境，恢复正常的价格水平；要么长期没有盈利，最后不得不退出市场。某些景点景区或宾馆、饭店，在经营淡季时也会采取维持企业生存的定价目标。

（三）旅游产品特点

旅游产品与其他产品一样，也存在着替代品问题，尤其是在旅游购物、娱乐、住宿、交通等方面的产品，出现同类产品的可能性较大。若在同一旅游目的地同类旅游产品并存，则旅游者对这类旅游产品需求的价格弹性也相应增大，为实现增加销售的目的，旅游产品生产者和经营者就有可能实行削价竞争；另外，单项旅游产品与包价旅游产品相比，往往具有更大的价格灵活性，旅游产品的综合程度越高，包括的单项产品越多，旅游企业和营销人员对价格的变动控制能力也就越低；此外，旅游产品在旅游活动中，其价格的高低经常与旅游目的地的形象相联系，若旅游产品价格过低，就有可能引起旅游者的怀疑而不愿购买。如法国大多数的旅游者对中国传统文化的民俗、民族风情有极大的兴趣，认为是人类文化的精品、旅游资源的瑰宝，因而愿意接受较高的中国文化旅游产品价格，若价格偏低反而会使这些旅游者产生不信任感。

（四）非价格竞争因素

旅游产品价格只表明了旅游产品价值的多少，但在市场营销过程中，旅游者做出购买决策时，不仅注重旅游产品的价格，还要考虑旅游企业提供的服务质量、消费者获得的额外利益等因素。因而，旅游企业为了实现较高价格的销售，一般都要施之以较高水平的服务，使旅游产品的价格和服务一致，从而使旅游者加深对旅游产品价格的理解、认可；同时，旅游企业还应向旅游者尽可能提供一些额外免费的服务项目，使旅游者认为是购买了旅游产品后而带来的额外利益，从而增强对购买较高价格的旅游产品的信心。

（五）旅游消费者的需求

旅游产品成本决定了产品价格的最低限度，而产品价格的最高限度则取决于旅游消费者的需求程度，因而，旅游企业在对产品定价时必须考虑旅游消费者对价格的理解及这种理解对购买决策的影响；同时，旅游产品价格与旅游市场需求量成反比例，产品价格越高市场需求量越少，当然，也有一些旅游产品例外，如世界名人曾下榻过、富有传奇色彩的旅馆，在一定限度内其价格的上升反而会激发市场需求量的增多，原因就在于旅游消费者往往认为此类产品价格高，质量也就好；另外，不同旅游产品的市场需求量对价格变动的反应不同，也就是不同产品的需求弹性系数不同，如在一旅游目的地，往往游览、观光的主要景观产品缺乏弹性，而食、宿等的产品却有较大的弹性，因而旅游企业在对旅游产品定价时要充分考虑到需求弹性的大小，对弹性大的产品可用降价来刺激旅游者的需求，扩大销售，反之，弹性小的旅游产品的价格变动，对旅游者的需求变化则没有多大作用。

市场需求对旅游产品定价会产生很大的影响。旅游消费者的需求具有波动性，这种波动性影响着旅游产品的定价。由于消费者的需求在一周或一个月或一年内会产生很大的波动，营销人员就要考虑多种价格，增添了定价的难度。再者，不同的目标市场，需求的价格弹性不一样。需求价格弹性大的目标市场，其客人对价格的敏感程度也强。因此，营销人员需要针对不同的目标市场制定不同的价格，同时还应注意消费者对某产品越忠诚或越偏爱，那么该产品的定价自由支配权就越大。

（六）竞争者

旅游产品的最高价格取决于市场对该产品的需求，最低价格取决于产品的成本，在这二者之间产品价格制定的高低则取决于竞争者同类产品的价格水平高低。

旅游企业产品的价格与竞争者同类产品价格的比较主要取决于产品质量的对比，当旅游企业产品质量与竞争者产品的质量大致相仿时，其价格也应基本一致；当旅游企业产品质量比竞争者产品的质量高或低时，其价格也可随之调高或降低。旅游企业应及时掌握竞争者价格变动的有关信息，并做出明智的反应。

旅游市场中，旅游产品竞争的激烈程度对产品的定价有很大的影响，竞争越激烈，对定价的影响就越大。在完全竞争的市场中，企业没有定价的主动权，只能被动地接受市场竞争中形成的价格；在不完全竞争的市场中，由于旅游企业彼此提供的产品存在差异，企业根据其“差异”的优势，可通过部分地变动价格的方法来寻求较高的利润；在寡头竞争的市场中，只有少数几家旅游企业控制着产品的价格，其他旅游企业要进入这一市场会受到种种阻碍，而少数企业相互制约和垄断，市场中产品的价格不易随意改变；在纯粹垄断的市场中，旅游产品或服务只是独家经营，没有竞争对手，垄断企业控制了进入市场的种种障碍，所以就完全控制了市场价格，这种情况在风景名胜区中较为明显，由于资源的独占性和政府对进入该区域的限制，因而特许经营风景名胜区的旅游企业所确定的产品价格基本上或很大程度上是垄断性价格。

（七）政府价格管制

政府对旅游市场中旅游产品的价格管理，主要是通过行政、法律以及货币供给、工资和物价政策等手段来调控和体现的。

政府对旅游产品价格干预和管理的目的在于通过法律限制旅游企业不正当竞争、牟取暴利、损害旅游消费者的利益，因而政府主要以行政手段、法律手段制定旅游产品的最高或最低限价，如当旅游市场中削价竞争加剧而损害了企业的正常利益以及旅游业的效益时，政府就通过制定最低保护价来约束不良的市场行为。今后随着我国行政管理体制改革的日益深化及旅游行业管理组织的建立和完善，对旅游市场中旅游产品的最高限价和最低限价，将从主要由政府直接规定转由行业管理组织制定。

例如，为了维护广交会客人的利益，广州市物价局对广州市所有星级酒店在广交会期间的最高房费作了限制，曾规定五星级、四星级、三星级和二星级酒店标准间的最高房费分别不超过 2 400 元、1 500 元、1 000 元和 550 元。

（八）汇率变动

汇率是指两国货币之间的比价，就是用一国货币单位来表示对另一国货币单位的价格。入境旅游是海外旅游者流入旅游目的地消费旅游产品，是“出口贸易”，因而汇率变动对旅游产品或服务价格的变动有着明显的影响。

一般说来，汇率变动的影响主要是通过旅游产品或服务的报价形式体现出来的。外国币值上升对海外旅游者有利，有益于促进旅游者人数的增加。

（九）通货膨胀

通货膨胀使旅游企业也面临涨价的压力，由于原材料成本上涨，员工工资、预期收益等需要与物价上涨水平保持一致，此时旅游企业也不得不选择涨价。

（十）产品生命周期

随着产品所处的生命周期阶段的不同，对产品的需求和竞争条件会有变化，企业的营销策略和价格也将产生相应的变化。在投放期内，为了迅速收回开发成本，管理人员通常将价格定得较高，但在目标市场对价格相当敏感时，管理人员会按照市场水平或更低的水平定价；当产品进入成长期后，价格通常开始稳定；随着饱和成熟期的竞争加剧以及效率提高，价格会进一步降低，成本高的企业被迫退出市场；在产品生命周期的最后阶段，随着仅存的竞争者争夺最后的需求，产品会进一步降价，当市场中只剩下极少数企业的时候，价格将开始稳定。

第 2 节　旅游产品定价与调整

一、什么是旅游产品定价

旅游产品定价是项极为复杂的工作，既不能自我感觉良好地采用巧取豪夺的策略，如低质量高价格定位；也不能高质量低价格收费，那必然血本无归。因此，旅游产品价格取决于旅游产品的质量和价值，要做到合理定价。旅游产品价格是否科学、准确、合理，影响着旅游景区在区域旅游市场所占的份额，决定着旅游景区的经济效益。

二、旅游产品定价的目标

旅游产品的定价目标是旅游企业营销目标的基础，是旅游企业选择定价方法和制定价格策略的依据，具体说来，定价有以下几种目标。

（一）利润导向目标

利润导向目标是旅游产品定价的目标之一，它具体可以分解为以下几种形式。

1. 投资收益定价目标

投资收益定价目标即旅游企业在一定时间使旅游产品的价格有利于企业获取预期的投资报酬率。采用此定价目标，一般运用投资收益曲线进行分析。总收益曲线的斜率，也就是将达到预期投资报酬率所应制定的价格。

2. 短期最大利润定价目标

短期最大利润定价目标即旅游企业通过制定较高价格，在较短时期内使企业利润最大化。这种定价目标适用于旅游产品处于绝对有利地位的某一特定阶段以及生命周期较短、价格需求弹性较大的产品，同时要求旅游企业具备较强的实力与应变能力。但是，短期最大利润毕竟是一项短期行为，影响企业的长期发展，随着消费者的抵抗、竞争者的涌入、替代产品的出现，旅游产品的高价最终要降至正常水平。

3. 长期利润定价目标

长期利润定价目标即旅游企业着眼于长期总利润水平的逐步提高来确定旅游产品的销售价格。在这种情况下，旅游企业一般在补偿正常社会平均成本基础上，加上适度利润或社会平均利润作为产品销售价格，以减少风险和获取合理利润。此外，还可能通过制定使旅游企业短期利润受到损失的价格，扩大产品的市场占有率和市场地位，以获取长期稳定的经济效益。

（二）销售导向目标

销售导向目标是指制定旅游产品价格的主要目的是为巩固和提高市场占有率、维持和扩大旅游产品的市场销售量。采用这种定价目标的旅游企业一般规模较大、实力较强，它们为扩大生产规模、降低单位产品成本以及巩固其市场地位，往往在单位旅游产品上给予旅游者更多的优惠，以争取和吸引旅游者。销售导向目标下所制定的价格，低于利润极大化目标下的价格，但操作得当，可以使旅游企业的旅游产品达到某一特定的预期市场占有率，从而为旅游企业提供长期较大利润的可能性。

（三）竞争导向目标

竞争导向目标是指旅游企业在分析自身旅游产品的竞争能力和竞争地位的基础上，以对付竞争对手和保护自身作为制定价格的目标。竞争是市场经济的基本特征，因此竞争导向目标也是旅游企业经常采用的定价目标。对于实力较弱的中小型旅游企业，采用竞争导向目标定价容易招致实力雄厚的竞争对手的强力反抗，但实力雄厚的旅游企业，采用此种定价目标则容易以低价阻止竞争对手进入市场或迫使较小型企业减少市场份额甚至退出市场。

（四）社会责任导向目标

社会责任导向目标指以社会责任为着眼点制定旅游产品价格，而将利润目标列于相对次要位置，强调社会效率最大化的目标。目前，世界各国倡导对与环境保护关系密切的某些旅游产品采用此种导向目标的定价方法。例如，关于生态旅游产品的定价，国际惯例是根据旅游环境的承载能力来限制游客规模和确定旅游产品的价格,主要目的不是赢利,而是关注旅游生态环境的持续健康发展。

三、旅游产品定价的步骤

一般说来,旅游产品定价可分为五个步骤。

(一)评估目标市场购买力及倾向

目标市场是旅游企业开展营销活动的空间和获取预期收益的来源,目标市场的大小及购买倾向就成为企业定价的前提条件。因此,旅游企业通过对目标市场的评估,可从中发现旅游消费者的现实需要,了解到旅游者对旅游产品的价值理解程度和价格承受力,并从深层次上发掘出旅游者的潜在需要及消费偏好变化与可能,以便采取主动、灵活的价格政策,引导目标市场的成长。因而对目标市场购买力的评估,除要了解旅游者的总收入、纯收入外,更重要的是掌握旅游者可自由支配收入和可能用于旅游产品购买的比例以及促进其旅游活动形成的其他费用来源,还要了解目标市场中的旅游者对旅游产品的喜爱程度和兴趣转移的可能以及对价格的敏感性、所接受的非价格竞争方式等。评估目标市场购买力及倾向主要采用问卷调查、面对面交谈和专家意见法等。

(二)估测旅游企业产品或服务成本及结构

通过评估目标市场购买力,就可以确定旅游企业产品供给的总量和价格的上限,再通过对企业单位产品成本估测,就可寻找到企业可以支撑的价格下限,从而使企业明确产品价格灵活变动的允许范围。对单位旅游产品成本进行分析,可找出其最佳规模时的最低成本,并从中看出旅游产品成本发展的趋向,从而为确定最佳的产品价格提供可靠的依据。

(三)了解旅游企业市场环境及变化

旅游产品价格的确定,还必须考虑企业内外环境要求及变化的可能。对于旅游企业内部而言,供货商的价格稳定性、供货的时间衔接性和供货的品种齐全性等,关系到旅游企业是否能顺利地控制原材料、燃料采购成本,从而为产品成本奠定良好的基础;对企业外部环境而言,政府规定的最高限价是旅游企业价格上扬的警戒线,国民收入水平、消费结构、产业结构、经济增长率、政府支出等经济环境因素的变化也会制约或促进旅游产品价格的升降;社会文化环境中的旅游者购买行为准则、道德规范与禁忌、风俗习惯等,限制了旅游者对旅游产品的购买规模和倾向,事实上也就规定了旅游产品价格的高低。

(四)确定旅游企业定价目标

目标市场购买力的大小、企业产品成本的高低、企业市场环境的走向决定了旅游企业定价的时间考虑、报酬取舍、市场占有率分析和防止竞争等目标的选择。因此,旅游企业确定定价目标关系到企业生存和发展的时间、空间,无论企业做出何种定价目标决策,都必须考虑到自身的规模实力,考虑到市场拓展的有利因素和障碍,考虑到目标市场的转移、替换以及企业资源配置的可能和变化等,进而与旅游市场中现在和今后可能变化的最高限价和理想价格比较,从而在诸多的定价目标中选择出符合自己实际的定价目标。

(五)选择旅游企业定价方法和策略

旅游产品价格的确定要遵循客观规律的要求,在全面、准确的调查、预测基础上,运用科学方法确定价格,旅游产品的价格水平就易于与市场的需求相吻合。但是由于旅游市场中竞争者的存在以及旅游消费者具有各种各样、千差万别的需要以及价格因素的灵活性，旅游企业定价过程中还必须充分考虑到定价的策略，要从竞争者和消费者的心理上、市场的差异上、需求的差别上巧妙地进行定价工作，既使定价工作与企业其他营销工作相配合，为企业的全面发展创造良好的环境和条件，又能在定价工作中充分体现出定价的科学性、艺术性和技巧性，更加增进旅游者对旅游产品或服务的价格理解和偏爱。

四、旅游产品定价方法

产品价格是由供需双方决定的。不管旅游企业采用何种定价方法，旅游企业必须分析市场需求、产品成本和竞争状况。因此，旅游企业的定价方法就可根据定价时侧重考虑的因素不同，分为成本导向定价、竞争导向定价和需求导向定价等方法。

（一）成本导向定价

成本导向定价是指以旅游产品的成本为主要依据，综合考虑其他因素而制定价格。由于旅游产品的成本形态不同，成本导向定价又可分为以下几种具体形式。

1. 总成本加成

总成本是旅游企业在一定时期生产经营产品时的全部费用支出，按照不同费用在总成本中的变动情况，又可分为固定成本和变动成本两部分。单位产品成本加上一定比例的利润，就是单位产品的价格。用公式表示为

单位产品价格 = 单位产品总成本 ×（1+ 加成率）

2. 变动成本加成

这一方法又称为边际贡献定价法，就是在定价时只计算变动成本，而不计算固定成本，在变动成本的基础上加上预期的边际贡献。所谓边际贡献，就是销售收入减去补偿固定成本后的收益。预期的边际贡献也就是补偿固定成本费用后企业的盈利。由于边际贡献会小于、等于或大于变动成本，旅游企业就会出现赢利、保本或亏损三种情况。这种定价方法一般在旅游企业之间相互竞争十分激烈时采用较为合适，尤其在产品必须降价出售时对企业的定价有着重要的指导意义，因为只要产品的销售价格不低于变动成本，说明生产可以维持。而单位产品的预期收入高于变动成本的部分就是边际贡献。

这种定价方法用公式表示为

单位产品价格 = 单位变动成本 ×（1+ 加成率）

例如：某一旅游产品的总成本为 100 元。其中，变动成本为 30 元，固定成本为 70 元。现在，产品销售十分困难，企业为了减少亏损只能采用边际贡献定价法来确定产品的价格。那么，产品的价格至少要定在高于 30 元的水平，如 40 元。因为，产品的价格如果是 40 元，企业每售出一单位产品只亏损 60 元，还有边际贡献 10 元；产品如果不销售，企业在每单位产品上就要亏损 70 元，因此，企业还是要选择继续经营。同理，也可计算出如果产品的定价已经低于 30 元达到 20 元，企业就应该停止经营。

可见，边际贡献定价法是企业在特殊时期，不以赢利为目标，希望尽量减少亏损的一种定价方法。这种方法的优点在于：①获取产品成本信息比较方便，可简化定价过程；②这种定价使消费者感到比较公平；③可以保证经营者通过产品的出售获得预期利润。

成本加成定价法的缺陷在于没有充分考虑需求与市场竞争状况。固定成本的分摊不仅与

固定成本总额有关，而且与预期的销售数量有关。一般销售量越少，分摊到单位产品的固定成本就越多。倘若竞争对手以更低的价格吸引消费者，那么，以成本加成定价法所定的产品价格就会失去竞争力。

3. 投资回收期定价法

投资回收期定价法是指旅游企业为确保投资按期收回并获得预期利润，根据投资生产的产品的成本费用及预期生产的产品的数量，确定能实现营销目标价格的定价方法。所确定的这个价格在投资回收期内不仅包括单位产品应摊的投资额，也包括单位产品新发生或经常性的成本费用。

利用投资回收定价法必须注意产品销量和设施利用率的保证，否则就不能确保每年的投资回收率，也就不能实现旅游企业既定的营销目标。从上例中还可看出，投资回收定价法一般为静态计算方法，未考虑资金投入使用的时间价值等动态因素，因而所计算的结果只能供旅游企业确定产品价格时参考，而不能作为唯一的依据。

在酒店行业对客房平均价格进行计算的方法“千分之一法”即属于投资回收定价法。千分之一法的计算公式为

$$\text{客房价格}=\frac{\text{酒店建筑成本}}{\text{酒店客房数}\times 365\times 5\times 60\%}\approx\frac{\text{酒店建筑成本}}{\text{酒店客房数}}\times\frac{1}{1\,000}$$

千分之一法是假设客房平均出租率为 60%，5 年收回酒店建筑成本，这种方法计算简单，在酒店行业使用较为广泛。

4. 目标效益定价法

目标效益定价法是根据预计的总销售额和目标收益额来制定价格的一种定价方法。目标定价法的公式为

$$\text{单位产品价格}=(\text{总成本}+\text{目标收益额})\div\text{预期销售量}$$

这种定价方法的优点是可以保证在一定的销售条件下收回全部成本，并实现既定的目标利润。它的最大缺陷是：由于此方法是以预期销售量来求出应制定的价格，而价格恰恰对销售量起决定性作用，所以用这种方法计算出来的价格，难以保证销售量的必然实现，尤其是当产品需求的价格弹性较大时，这个问题就更为突出。因此，只有经营垄断性产品或具有很高市场占有率的企业才有可能依靠垄断力量以这种方法进行定价。

（二）竞争导向定价

竞争导向定价法是一种以同类旅游产品的市场竞争状态为依据，以竞争对手的价格为基础的定价方法。它包括不同市场竞争状态下的产品定价和投标定价两种方法。

这种方法是以竞争为中心，同时结合旅游企业自身的实力、发展战略等因素的要求来确定价格。由于不同的旅游企业在旅游市场有不同的竞争地位，这种定价方法可大致分为三类。

1. 率先定价法

这是一种主动竞争的定价方法，一般为实力雄厚或产品独具特色的旅游企业所采用。在制定价格时，旅游企业根据市场竞争状况，结合自身实力，率先打破市场原有的价格格局，制定出具有竞争力的产品价格。企业采取率先定价的关键做法是：比较、分析、定位、跟踪。具体来说即是，企业首先要把产品的估算价格与市场上的竞争产品价格进行比较，分出高于、低于、一

致的三个层次;将产品的功能、特色、质量、成本等与竞争产品进行比较,找出优劣;然后,结合企业目标对以上情况进行综合分析,确定出合理的产品价位;最后,还要跟踪竞争产品的价格变化,及时对本企业的价格定位做出调整。采用率先定价法制定价格是针对竞争对手的知己知彼行为,具有很强的竞争力,往往会引发市场的强烈反应,带来一系列的连锁变化。这些反应和变化都要求率先定价的企业及时去捕捉、判断和应对。

因此,采用率先定价法的旅游企业一般要有雄厚的实力,或者在产品上具有竞争对手无法比拟的特色优势,这样,企业才能在自己引发的价格竞争中居于主动。

2. 追随核心定价(追随领袖企业定价)

在少数实力雄厚的企业控制市场的情况下,大多数中小旅游企业市场竞争力有限,无力也不愿与生产经营同类旅游产品的大企业作"硬碰硬"的正面竞争,就跟随大企业同类产品的价格,从而制定大致相仿的价格并随其价格变化而相应地调整本企业的价格。

3. 随行就市定价法

随行就市定价法就是旅游企业根据市场上同类旅游产品的现行价格进行定价。也就是说,本企业制定出来的产品价格要与该类产品的现行价格大致相当,而现行价格通常是本行业的平均价格水平。

在有众多同行互相竞争的情况下,企业采取这种定价方法,一方面可以避免价格因为过高或过低而带来的市场压力(过高会失去大量的销售额,过低必须大量增加销售量);另一方面,企业也可以获得适当的收益。因此,这种价格水平通常易于被各方所接受,这种定价方法也乐于被中小企业所采用。

现行价格有时也是控制市场的少数大企业同类产品的价格。在此情况下,多数中小企业一般是以大企业的产品价格作为自己定价的标准,基本与它保持一致。采取这样的方法,是因为中小企业没有实力利用价格武器主动竞争,而明显的好处却是可以规避市场风险。在旅游企业成本难以准确估算,竞争者的反应难以确定时,酒店会感到"随行就市"是唯一的、也是最明智的选择。因为这种行业平均价格反映了行业中所有企业的集体智慧,这样定价既能获得合理的收益,也能减少因价格竞争而产生的风险。

(三)需求导向定价

需求导向定价法是一种以市场需求强度及消费者感受为主要依据的定价方法。

1. 习惯定价法

习惯定价策略是指某些旅游产品在长期的买卖过程中已经形成了为消费者所默认的价格,旅游企业对这类产品定价时,价格水平应该稳定在消费者的默认值范围内。

只要产品的基本功能和用途没有改变,消费者往往就只愿意按以往的价格购买旅游产品,经营此类产品的旅游企业不能轻易改变价格,涨价降价。这种定价策略主要针对的是旅游者在购物上的心理惯性和心理倾向,适用于旅游需求弹性较大、经营时间较长、较稳定的产品。如一些地方土特名产、名小吃以及旅游小工艺品等的价格确定,往往是由消费者习惯认定的。

例如长期经营的老饭店,无论是为了应付市场竞争,还是由于经营成本的增加或降低,企业都应按照消费者的习惯价格来定价,而不宜轻易变更,以免引起老顾客的反感和转移。若原材料的价格上涨,饭店可压缩规定的服务内容,或适当减少旅游分量,但不能提高单位产品价格，以取得顾客信任，否则会影响产品的市场销路。

2. 理解价值定价法

这里所指的价值是旅游者理解和认同的旅游产品价值，而非旅游产品的实际价值。尽管每一种旅游产品实际价值的确定，都有其客观的依据，但以此衡量出来的价值量的大小，不一定都为旅游者所认同。因此，旅游企业要正确把握旅游者的消费心理，分析他们的价值观，使企业所制定出来的价格能够适合旅游者的判断。其实质是旅游企业利用市场营销因素组合中的非价格变数和产品的质量、广告宣传、额外利益等来影响、诱导旅游消费者，使他们对产品的功能、质量、档次有一个大致的"定位"，然后再确定价格。采取这一定价方法的旅游企业，必须正确估计消费者的"理解价格"，并对所定价格能带来的销量、成本以及利润进行核算，若此价格既能适应市场需要，又能为企业获取预期的理想利润，则所确定的价格就是合理的，反之则需重新检验、评估。例如，景区爬山用的一根手杖，旅游者在爬山之前买它的价格和在爬山之后买它的价格，两者之间经常会有几块甚至更大的差距。价格不同，不是因为手杖的成本和质量有所不同，而是因为爬山前、途中、后的旅游者，对手杖的"价值"有不同的理解。这种定价方法充分反映了市场导向观念，因为其基本出发点是客人对商品价值的理解或买主的价值观念。这种定价方法认为，一种商品的价格、质量及服务水平等在客人心目中都有一个特定的位置，当商品价格和客人的认识理解水平大体一致时，客人才会接受这种价格；反之，如果定价超过了客人对商品的理解价值，客人则不会接受。客房如果销售不出去，酒店的目标便无法达到。酒店客房商品的价值，不仅取决于该商品满足客人某种欲望的客观物质属性，而且还取决于客人的主观感受和评价。

理解价值定价法的关键是如何测定理解价值，通常采用的方法有两种。

（1）直接评议法。邀请客人或中间商，对酒店的旅游产品进行直接价值评价，以决定产品价格。比如，某酒店除了拥有竞争者酒店相同的标准客房外，还具有地理位置优越、环境清洁卫生、安全可靠、服务员体贴热情等产品特点，为此根据直接评议法，我们可得此酒店标准房价为：

竞争对手价格	200 元
地理位置优越	+10 元
环境清洁卫生	+10 元
服务员体贴、热情	+15 元

最后得出：本酒店标准客房价格 235 元。

（2）相对评分法。这种定价法首先要对多家酒店的旅游产品进行评分，再按分数的相对比例和现行平均市场价格，计算出旅游产品的理解价格。

比如，将 100 分按适当比例分配给不同的酒店，假定有甲、乙、丙三家酒店，经过综合测评每家得分分别为 42 分、33 分、25 分，这三家酒店的客人愿意支付的平均房价为 200 元，则每家酒店的房价分别为：

甲酒店房价 $=200\times 42/33=255$（元）

乙酒店房价 $=200\times 33/33=200$（元）

丙酒店房价 $=200\times 25/33=152$（元）

3. 价格需求弹性定价法

一般说来，当旅游产品价格变动后，其市场的需求量或多或少地总会有所改变，价格需求弹性定价法就是利用价格需求弹性系数值的大小来判断产品定价的合理性，以便为企业提高价格或降低价格提供决策依据。这种方法的判断标准为：若价格需求弹性系数大于1，说明这种产品富有弹性，即需求量变动百分数大于价格变动百分数，降价可以大幅度增加销售量或销售额；若价格需求弹性系数等于 1 或趋近于 1，称为单位弹性，即需求量变动百分数与价格变动百分数相同或相近，降低或提高价格会增加或减少销量，但对销售额影响不大，只是降低价格有助于企业提高市场占有率；若价格需求弹性系数小于 1，说明这种产品缺乏弹性，即需求量变动百分数小于价格变动百分数，在提高产品价格的同时，产品销售量有所下降，但下降幅度较小，销售收入却会增加。

用 Q 代表需求量，P 代表价格。其中 Q_1、Q_2 分别为价格变动前后的需求量，P_1、P_2 分别为需求变动前后的价格，价格需求弹性系数 E 可用以下公式表示：

$$E=\frac{\Delta Q/Q}{\Delta P/P}=\frac{(Q_2-Q_1)/(Q_1+Q_2)}{(P_2-P_1)/(P_1+P_2)}$$

例：某风景区门票价格为 30 元时，价格需求弹性系数为 0.9，日容载游客量为 50 000 人，但每天实际接待游客 40 000 人。为促使接待游客数上升，拟通过调整门票价格刺激游客前来游览，试确定该门票价格调整的水平。

根据价格需求弹性系数计算公式和上述资料所给条件，则

$$0.9=\frac{(40\,000-50\,000)/(40\,000+50\,000)}{(P_2-30)/(P_2+30)}$$

计算可得 $P_2\approx 23.4$ 元，可近似取为 24 元，故该门票价格由 30 元降为 24 元才能使公园的客源量达到 50 000 人。

4. 区分需求定价法

这种定价法又称差别定价法，区分需求定价法是指在旅游产品成本相同或相差不大的情况下，根据客人对同一旅游产品的效用评价差别来制定差别价格。

例如：对于酒店同样的标准间，甲客人愿意出 300 元，乙客人愿意出 200 元，丙客人愿意出 100 元，如果对三位客人报价相同，不考虑成本，为了实现最大收益，应该定价多少？很明显定价 200 元时可以实现收益 400 元是最大的。

区分需求定价主要有四种情况。

（1）同一旅游产品对不同客人的差别定价。

（2）同一旅游产品在不同位置的差别定价。如同一类型的客房，由于所在楼层的高低、不同的朝向、采光和室外景色各异，房价可以不同。同样星级的饭店，由于接近交通线路、旅游景点或商业中心，其客房价格可定得高些。

（3）同一旅游产品在不同时间的差别定价。

（4）同一旅游产品增加微小服务的差别定价。客房增加若干服务项目后，价格可定高些，如每天送一束鲜花。

五、旅游产品价格调整

旅游企业处在一个不断变化的环境之中，为了生存和发展，有时候需主动降价或提价，有时候又需对竞争者的价格变化做出适当的反应。

1. 旅游产品降价

旅游产品降价的主要原因有以下几点。

(1)企业的生产能力过剩，因而需要扩大销售，但是企业又不能通过产品改进和加强销售工作等来扩大销售。尤其是旅游产品不能库存，在这种情况下，企业就需考虑降价。

(2)在强大竞争者的压力之下，企业的市场占有率下降。

(3)企业的成本费用比竞争者低，企图通过降价来掌握市场或提高市场占有率，从而扩大生产和销售量，降低成本费用。降价可以阻止竞争者进入，也是行业重要的进入壁垒。

2. 旅游产品提价

虽然产品提价会引起消费者、经销商的不满，但是一个成功的提价可以使企业的利润大大增加。引起企业提价的主要原因有几下几点。

(1)由于通货膨胀、物价上涨、企业的成本费用提高，因此不得不提高产品价格。

(2)企业产品供不应求，不能满足其所有顾客的要求。在这种情况下，企业就必须提价。为了减少顾客不满，企业提价时应当向顾客说明提价的原因，并帮助顾客寻找节约的途径。

3. 竞争者对企业改变价格的反应

企业在考虑改变价格时，不仅要考虑购买者的反应，而且必须考虑竞争对手的反应。当某一行业中企业数目很少，提供同质的产品，购买者颇具知识与辨别力时，竞争者的反应就愈显重要。

企业如何去估计竞争者的可能反应？假设企业只面临一家大的竞争者，竞争者的反应可从两个不同的出发点加以理解。其一是假设竞争者有一组适应价格变化的政策；其二是竞争者把每一次价格变动都当作单一挑战。

如果企业面对若干个竞争者，在变价时就必须估计每一个竞争者的可能反应。如果所有的竞争者反应大体相同，就可以集中力量分析典型的竞争者，因为典型的竞争者反应可以代表其他竞争者的反应。由于各个竞争者在规模、市场占有率及政策等重要问题上有所不同，因此它们的反应也有所不同，在这种情况下，就必须分别对各个竞争者进行分析；如果某些竞争者随着本企业的价格变动而变价，那么我们就有理由预料其他的竞争者也会这样做。

面对竞争者的改变价格，企业必须认真调查研究如下问题：竞争者为什么改变价格？竞争者打算暂时改变价格还是永久改变价格？如果对竞争者改变价格置之不理，对企业的市场占有率和利润有何影响？其他企业是否会做出反应？

竞争者往往通过进攻性的降价来争夺市场主导者的市场阵地。在这种情况下，市场主导者有以下几种战略可供选择。

(1)维持价格不变。因为市场主导者认为，如果降价就会减少利润收入。而维持价格不变，尽管对市场占有率有一定的影响，但以后还能恢复市场阵地。当然，在维持价格不变的同时，还要改进产品质量、提高服务水平、加强促销沟通等，运用非价格手段来反击竞争者。许多企业的市场营销实践证明，采取这种战略比降价和低利经营更合算。

(2)降价。市场主导者之所以采取这种战略,主要是因为:①降价可以使销售量和产量增加,从而使成本费用下降;②市场对价格很敏感,不降价就会使市场占有率下降;③市场占有率下降之后,很难恢复。但是,企业降价以后,仍应尽力保持产品质量和服务水平。

(3)提价。提价的同时,还要致力于提高产品质量或推出某些新品牌,以便与竞争对手争夺市场。

第3节 旅游产品价格策略

旅游产品的定价,需要以科学的理论和方法为指导,同时由于竞争和旅游消费者的需要,还必须有高明的定价策略和技巧。

一、新产品定价策略

任何旅游产品都有自己的市场寿命周期。由于旅游产品寿命周期的各阶段的特点不同,旅游企业应从市场需要和产品寿命周期的变化要求出发,有针对性地进行价格调整。

(一)撇脂定价策略

撇脂定价是指在产品生命周期的最初阶段,把产品的价格定得很高,以获取最大的利润,犹如从鲜奶中撇取奶油。撇脂定价策略是一种高价格策略,适用于特色鲜明、垄断性强、其他企业在短期内难以仿制或开发的旅游新产品。采用这一策略的旅游企业,应把新产品的价格在可行的范围内制定得尽可能高,以便迅速收回投资,取得丰厚利润。

撇脂定价策略的优点在于:①可以使企业迅速收回投资,短期内实现利润最大化;②可以为后期降价竞争创造条件,当竞争者拥入市场时,企业有足够的价位空间来降低价格,掌握竞争的主动权,稳定市场占有率;③可以控制一定的需求量,避免新产品投入市场初期,由于供给能力不足而给经营带来困难。

该策略的不足在于:①高价如果不被消费者接受,产品的销路就会受影响,导致投资难以收回;②高价厚利容易招致竞争对手增多,加大经营难度。因此,撇脂定价策略一般只能是一种短期策略,不宜过久使用。

应用这种定价策略,要具备的相应条件是:①目前市场需求较高;②制定高价,不会刺激更多竞争者进入市场,有助于形成新产品优质的形象;③虽然有可能销售量不大且单位成本较高,但企业仍能获得高额利润。这种定价策略作为一种短期的价格策略,适用于具有独特的技术、不易仿制、生产能力不太可能迅速扩大等特点的新的旅游产品,同时市场上存在高消费或时尚性的要求。

(二)渗透定价策略

渗透定价是指企业将其创新产品的价格定得相对较低,以吸引大量消费者,提高市场占有率,然后随着市场占有率的提高调整价格,降低成本,实现赢利目标。这就像倒入泥土的水一样,从缝隙里很快渗透下去,因而称此种价格为渗透价格。

这种定价方法适用于市场需求对价格极为敏感、企业的生产成本和经营费用随着生产规模的扩大而降低的产品情况。它可以使企业迅速打开新产品的销路,提高市场占有率,树立良好的企业形象;同时,低价薄利不易诱发竞争,便于企业长期占领市场。但需注意的是产品本利回收期较长,价格变动余地小,如在短期内骤然出现较大的竞争或需求变化则很难适应。

渗透定价策略是一种低价格策略,定价的核心是薄利多销,适用于产品刚刚推出急需打开销路以及产品稳定成长、期望尽快提高市场占有率的情况。

渗透定价策略的优点在于:①能够迅速打开新产品的市场销路,增加产品销售量;②低价格能够有效阻止竞争者进入市场,保证企业长期占领市场。

渗透定价策略不足之处在于:①投资回收周期长;②产品若不能迅速打开市场或遇强有力的竞争对手时,会遭受重大损失等问题;③价格变动余地小,难以应付在短期内骤然出现的竞争或需求的较大变化;④不利于产品品牌形象的树立。

因而,这种价格策略的运用要具备的相应条件是:市场对价格高度敏感,低价有助于市场扩展;随着销量的增加和经验的积累,企业能降低单位成本;可阻止竞争者进入市场。渗透价格策略作为旅游企业的一种长期价格策略,往往适用于能尽快大批量生产、特点不突出、易仿制、技术简单的新产品,如旅行社的观光旅游类产品、低星级酒店的旅游产品等。

(三)满意定价策略

满意价格有时又称为"温和价格"或"君子价格"。满意定价策略是一种折中策略,价格水平居于撇脂定价策略与渗透定价策略之间,旅游企业一般是按行业平均利润和价格水平来制定价格。这种定价策略兼顾了供给者与需求者双方的利益,既能使企业有稳定的收入,又能使消费者满意,产生稳定的购买者,因而各方面都会满意。但是采用此种策略也有不足之处:由于产品的定价是被动地适应市场,而不是积极主动地参与市场竞争,因此可能使企业难以灵活地适应瞬息万变的市场状况。

二、心理定价策略

旅游消费者尤其是对价格较为敏感的消费者,对旅游产品或服务的认可、购买主要是通过价格因素来判断的,因而就可在定价中利用旅游消费者对价格的心理反应,刺激消费者购买旅游产品或服务。

(一)尾数定价策略

尾数定价策略是指企业定价时有意保留产品价格的角、分尾数,制定一个不同于整数的价格。

例如,企业可以把一件2元的产品定价为1.99元或1.95元等。这种定价策略是针对消费者求便宜的心理而制定的。1.99元虽然与2元没有多少差距,但看上去1.99元要便宜得多。

另外,对于精明的消费者来说,保留角、分,可以让他们认为产品的价格是精确计算出来的,从而增加他们对价格的信任感。一般来说,尾数定价策略主要适用于价值较低的旅游产品或服务,尾数为"5""8""9"容易为消费者接受。

若产品在5元以下的,末位数为9的定价容易受到旅游者的欢迎;在5元以上的产品,末位数为9和5的定价也易受到旅游消费者的欢迎,如价格为19.95元或19.50元就比标价20元的销路好。

在利用尾数定价策略时,要尽可能使价格保持在某一范围,因为消费者常把某一价格范围看作一个档次,如把0.86元至1.39元视为1元,把140元至179元视为150元,等等,如果旅游产品调价以后价格仍在原来的范围之内,就不易为消费者知觉,从而也就更容易为消费者所接受。

(二)整数定价策略

整数定价策略是旅游企业有意识地将产品的价格制定成整数，对角、分忽略不计。这种策略是针对消费者追求高质量的心理而设计的，适用于价格比较昂贵的产品。

在现代旅游活动中，由于旅游产品或服务十分丰富，旅游消费者往往只能利用价格辨别产品的质量，特别是一些消费者不太了解的旅游产品，整数价格反而会提高产品的身价，使消费者产生"一分钱一分货"的购买意识，从而促进旅游产品的销售。对于质量明显较好的产品，消费者不会在意角、分等零头上的差异。而且，零数的出现反而会让消费者对产品的质量有所怀疑，动摇购买的决心，如旅游商品中的一些名贵玉器、工艺品以及高星级酒店的高档客房等。例如租金为5 000元一天的总统套房，其价格就不宜改为4 998元或4 995元。

(三)声望定价策略

声望定价策略是指旅游企业对具有较高知名度和较高信誉的旅游产品制定高价。这种策略主要是针对消费者"价高质必优"或显示优越感的心理而制定的，因为价格档次常被当作旅游产品质量直观的反映，特别是旅游消费者在识别名优产品时，这种心理意识尤为强烈。因此，高价与性能优良、独具特色的名牌产品比较协调，更易显示出产品特色，使企业的产品给消费者留下优质的印象或使消费者感到购买这种产品可提高自己的声望。此策略适用于那些经营时间比较长、在同行中声望较高、口碑较好的产品。

声望定价策略的依据是，客人经常把价格看作产品质量的标志。同时，有一部分客人把购买高价产品作为提高自己声望的一种手段。如由公司付费奖励旅游者、高级商务旅游者与行政管理人员的旅游需求就是这样。因此，在旅游者把价格的高低看作旅游产品质量高低的标志，把到某一价格较高的酒店住宿看作表明自己地位的途径时，酒店经营者在定价时就无论如何不能把价格定得过低。而且，即使本酒店的价格高于当地所有其他酒店的价格，有时也是可行的。一些高星级酒店常有一套或几套价格很贵的客房，如总统套房、豪华套房，以此来提高整个酒店的档次和声望。即使制定低价的酒店，也必须分析目标市场客人所愿支付的最低价格，不必把价格定得过低，以免引起客人对酒店服务质量的怀疑。

例如，在本地区享有盛誉的老字号酒店，游客选择其入住，更多的是要表明自己的地位，显示自己的优越感。因此，酒店管理人员对客房制定高价是合乎顾客要求的。如果价格下降反而会让客人无所适从。

(四)吉利数字定价策略

企业利用消费者对某些数字的发音联想和偏好制定价格，满足消费者心理需要并在无形中提升消费者的满意度。如使用"6""8""9"等数字，价格定为298、158、1 688等。而日本人不喜欢数字中的"4"和"9"，因为它们分别与日语的"死"和"苦"谐音。韩国的文字是以"天、地、人"的原理创制的，韩国人认为3代表着稳定、神圣，大多数人认为3是带福气的数字。

(五)招徕定价策略

这种定价策略实质上是发挥促销导向的作用，以特殊价格吸引旅游消费者，从整体上提高企业的销售收入和盈利。

(1)亏损价格。采用这种价格策略的旅游企业会在自己的产品结构中，把某些产品或服务的价格定得很低，甚至亏损，以价格低廉迎合旅游者的"求廉"心态进而招徕顾客，消费者在购买低价产品的同时也选购了其他正常价格的产品，借机带动和扩大其他产品的销售，这样，企业不仅可以收回低价产品造成的损失，还可提高总的销售收入和利润，达到赢利的目的。作为引诱剂的商品必须是旅游者所熟知的商品。

例如某些餐厅向消费者免费提供饮料，虽然旅游消费者享用这些饮料会使餐厅在饮料上亏损，但消费者必然会购买甚至增加购买菜肴等产品，餐厅就可通过菜肴等产品的销售弥补饮料上的亏损，还可提高总的销售收入和利润。

（2）特殊事件价格。这是指旅游企业在某些节日和季节或在本地区举行特殊活动的时候，适度降低旅游产品或服务的价格以刺激旅游消费者，招徕生意，增加销售。这种定价策略往往在旅游淡季时受到旅游企业的重视。一般来说，采用这种策略必须要有相应的广告宣传配合，才可能将这一特殊事件和信息传递给广大的旅游消费者。

（六）价格歧视定价策略

价格歧视定价策略实质上是一种区分需求的定价方法，通常指商品或服务的提供者在向不同的消费者提供相同商品或服务时，实行不同的销售价格或收费标准。

假定旅游消费者市场由四位旅游者 A、B、C、D 组成，他们对某旅游产品愿意支付的最高价格分别为 40 元、30 元、20 元和 10 元，单位成本为 5 元。如果采取单一价格，那么最优价格肯定是 40 元、30 元、20 元、10 元中的一个。价格是 40 元时，销售量是 1，利润等于 35 元；价格是 30 元时，销售量是 2，利润等于 50 元；价格是 20 元时，销售量是 3，利润等于 45 元；价格是 10 元时，销售量是 4，利润等于 20 元。所以最优价格是 30，最大利润是 50。如果采取价格歧视，使产品价格分别等于每位旅游者愿意支付的最高价格，此时利润等于 80 元。

由于在报价时必须同样报价，如果不能区分需求者，是无法实施价格歧视政策的，因此首先必须区分不同的需求者。比如，航空公司之间经常打极低的折扣，但是，航空公司希望那些因公出差的旅客购买高价机票。但是，旅客买机票时，很难看出他是否因公出差，那么如何区分因公出差乘客和普通乘客呢？航空公司购买打折机票总是有一些条件，如规定要在两星期以前订票，又规定必须在目的地度过一个甚至两个周末等，这样因公出差旅客就无法购买打折机票了。

再比如一些旅游企业在报纸上印上代金券免费赠送，或者在街头免费派发代金券，有钱人由于钱包空间有限而不愿意保存代金券，因此这种做法就将富人和穷人区分开了。

（七）混合搭售定价策略

在酒店和旅行社中通常使用该方法，如肯德基餐厅既单卖汉堡包、薯条和饮料，也提供包括汉堡包、薯条和饮料的套餐。当然，购买套餐要比分别购买该套餐内的各项内容的价格要低。另如，旅行社既销售包价的旅游线路产品，也提供预订酒店、导游等单项服务。

例如：一家酒店面对甲、乙、丙三位顾客，他们愿意对客房和餐饮分别支付的价格为 350 元和 50 元、200 元和 150 元、50 元和 200 元，怎样才能使收入最高呢？

单卖、纯搭售和混合搭售的价格及最高收入如表 6-1 所示。

表 6-1 搭售的价格与收入

	客房售价	餐饮售价	搭售价格	最高收入
单卖	200 元	200 元	—	600 元
纯搭售	—	—	350 元	700 元
混合搭售	300 元	200 元	350 元	900 元

从表 6-1 中可以看出,纯搭售比单卖的销售收入高,而混合搭售的销售收入又比纯搭售高。从本质上看,混合搭售也是一种区分需求的价格策略。

三、差异定价策略

这是根据某种细微差异,适应消费者差异需求,对同种产品或服务制定不同价格的定价技巧,也叫“价格歧视”。旅游企业实行差异定价相对于同一价格,能扩大市场覆盖面,提高销售收入,从而给企业带来更多收入。主要定价方式如下。

(1)因顾客而异。同种产品或服务,对不同职业、收入、阶层或年龄的消费人群制定不同的价格,如景区对本地居民的优惠门票以及酒店对上门旅客、预订中心、旅行社散客、商务散客、会议团队、旅行社团队等不同顾客实行不同的客房价格。

(2)因空间而异。旅游企业根据产品的空间位置差异来确定产品的价格。价格差异比例往往大于成本差异的比例。例如楼层、朝向不同的客房其房价可以不同,向阳的客房、窗外风景好的客房价格可以定得略高。

(3)因时间而异。根据产品季节、日期及钟点上的需求差异制定价格。旅游企业为了进行客源量的平衡,可以对不同季节、不同时期甚至不同钟点的产品分别制定不同的价格。如酒店对散客、旅游淡旺季实行浮动价、淡季客房优惠、连续住宿越多价格越优惠、景点门票周末价高于平时等。

(4)因产品而异。旅游企业对基本相似、成本差异不大的同种产品特意通过价格差异区分成几类细分产品。例如,许多旅游景区的导游讲解服务,不管为多少游客服务都提供统一的价格,如每讲解一次收取 50 元讲解服务费。其实,完全可以对讲解服务收费标准进行修改,实行差异定价。可以是时间方面稍微有些差异,设置半小时讲解收费 30 元, 50 分钟讲解收费 50 元, 80 分钟讲解收费 80 元;可以是服务人数稍微有些差异,设置 3 人以下收费 30 元, 3~8 人收费 50 元, 8~15 人收费 80 元, 15 人以上收费 100 元;可以是讲解员稍微有些差异,设置首席讲解员收费 150 元,金牌讲解员收费 100 元,银牌讲解员收费 60 元,一般讲解员收费 40 元。

实行差异定价策略要具备的前提条件是:①市场能够根据消费者的需求不同进行细分;②细分后的市场在一定时期内相对独立,互不干扰;③价格差异程度不会引起消费者的不满或反感。

四、折扣定价策略

折扣定价策略是利用各种折扣和让价吸引旅游中间商和消费者,促使他们积极推销或购买本企业产品,从而达到扩大销售、提高市场占有率的目的。这一策略能增加销售上的灵活性,给旅游中间商和消费者带来利益和好处,因而在现实中经常被旅游企业所采用。常见的价格折扣主要有以下几种形式。

（1）数量折扣，是指按顾客购买数量的多少给予不同的价格折扣，也是企业运用最多的一种价格折扣策略。一般来说，顾客购买的数量越多或金额越大，折扣率越高，以鼓励顾客经常购买或一次性购买大量或多种产品。数量折扣分为累计数量折扣和非累计数量折扣。累积数量折扣是指在一定时期内累计购买超过规定数量或金额给予的价格折扣，其优点在于鼓励消费者成为企业的长期顾客，如酒店推出的各种消费积分卡。非累计数量折扣是指按照每次购买产品的数量或金额确定折扣率，其目的在于吸引买主大量购买，利于企业大批量销售，如酒店给予会议团队或宴会客人等折扣价格、旅游景区根据游客人数给予不同折扣等。

（2）现金折扣，是指企业为了鼓励旅游消费者尽早付款或用现金交易而给予一定的价格折扣，其目的是加速资金周转，避免债务风险。运用现金折扣策略，可以有效地促使顾客提前付款，从而有助于盘活资金，减少企业的利率和风险。折扣大小一般根据付款期间的利率和风险成本等因素确定。其基本原则是折扣率的上限必须低于企业加速资金周转所增加的盈利，折扣率的下限必须高于同期银行贷款的利率。

（3）季节折扣，是指企业对在淡季购买旅游产品的消费者或旅游中间商给予的一种价格折扣。例如风景区在旅游淡季时，为了最大限度地利用资源，增加收入，常常给予消费者或旅行社更大价格折扣，甚至为其免费提供其他服务，如提供游客举办篝火晚会所需的各种音响设备等。

（4）特殊顾客折扣，是指企业对特殊客人，如旅行社、常客等所给予的一种价格折扣。例如酒店通常对不同的特殊顾客给予不同的折扣，常见的有旅行社折扣、常住客折扣、官方折扣等。旅行社折扣有两种形式：一种是旅行社事先通过签订代客人订房的合作协议成为酒店客房零售商，按目前行业惯例可以获取 10% 的佣金，总台向客人收取门市价，酒店财务部返回 10% 给旅行社；另一种是旅行社组团入住，由饭店营销部依据订房期的客源情况以及营销协议，给予一定折扣的团队价，通知总台及财务结账。常住客折扣是酒店为了鼓励客人延长入住天数而给予的一定折扣，如住 3 天送早餐，住 5 天送一天，或 3 天后每天多给 5% 折扣，入住时间越长，折扣越大，当然也会有折扣底线。官方折扣也有两种形式：一种是事先通过签订协议成为有关机构、组织指定接待单位，按照协议价结算；另一种是酒店为了协调各方关系，给予合作单位高级行政人员的一种优惠折扣。

五、促销定价策略

这种策略实质上是发挥价格促销导向的作用，以特殊价格和特殊活动相结合的方式吸引旅游消费者，从整体上提高企业的销售收入和利润。比较常用的方法是特殊事件的促销定价和免费服务式促销定价。特殊事件的促销定价是指旅游企业在某些节假日、营业淡季、节庆会展活动中举办特殊活动，适度降低旅游产品的价格或给予具有较强吸引力的价格折扣从而刺激消费者，招徕生意，增加销售。例如，酒店为了提高知名度、提高销售收入，在开业周年庆典期间举办特色美食节，对各种美食实行优惠价。免费服务式促销定价是指旅游企业通过为顾客提供某些具有较强促销性的免费服务或代办服务的方式制定一个组合产品的价格。例如目前婚宴市场竞争激烈，各酒店想尽办法提高自己婚宴产品的竞争力，如满十送一、提供婚礼用车、提供特色婚房、代发请柬等，还免费提供饮料、司仪，并可以代办酒水。

六、价格调整策略

旅游产品价格确定后,应该保持价格的相对稳定。但并不是一成不变的,随着宏观环境变化和市场供求发生变动,旅游企业必须根据现实需要调整自己的产品价格,以适应激烈的市场竞争。企业调整价格一般有提价与降价、主动调价与被动调价两类策略。

(一)提价与降价策略

这是旅游企业调整价格的方式或手段。企业会根据实际情况做出提高价格或降低价格的决定。当然具体的提价或降价方式也是多样的。有些是直接提价或降价,有些是间接提价或降价。许多企业出于长远考虑,更加倾向于间接提价或降价,例如提高价格可以通过精简折扣对象、提高折扣门槛、适当减少单位产品分量(如每盘菜的量减少一些)、暂时停止使用优惠券等,这些方式比直接提价显得相对隐蔽,在一定程度上减少因提价而带来的销售量减少的几率。

1. 提价策略

由于资源约束而产生严重的供不应求、产品成本因管理费用(如景区维护费用)等因素而增加或发生通货膨胀时,旅游企业不得不采用提高价格的办法来弥补成本的上升。提价必然会引起顾客和旅游中间商的不满。旅游企业应尽量采用灵活的提价策略,来平抑提价引起的不满,如对产品的附加服务收费以及取消附加产品、减少或取消折扣、适当改动产品并配合其他营销手段,从而消除提价的负面影响。

2. 降价策略

当市场营销环境发生变化时,如同类产品过多、其他营销策略无效,或者在激烈的价格竞争中,市场占有率下降,或是产品成本降低等,旅游企业为了扩大销售或稳住市场占有率只能降低销售价格。旅游企业采取降价需要慎重考虑,因为降价会给企业带来一定风险,这些风险主要表现为:①低质量风险,消费者会认为该企业的产品质量低于高定价的竞争对手的产品质量;②脆弱的市场占有率风险,低价格可争取到市场份额,但不是市场忠诚度,顾客会转向随之而来的定价更低的公司;③资金不足的风险,定价较高的竞争对手可以降低价格,并更持久地参与竞争,因为其现金储备雄厚。

(二)主动调价与被动调价策略

这是旅游企业调整价格的态势和先后顺序。如果是企业自行根据自身的市场份额、产品情况、经营业绩和市场预测而率先调整价格则是主动调价策略。如果是迫于竞争者价格的调整,而给企业带来了新的竞争危险,除了跟进而别无选择,就属于被动调价策略。无论是主动还是被动调价策略都包含提高价格和降低价格两种方式。

1. 主动调价策略

从行业发展和维护旅游消费者需求利益考虑,一般而言,旅游企业应更多通过非价格竞争的方式参与市场竞争,如品牌竞争、产品附加值竞争、服务质量竞争等,从而促使旅游业健康发展和消费者消费价值不断增值。因此旅游企业不要轻易主动调价,主动调低价格容易引起价格战,削弱行业整体利润水平,不利于旅游业长远发展和企业自身经营目标的实现。主动提高价格容易引起旅游消费者和中间商反感,严重的会引发旅游消费者和中间商联合起来发动价格抵制行为,对旅游企业形象带来负面影响。但这并不意味着旅游企业不能主动调价,旅游企业需要根据实际环境的变化率先调整价格，这比被动调整价格可能带来更好的效果，获得价格的先动优势。如：旅游产品成本因原材料价格的明显上升而增加、旅游产品因创新而带来了明显的新附加值、旅游企业品牌价值的明显提升（如旅游酒店星级的提升、旅游景区等级的提升）、旅游需求的显著增加等，如果旅游企业营销环境发生了上述明显变化，就应该果断主动地提高价格，否则就错失发展机遇。当然调整价格时也要注意技巧，尽可能减少价格变化对市场的负面冲击。

2. 被动调价策略

许多中小型旅游企业通常会面临被动调价态势，因为一般情况下，中小型旅游企业缺乏率先主动调价的优势条件，特别是对于高度同质化的旅游产品。要使用好被动调价策略，需要对主动调价方的调价意图和原因进行准确分析，对其他企业可能采取的应对措施进行科学预测，并对竞争者这种调价行为对本企业可能产生的影响进行评估，从而确定是跟随调价还是保持不变，或是进行其他调整，如产品调整等。

【本章小结】

由于旅游产品价格相对于其他营销组合来说灵活性最大，旅游产品价格制定是否合理及其策略运用恰当与否，直接关系到旅游企业市场营销能否成功，旅游企业的定价方法可根据定价时侧重考虑的因素不同，分为成本导向定价、需求导向定价和竞争导向定价等。同时由于竞争和旅游消费者的需要，还必须有高明的定价策略和技巧，采取新产品定价策略和心理定价策略等旅游产品定价策略和技巧。

【思考题】

1. 某城市新区兴建了一家游乐场，它该如何制定价格？

2. 某酒店的主要顾客是日本游客，其房价该如何制定？

3. 某三星级酒店的顾客既有普通工薪阶层旅游者，也有商务旅客，该如何实行价格差异策略才能使其收益最大化？

4. 某酒店在经济不景气的年份实行降价，你认为这种做法能否使饭店渡过难关？

【练习题】

一、单选题

1. 以竞争为中心的定价策略是（　　）。

A. 成本加成定价法　　B. 目标收益定价法

C. 区分需求定价法　　D. 随行就市定价法

2. 某酒店规定同一位顾客入住达到 10 天即可享受六折优惠，这属于（　　）。

A. 销量优惠　　B. 同业优惠　　C. 老客户优惠　　D. 现金优惠

3. 某旅游景区对一般游客和本市市民制定不同的门票价格，使用的是（　　）。

A. 理解价值定价法　　B. 区分需求定价法

C. 目标收益定价法　　D. 率先定价法

4. 某酒店的标准间价格定为 258 元 /（间·天），这使用的是（　　）。

A. 尾数定价法　　B. 整数定价法

C. 习惯定价法　　D. 声望定价法

5. 某餐厅在开业初期，就餐可送 2 瓶啤酒，这是(　　)。

A. 尾数定价策略　　B. 招徕定价策略

C. 市场撇脂定价策略　　D. 习惯定价策略

二、多选题

1. 新产品定价策略包括(　　)。

A. 市场渗透定价策略　　B. 声望定价策略　　C. 满意定价策略

D. 市场撇脂定价策略　　E. 心理定价策略

2. 旅游优惠价的种类有(　　)。

A. 销量优惠　　B. 现金优惠　　C. 同业优惠　　D. 季节优惠

E. 关系优惠

3. 心理定价策略有(　　)。

A. 尾数定价策略　　B. 整数定价策略　　C. 声望定价策略

D. 吉利数字定价　　E. 招徕价格策略

三、判断题

1. 利润最大化就意味着价格最大化。(　　)

2. 差别定价法是以竞争为导向的。(　　)

3. 为了尽量占领市场，旅游企业应该频繁降价。(　　)

【参考文献】

[1] 宁志中. 中国旅游景区门票价格分析报告(2016)[M]. 北京：科学出版社，2017.

[2] 林森. 中国旅游价格 [M]. 北京：中国物价出版社，2002.

[3] 方百寿. 旅游商品与购物管理 [M]. 北京：旅游教育出版社，2011.

[4] 钟蕾，李杨. 文化创意与旅游产品设计 [M]. 北京：高等教育出版社，2015.

[5] 万剑敏. 旅行社产品设计 [M]. 北京：旅游教育出版社，2014.

第7章　旅游营销渠道策略

学习目标

1. 掌握旅游营销渠道的概念和功能。
2. 掌握旅游营销渠道的类型。
3. 掌握旅游中间商的相关知识。
4. 熟悉旅游营销渠道的选择和管理。
5. 了解旅游营销渠道的发展趋势。

教学重点

1. 掌握旅游中间商的相关知识。
2. 熟悉旅游营销渠道的选择和管理。

课前导读与体验

目前中国国旅、中青旅、凯撒旅游等大型旅行社均已建成了完善的互联网渠道，并针对各渠道特色进行运营。

“不同渠道有不同的产品属性和客户属性，客户选择的消费产品可能有结构上的差异。我们会把适合每一个渠道的产品和服务，给到这些对应的渠道，去综合运营，起到一个比较好的效果。”中青旅首席销售官韩杰表示，“例如飞猪上单项的订单量会比较大，比如签证。而在遨游网主站上，就是以旅游产品为主要服务对象。客户的消费场景在变动，但我们提供的产品内容是一致的，自有平台和外部平台互为补充。”

然而无论方式如何，流量获取始终是旅行社经营渠道的核心。据公开资料显示，中青旅遨游网线上订单占比超过50%，门店占比约为40%；众信旅游线上占比则为20%。韩杰表示，在零售层面中青旅更加注重流量运营。众信旅游董事长冯滨也曾表示，出境游产业链条的首个环节就是下游方面的流量入口。但从两家企业订单占比可以看出，门店依然是旅行社重要的流量来源。随着线上红利的消失，在新零售大潮下，通过线上线下相结合，实现全渠道的流量变现，对旅行社发展意味着更多可能。

从VR（虚拟现实）体验到盒马鲜生，旅行社门店纷纷升级。在此背景下，手握大量门店资源的传统旅行社开始展开门店的升级改造，并尝试通过更多途径拉拢线下流量。然而，现在旅行社需要面对的对手除了同行之外，OTA（在线旅行社）的大举进军令其在线下流量拓展上将面对更多压力。

对于线下门店的新尝试，凯撒旅游提出了二代、三代及四代旅游门店，借助体验门店的视频、图片、微商技术及旅游顾问的综合讲解为消费者提供全面的旅游产品认知，并通过凯撒旅游体验店、升级版体验店、凯撒到家店和凯撒 mall 组成门店营销网络。广之旅则采取“一店一主题”模式,开始线下销售网络的迭代,并在体验店中引入 VR 设备增强体验。中青旅则对零售店进行升级改造,并与盒马鲜生合作,希望吸引中产阶层消费群体。此外还有众信的“U Coffee”等多类型业态的参与。

“怎样把零售渠道铺到对应的客户上,这是很重要的一点。”韩杰表示,“现在中青旅在做一些结构的调整。比如现有门店会做一些位置分析,调查现在的人流量是否符合我们现在零售的要求,达不到的话就会进行一些调整。同时我们也在新的流量比较高的入口去铺设我们线下的门店。”

(资料来源:http://epaper.bjnews.com.cn/html/2017-11/22/content_702497.htm? div=0)

第1节 旅游营销渠道的概念和功能

一、旅游营销渠道的概念

在旅游产品的销售过程中,以食、住、行、游、购、娱等单项旅游产品的提供者为起点,以最终消费者为终点。旅游营销渠道主要发挥转移旅游产品的功能,而转移的对象是旅游产品的使用权而非所有权,这是由旅游产品的服务性特征所决定的。我们可以将旅游营销渠道的概念表述如下:旅游产品使用权从旅游生产企业向旅游消费者转移过程中所经过的由各个环节连接起来而形成的整个流通结构。

这一概念包括以下三层含义。

(1)营销渠道是旅游产品使用权转移的通道。在从生产者到消费者的流通过程中,旅游产品的使用权往往出现多次转移。

(2)营销渠道表明了旅游产品的流通过程。该过程的起点是旅游产品的生产者,终点是旅游产品的消费者,旅游代理商、旅游批发商、旅游零售商及其他中介组织或个人构成了它的中间环节。旅游销售渠道是从起点到终点的一个完整的流通过程,而不是流通过程中的某一个阶段。

(3)旅游销售渠道可长可短、可宽可窄,并无固定模式。究竟采用哪种模式,企业应根据旅游市场内外营销环境的具体情况而定。

二、旅游营销渠道的内容

(1)旅游营销渠道的起点是旅游产品生产者和供应者,终点是旅游者,旅游营销渠道是指从起点到终点的各个流通环节组成的系统。

(2)旅游营销渠道是相关经营组织和个人的组合,除了起点和终点外,还包括各种类型的旅游中间商,如旅游批发商、旅游代理商、旅游零售商等。旅行社就是典型的旅游中间商。

(3)在旅游营销渠道中,旅游产品和服务被转移的是其一段时间的使用权,而非永久使用权,更不是所有权。

(4)旅游营销渠道包括旅游企业在生产现场直接向旅游者营销其产品和服务,也包括旅游企业依靠自身的力量在生产地点以外的其他地方营销其旅游产品的直接营销方式,还包括旅游企业借助中间商向旅游者出售其产品和服务的间接营销方式等多种层次。

三、旅游营销渠道的作用

(一)有利于提高营销的效率

旅游中间商作为一个专业化的经济实体,在转移旅游产品和服务的过程中,凭着自己丰富的营销经验、良好的公共关系和众多的信息来源,可以减少旅游产品的更易次数,从而加快旅游产品的流通过程,提高营销效率。

(二)有利于促进旅游产品的营销。

旅游营销渠道的这一作用主要体现在以下方面。

1. 通过旅游营销渠道组合旅游产品

旅游产品的生产者和供应者一般只生产或供应单项旅游产品,而旅游活动是一种涉及食、住、行、游、购、娱各个方面供应商的综合性活动,旅游营销渠道可以将单项旅游产品组合成整体旅游产品,促进价值体现及旅游企业利润的实现。旅行社作为旅游营销渠道的重要成员,是这种功能的典型实践者。

2. 影响旅游者的购买决策

大多数情况下,旅游产品的买卖双方存在着信息不对称。旅游营销渠道中的渠道成员可以直接面对消费者,进行更为直接和针对性更强的信息传递,这对于消费者的购买决策将产生实际而有效的影响。

(三)有助于旅游产品生产者快速响应市场变化

由于旅游产品的生产者并不直接面对旅游产品的最终消费者,因而不能及时地了解旅游市场的需求及其反馈意见。旅游中间商直接面对旅游者,了解其爱好、需求,并将这一系列的信息综合起来反馈给旅游企业,为其生产提供参考意见,使得生产与消费不至于脱节。企业如果能灵敏地对市场行情的变化做出快速、恰当的反应,也就是根据市场需求的变化及竞争的需要,及时调整产品结构,不断推出适销对路的创新产品,就能扩大营销,提高市场份额和赢利水平。

第2节　旅游营销渠道的类型

旅游产品营销渠道有四种基本模式,即零级营销渠道、一级营销渠道、二级营销渠道和多级营销渠道。零级营销渠道是指旅游企业在市场营销活动中不通过任何一个旅游中间商,而将旅游产品直接营销给旅游者的营销渠道;一级营销渠道是指旅游产品在转移过程中,须经过一个中间环节或一个中间商;二级营销渠道是指旅游产品在转移过程中,经过两个中间环节或两个中间商;多级营销渠道是指旅游产品在转移过程中,经过三个或更多个中间环节或中间商。

一、直接营销渠道和间接营销渠道

如果按旅游产品是否经过中间环节或中间商作为划分标准,则可以将这四种模式分成直接营销渠道和间接营销渠道两大类。

1. 直接营销渠道

直接营销渠道指的是旅游企业在市场营销活动中不通过任何一个旅游中间商,而将旅游产品直接营销给旅游者的营销渠道，也就是所谓的零级营销渠道。这种营销渠道没有介入其他成分，也没有层次环节之分，只是一个结构单一的营销通道。模式一就属于直接营销渠道。其主要形式有以下几种。

（1）旅游者主动上门购买旅游产品。旅游者自己到车站、机场乘车（机）到达旅游目的地，自己到酒店住宿，自己乘坐交通工具到达旅游景点，自己参观旅游景点，自己到旅游商店购买旅游纪念品。

（2）旅游企业通过自己的营销网点营销旅游产品。旅游产品生产者或供应者通过自设在产品生产地以外的零售机构向旅游者出售旅游产品。很多旅游企业都在客流量较大的地方，如车站、码头、机场、城市中心广场直接面对旅游者出售产品。一般大中型旅游产品生产者或供应者会采用这种模式作为营销本企业旅游产品的重要渠道之一。例如：航空公司、铁路部门等企业会在许多地点设立售票处、订票处从事营销活动；大中型旅游公司通过自设的营销网点营销旅游产品等。我国现在比较盛行的一日游就是以这种形式营销的。

（3）旅游者通过电话、传真等通信工具直接向旅游企业预订和购买旅游产品。现代通信技术的发展和市场竞争的需要，为这种直接营销模式的广泛运用提供了坚实的物质基础和强大的精神动力。电话、电传和计算机系统等成为这种营销模式的主要使用工具。

直接营销渠道的主要优点是：有利于贴近市场，获取消费者的第一手信息，从而帮助企业调整或改进营销策略；有利于企业直接对最终消费者进行宣传，从而提升企业的整体形象，获取顾客的忠诚度；有利于节省中间商的营销费用，获取更大的利润。

直接营销渠道的主要缺点是：直接营销渠道尽管没有了中间环节，但因营销经验不足或其他原因，有可能其营销成本不仅不降，反而上升；企业资源有限，因此，所建立的营销网点有限，难以很大程度地满足市场需求。

现代旅游企业都应顺应历史发展大趋势，重视发展网络营销，并且为提高直接营销比例和赢利水平而建立自己的直接营销系统，但是没有一定的经营规模并占有相当大的市场份额，企业就无法在激烈的竞争中求得长期的生存与发展。所以现代旅游企业更多地选择间接营销渠道，即利用旅游中间商大量营销旅游产品，以扩大市场份额，提高自身竞争力和经济效益。

2. 间接营销渠道

间接营销渠道是指旅游产品通过一个或者多个旅游中间商提供给旅游者的营销渠道，是旅游企业主要的营销渠道。旅游中间商是指从事转移旅游产品、具有法人资格的经济组织和个人。旅游批发商和旅游零售商等是主要类型的旅游中间商。一个旅游企业往往有多个间接营销渠道。模式二、模式三和模式四都属于间接营销渠道。间接营销渠道根据中间环节的多少分为一级间接营销渠道、二级间接营销渠道和多级间接营销渠道。

（1）一级间接营销渠道。一级间接营销渠道模式是指旅游产品生产者或供应者通过旅游零售商将其产品转移到旅游者手中的营销途径。例如，航空公司的机票代理处将机票营销给旅游者，或者是旅行社将若干单项旅游产品组合成自己的旅游产品营销给旅游者。这一模式的最大特点是，旅游零售商并不买断旅游产品生产者或供应者提供的旅游产品，而是代销其产品，然后收取产品提供者支付的佣金或手续费。西方国家很多旅游企业使用这一模式，如航空公司、游船旅游公司、酒店等。我国旅游业也存在这一营销模式，但与西方国家有着明显的不同,即我国旅游零售商为旅游者代购代订交通票据、酒店客房及代办租车等,除了从被代理旅游企业处收取佣金外,还要向旅游者收取手续费。

(2)二级间接营销渠道。二级间接营销渠道即单项旅游产品生产者—旅游批发商—旅游零售商—旅游消费者。旅游批发商以批发价格采购大量的单项旅游产品,根据不同的市场需求将其组合成不同的旅游线路,并通过零售商将其营销给旅游者。二级间接营销渠道在西方国家旅游业中也是使用较为普遍的模式之一,但在我国国内旅游业中尚不多见。

(3)多级间接营销渠道。多级间接营销渠道即单项旅游产品生产者—国内旅游批发商—国外旅游代理商—国外旅游零售商—国外旅游消费者。由国外的旅游代理商将各国旅游批发商的旅游线路针对本国需求进行重组,再通过零售商营销给旅游消费者。多级间接营销渠道目前在我国国际旅游业中广泛使用。一是因为外国旅游公司或旅行社还未被准许在我国国内从事旅行社业务;二是因为我国国际旅游公司或旅行社目前尚无能力去国外旅游市场经营旅游批发业务。因此,一般情况下,我国国际旅游公司或旅行社与外国旅游公司或旅行社之间的合作构成了我国旅游产品营销给外国旅游消费者的主要营销环节之一。随着改革开放的深入,尤其是我国旅游市场开放力度的加大和开放步伐的加快,多级间接营销渠道模式将会被逐渐打破。

间接营销渠道的主要优点:通过庞大的、错综复杂的营销网络密切贴近市场、占领市场,从而提升企业营业额;借助该网络系统向旅游最终消费者传播企业品牌形象及产品价值的各种信息,有利于树立企业形象;凭借该营销网络第一时间掌握消费者消费信息,便于企业及时调整营销策略,做到以顾客为中心。

间接营销渠道的主要缺点:中间环节多,增加旅游产品的成本,降低企业的利润及市场竞争力;由于间接渠道较直接渠道长,旅游企业对目标市场的控制权下降;旅游中间商的服务拿走了部分利润。所以说企业应根据自身的情况选择适合自己的旅游中间商。

二、长渠道和短渠道

针对间接营销渠道,根据介入的中间商层次的多少将其分为长渠道和短渠道。中间商层次越多,营销渠道越长;反之则越短。例如,旅游产品生产者—旅行社—旅游者,这是三个环节的营销渠道;旅游产品生产者—旅馆代理人—旅行总社—地方旅行社—旅游者,这是五个环节的营销渠道。

三、宽渠道和窄渠道

根据旅游营销网点的多少、网点分配的合理程度以及营销数量的多少,营销渠道分为宽渠道和窄渠道。一般来说,这主要取决于旅游企业希望自己的旅游产品在目标市场上扩散的范围,也就是说希望占据多少市场供应点及什么样的供应点。例如,中国旅行社在全中国几乎每个省、自治区、直辖市都有分社,在国外也有分社,并且有很多零售代理,这样的营销渠道是相当宽的。大众性旅游产品往往可以采用宽渠道模式销售,而专业性较强、价格偏高的旅游产品则宜使用窄渠道模式营销,比如极限旅游等。

四、单渠道和多渠道

根据旅游企业采用营销渠道类型的多少,营销渠道分为单渠道和多渠道。有些企业直接将旅游产品交给批发商或自己直接营销 ,称为单渠道;有些企业根据不同地区、不同层次旅游者而采用不同的营销渠道,称为多渠道。

第3节 旅游中间商

一、旅游中间商的含义

旅游中间商是指介于旅游生产者与旅游消费者之间,从事转售目的地旅游企业的产品、具有法人资格的经济组织或个人。它主要包括旅游批发商、旅游经销商、旅游零售商、旅游代理商以及随着互联网的产生与发展而出现的在线网络服务商。

由于旅游中间商在旅游市场营销中的作用不同,旅游生产企业与这些中介组织和个人的责权利关系不同,因而旅游中间商的类型也呈现多样化。按其业务方式,大体上分为旅游批发商和旅游零售商两大类。旅游批发商是指从事批发业务的旅游中间商,它们一般不直接服务于最终消费者。旅游零售商是指那些直接面向广大旅游者从事旅游产品零售业务的旅游中间商。根据不同旅游中间商的经营性质,人们又可以将其划分为经销商和代理商。所谓经销商是指将旅游产品买进以后再卖出(即拥有产品所有权)的旅游中间商,它们的利润来自旅游产品购进价与销出价之间的差价。旅游批发行业中的旅游批发商和旅游经营商大都属于这类经销商。所谓代理商则是指那些只接受旅游产品生产者或供应者的委托,在一定区域内代理营销其产品的旅游中间商,它们的收入来自被代理企业所支付的佣金。

二、旅游中间商的类型

(一)旅游经销商

旅游经销商是指从事旅游产品流通业务的旅游中间商。旅游经销商的收入来自旅游产品购进与卖出之间的差价,一次业务收入的高低也主要取决于差价的大小。旅游经销商同旅游产品生产者或供应者共同承担旅游市场的风险,它们的成功和失败对旅游产品生产者或供应者有着直接的影响。旅游经销商可以分为旅游批发商和旅游零售商。

1. 旅游批发商

旅游批发商一般从事团体包价旅游的组织和营销活动。通常是一些实力非常雄厚的大型旅游公司或旅行社,通过与交通部门(航空公司、铁路及旅游车船公司等)、酒店、旅游景点以及其他餐饮娱乐服务机构等直接谈判签订合同,购买一定数目的座位、门票和房间,将这些单项旅游产品组合成多种价格、多种时间和多种旅游目的地的包价旅游线路(大包价或小包价),再融入自己的服务内容,使之能满足旅游者整体的需要,并将其批发给旅游零售商。旅游批发商大多拥有较强的人、财、物及采购优势,采用集团化经营,也拥有自己的零售网络,抗风险能力强,其利润主要来源于交通部门支付的代理佣金、酒店订房差价和旅游景点的门票差价等。旅游批发商的经营范围可宽可窄,经营业务可专可泛。比如,有的旅游批发商不仅在国内设立分公司,而且在国外也设立分公司或建立合资企业,从事大众化旅游产品转售业务。有的旅游批发商则在特定的目标市场经营特定的旅游产品,如专项节日活动、专项庆典活动、探险旅游等。

2. 旅游零售商

旅游零售商是指从事零售旅游产品业务的旅游中间商,它们的直接服务对象是广大旅游者。如果旅游零售商所进行的是旅游产品的买卖,该零售商便属于旅游经销商,其收入主要来自买卖产品之间的差价;如果旅游零售商只是代理营销旅游产品的使用权,该零售商扮演的是旅游代理商的角色,其收入主要来自被代理企业所支付的佣金。就目前情况来看,后者构成旅游零售商的主要部分。

(二)旅游代理商

旅游代理商是指与旅游企业签订合同,接受旅游企业委托,在某一特定区域内代理其营销旅游产品的旅游中间商。旅游代理商的主要职能是在允许的区域内,代理旅游企业向旅游者或旅游经销商营销旅游产品和提供有关信息等,如代理酒店接受预订、宣传酒店的产品、向旅游者提供酒店的信息等。其主要收入来自被代理企业支付的手续费或者佣金。当旅游企业需要在某一地区开拓市场或客源集中于某一地区而又无法直接进行营销活动时,可以借助旅游代理商的营销资源优势寻求市场机会,通过向旅游代理商提供有关资料来扩大营销。

旅游代理商在旅游者选择某一项旅游产品和某一个旅游目的地的决策中起到了很大的作用,因而旅游产品的生产者要为旅游代理商提供相应的支持性服务,如邀请代理商参加熟悉业务旅行、通过各种旅游代理商杂志开展以旅游代理商为目标的促销活动、提供免费拨打的预订电话、快速处理佣金支付问题等。

三、旅游中间商的功能

旅游中间商在旅游市场营销中占有特殊的地位,对旅游产品营销渠道的形成和运行起着重要的作用。一般来说,旅游中间商的功能主要体现为市场调研、市场开拓、促进销售和组合加工产品等功能。

(一)市场调研

旅游消费者是旅游企业生产经营成败的关键所在,其数量的多少、层次的高低、购买力的大小对旅游企业的经济效益有着直接的影响。旅游中间商利用自己直接面向旅游消费者的有利地位,真实、客观、全面地调查、掌握旅游消费者的意见和需要,从而为旅游企业提供准确、及时的信息,帮助旅游企业对市场的变动做出及时的反应,使旅游产品和服务的供应能不断适应旅游消费者的需求。

(二)市场开拓

旅游市场需求的频繁变化和强有力竞争,客观上要求旅游企业只有不断进行市场开拓,才能在市场中生存和发展。旅游中间商专门进行旅游产品的购销工作,对市场的变化及走向有着强烈的敏感性,能对市场的未来发展有较为准确的判断,并善于寻找市场的空隙,捕捉市场营销机会。旅游企业与旅游中间商友好沟通、协作,就能将旅游产品的生产优势与市场开拓的营销优势结合在一起,使旅游生产企业与旅游中间商都得以顺利地成长。

(三)促进销售

旅游产品要获得大量的旅游消费者的欢迎,一定要促进市场中潜在的旅游需求转化为现实的旅游需求。旅游中间商往往是旅游营销的专门人才,各自拥有自己的目标群体,与社会各方以及市场中各部分有可能形成良好的公共关系,它们依靠自身所特有的宣传、广告、咨询服务和其他多种形式的促销活动,来激发旅游消费者的购买欲望,促进市场需求的形成,沟通旅游生产企业与旅游消费者之间的联系。

（四）组合加工

任何一个旅游企业均不能为旅游者提供完整的旅游活动中所需的食、住、行、游、购、娱等环节的各种旅游产品。旅游中间商运用自身与多家旅游企业的联系，具有对多种旅游产品进行加工、组合的能力。例如，为满足旅游消费者多方需要，将各种旅游产品组合起来，形成系列化的完整的旅游产品，提供给旅游者，其内容包括代售车票、机票，安排接送，代订酒店、餐饮、观光游览，组织会议，提供导游，安排商务、文化、体育等活动。这种组合还可按旅游消费者的不同要求，形成不同的组合方式和价格形式。

第4节　旅游营销渠道的选择和管理

一、选择旅游营销渠道的基本原则

旅游营销渠道有长度和宽度之分。旅游产品供应商是直销还是分销，是二级分销还是多级分销；旅游产品供应商是密集营销，还是选择性营销或者独家营销，科学地选择营销渠道有三个原则应当遵循，即经济效益原则、适应性原则和可控性原则。

（一）经济效益原则

利润最大化是旅游企业所有营销决策的基本目的之一，营销渠道的选择也是如此。单从营销收入和营销费用的角度考虑，使用旅游中间商既能增加营销收入，又可减少直接营销费用。不过，旅游产品供应给旅游批发商，产品供应者只能以“供应价”获得营销额，相对于直接营销，价格上有较大的损失；如果旅游产品由旅游零售商代理营销，产品供应者则要向旅游零售商支付佣金。这样，使用旅游中间商就有一个经济效益比较的问题：由旅游中间商产生的营销收入的实际增长是否大于直接营销的收入？是否足以补偿和超过有关维持费用？这个旅游中间商能否比其他可供选择的旅游中间商带来更大的经济效益？根据经济效益原则，对上述问题的回答必须是肯定的。否则，经济效益就要打折扣。例如，北京某些旅行社开展北京至海南双飞五日游的包价旅游，报价2 080元人民币。据业者透露，他们从每个旅游者身上赚到的只有100~150元人民币。假设营业量是靠代理商实现的，按照10%的佣金率来计算，组团社应支付给代理商每单位营业量208元的佣金；即便是以5%的佣金率来计算，组团社仍然要支付每单位营业量104元的佣金，这对于组团社来说，依旧是亏损的。选择间接营销渠道所带来的营销利润尚不能补偿这一渠道的维持费用，这一渠道显然是不可行的。假设佣金率再有所下降，使得营销利润能补偿营销渠道的维持费用，但扣除成本之后所剩无几，不能给组团社带来足够的利润或者根本就没有利润，那么这一渠道同样也是不值得选取的。

（二）适应性原则

旅游中间商是一个独立的经济主体，并非受雇于旅游产品生产者或供应者而被迫成为其营销渠道中的一个环节，因而，对旅游产品生产者或供应者而言，旅游中间商是不完全可控的。这就要求旅游产品生产者或供应者在选择旅游中间商时必须注意适应性原则。旅游企业选择分销渠道应充分考虑不同地区的消费水平、市场特点、人口分布等；在时间上要根据产品特性、消费季节性因素，合理确定利用中间商的类型、数量及其对分销产品的态度。另外，渠道成员都有自身的局限性，选择之初，要从该成员的资本能力、管理水平、人员素质等多方面综合考虑该成员是否适合从事本企业该产品的销售活动。这其中要关注的是成员的匹配问题,包括渠道的抗冲击力和可变性。当外界环境发生变化时,所选择的渠道成员是否能够抵御外来的冲击并保持市场营销和价格的基本均衡。当生产商总体营销战略进行及时调整时,所选择的渠道是否能快速灵活地进行调整,以适应新政策和市场变化。

(三)可控性原则

企业所选择的渠道成员一定要对企业有强烈的认同感,理解企业的相关政策。一个不容忽视的问题是,分销商也是一个独立的企业,它所关心的是自己如何取得最大利润,如果企业无法在一定程度上把控分销商的行为,那么它可以通过把企业的产品降价来招揽顾客,它也可以对企业的促销活动、策略置之不理。所以在选择渠道成员时,一定要遵循可控性的原则,可以从品牌、全局、服务、利益、客户关系等方面来进行控制,使其不偏离正常的轨道。一是从价格政策上进行控制,它们的竞争行为不能违反国家和企业的价格政策;二是从佣金上进行控制,通过佣金来调整他们经营行为;三是从服务上进行控制,包括企业形象、店面宣传品等方面。

总而言之,判断一条营销渠道是否有效、一个渠道策略是否合理,并非在于选择了多少旅游中间商,而在于这种选择是否能够为旅游产品供给者、中间商以及消费者三方带来最大利益。这也是选择营销渠道的基本原则。

二、影响渠道模式选择的因素

(一)旅游市场

旅游市场因素对旅游营销渠道选择的影响,主要体现在市场容量以及旅游者的购买量和购买频率、市场区域的范围、旅游者的集中程度和旅游者购买习惯等四个方面。

1. 市场容量以及旅游者的购买量和购买频率

对于市场容量大、购买量较少、购买频率较高的产品,应选择较宽、较长的渠道,以扩大营销面;而对于市场容量大、单次购买量也大、购买频率较低的产品,则可采取窄渠道、短渠道和直接营销渠道,以减少流通环节和流通费用,加快资金周转速度。

2. 市场区域的范围

产品营销的市场区域范围越大,则营销渠道就越长、越宽。这是因为当地旅游中间商对本地旅游者的需求及有关特征更为了解,推销工作较为方便,推销效率较高。此外,实际营销费用和成本也可能明显低于直接营销 。如果产品的市场范围很小或只在当地营销 ,那么最好选择直接营销。这是因为目标市场潜在旅游者对该项旅游产品并不陌生,直接前往购买也不感到困难。

3. 旅游者的集中程度

如果旅游者集中度高,因营销效率相对较高,宜选择较短、较窄的渠道;若顾客较为分散,则宜选择较长、较宽的分销渠道。

4. 旅游者的购买习惯

在选择营销渠道模式的过程中,不可忽视目标市场旅游者的购买习惯。如果他们喜欢直接购买,应以直接营销渠道为主;如果他们非常信赖当地的旅游零售商,那就应该充分发挥旅游零售商的作用。此外,旅游产品的季节性对营销渠道选择也有一定的影响。

(二)旅游企业

旅游企业的商誉和资金或规模、经营能力、服务能力和控制能力等旅游企业自身因素,对旅游营销渠道模式的选择有重大影响。

1. 企业的商誉和资金

通常企业的商誉越好,资金越雄厚,就越有条件自主选择各种营销渠道,甚至可以建立自己的营销网络体系,不需要借助中间商的力量;反之,一些知名度较低且资金薄弱的中小型企业,则必须依赖中间商提供各种营销服务。

2. 企业的规模

大型旅游企业组织接待能力强,赢利目标要求的营销量也比较大。为此,这些企业有必要寻找、建立较宽、较长的营销渠道,以尽可能多地招徕旅游者。而小型旅游企业则相反,赢利所需的客源量不大,潜在旅游者又相对集中,如采用长而宽的营销渠道,既增加营销成本,又无效率可言,故而应以直接营销为主。

3. 企业的经营能力

如果企业自身有足够的营销力量,或者有丰富的营销经验,就可以少用或不用中间商;反之,若企业的营销力量不足,或者缺乏产品营销经验,就要依靠批发商或零售商来帮助推销产品。

4. 企业的服务能力

若生产企业有较强的服务能力,能够为最终消费者或用户提供更多的服务,可以选择较短的分销渠道。

5. 企业的控制能力

企业要更有效地控制分销渠道,就应选择较短的分销渠道。

(三)旅游产品

旅游产品因素在其性质和种类、档次和等级两个方面影响并制约着旅游营销渠道模式的选择。在旅游产品的性质和种类方面,像餐厅、景区、旅游汽车公司等企业,主要采取直接营销渠道,像度假酒店、包机公司、游船公司等企业,尤其是经营跨国旅游业务的旅游企业,往往选择间接营销渠道开展市场营销活动。在旅游产品的档次和等级方面,较低档次的大众化旅游产品购买者多、市场面广,特别是异地旅游产品大多是“第一次消费”和“一次性消费”,产品和旅游者联系比较松散。因此,大众化的旅游产品宜采用长而宽的营销渠道;高档次旅游产品购买者少,且其中回头客占很大比例,产品与顾客联系较为紧密,因而,价格贵的豪华旅游产品或某些特种旅游产品选择短而窄的营销渠道。

(四)宏观环境因素

经济状况、政策法规、自然条件等也会影响旅游企业的营销渠道决策。经济不景气时,市场需求不足,旅游企业为节约成本往往减少渠道环节;经济环境良好时则可适当增加营销渠道,以扩大供给面。旅游市场营销渠道同样受到国家有关政策法规的约束,目前,我国旅行社按政策被分成国际旅行社和国内旅行社两类。国际旅行社享有在国外组织、招徕客源以及在国内接待国际旅游者的权利和资质,国内旅行社则不能经营国际旅游业务,包括接待来华旅游者,从而限制了国内旅行社的营销渠道,只能在国内分布,而不能延伸到国外。随着我国旅游业改革开放的进一步深入、旅游业与国际接轨步伐的加快，这些限制政策会逐步取消。自然环境的影响主要表现为产品的地理区位及可进入性方面。若旅游企业或产品所处区位好，可进入性强，则可采用短渠道，反之则宜利用中间商营销。

三、旅游营销渠道的选择策略

旅游产品营销渠道模式是受多种因素的影响而形成的，因此，在制定旅游营销渠道选择策略时，首先必须认真分析、研究对营销渠道模式产生影响的那些因素，然后根据分析、研究的情况，结合选择营销渠道的基本原则，再制定旅游营销渠道的选择策略。

下面是几种常用的选择策略。

（一）营销渠道长度策略

营销渠道长度选择分为两个层次：一是决定采用直接营销渠道还是间接营销渠道进行营销；二是选择间接营销渠道的中间环节或层次多少。一般来说，在实际的营销活动中，旅游企业会同时采用这两种营销渠道。因为：一方面，对近距离市场，企业自身营销能力可以达到，则多用直接渠道；另一方面，绝大多数旅游产品的目标市场都比较庞杂、分散，且有生产与消费异地的特点。因此，仅凭企业自身的营销力量很难建立起足够的营销网点，而借助各种类型中间商的力量，可以使营销活动的辐射空间更为广阔。

每一条营销渠道在长度策略理论上都具有一些优点，比如直接营销渠道可以直接了解旅游者的有关需求和意见，方便供求双方信息沟通等，间接营销渠道可以加快旅游产品的流通。但对某个具体的旅游产品生产者或供应者来说，每一条营销渠道在长度策略理论上的优点都是相对的，而非固定的。无论哪种营销渠道长度策略，给旅游企业带来的效果不外乎最佳、较好、一般和失败这么几种。如果某一长度策略符合旅游企业自身情况，能为企业带来最大利润而又不违背企业的长远利益和社会根本利益，那么，这种策略就是最佳策略。

（二）营销渠道宽度策略

营销渠道长度设定之后，旅游企业还应对每个环节中间商的数量，即渠道覆盖能力进行选择，一般有密集型营销、选择型营销和独家营销三种策略。

1. 密集型营销

密集型营销是指广泛而不受任何限制地选用旅游中间商加入分销本企业旅游产品的行列。密集型营销的优点在于，市场覆盖面广，灵活性强，旅游者购买旅游产品较为方便，而且一般不会受到某一个旅游中间商经营失利的严重影响，因此，广泛性分销比较适合大众化的旅游产品。在主要目标市场采取密集型营销，效果往往更为明显，如许多海外旅游公司常通过中旅、国旅等大型批发商在我国开展促销。另一方面，旅游企业也要充分考虑这种策略的不足之处，如营销控制力弱、信息反馈缓慢等。

2. 选择型营销

选择型营销指旅游企业只选择那些素质高、营销能力强的中间商营销其产品。这种策略介于独家营销和密集型营销之间，比较适用于价格较高或数量有限的一些旅游产品，因为它要求中间商有较强的营销能力，并具备相应的专业知识，能给消费者提供针对性的服务。旅游中间商如果选择得当，经营得好，选择型营销完全可以兼得另外两种形式的优点。我国国际旅行社在经营国际旅游市场业务中大都采用选择型营销策略。

3. 独家营销

独家营销是指旅游企业在一定时间、一定市场区域内只选择一家中间商营销其产品,授予该中间商独家经营权,这是最窄的一种营销渠道形式。旅游产品生产者或供应者选择独家营销这一策略,其成功与否同所选择的旅游中间商有着密切的关系。独家营销的优点在于这种营销渠道决策有助于调动中间商的积极性,而且企业对中间商的控制能力较强,在价格、促销、信用和服务等方面也更便于双方合作。其缺点是灵活性较小,不利于大众消费者分散购买。另外,它的市场覆盖面狭窄,风险较大,一旦旅游中间商不能胜任独家分销的重担,就会严重影响企业在该市场的整个营销计划。所以,如果选择了独家营销,务必持相当慎重的态度去选用旅游中间商,力求万无一失。

四、旅游中间商的选择

除了批发与零售的差异外,旅游中间商还可以分为许多类型,如专门经营某一地区旅游产品的中间商、兼营旅游产品供给的中间商、兼营其他行业的中间商、其他行业兼营旅游行业的中间商等。选择好的旅游中间商对于建立高效畅通、经济合理的旅游营销渠道网络系统是至关重要的。一般来说,选择时应主要考虑以下几个方面的问题。

(一)要选择和产品性质相符的中间商作为合作伙伴

有的中间商长期从事某类产品的市场营销,熟悉该类产品的市场特点和营销要点,但是对于超出该类别范围的其他产品,则可能缺乏市场知识和营销经验。旅游企业应根据自身产品的实际情况选择和产品性质相符的中间商作为合作伙伴。

(二)要考查中间商渠道网络的规模

旅游中间商应该根据本公司的规模和商业客户的具体情况权衡,分析中间商对网络的控制能力和管理能力是否与企业的经营状况相符,选择规模匹配的旅游中间商。

(三)要了解中间商在同行中的信誉

中间商信誉的好坏是旅游企业选择中间商重点考虑的因素,公司可以从两个方面入手了解旅游中间商在行业中的信誉:一是通过正面接触来判断企业的相关人员的许诺是否可信;二是通过与业内人员的交流来了解中间商的资信情况。

(四)要了解中间商的经营实力

中间商的经营实力主要体现在资金、营销网络、阅历、人员和可投入固定资产等方面。

1. 资金实力

中间商的资金实力是旅游产品提供者要考虑的另一个重要指标。中间商的资金实力对其经销能力有直接影响,旅游产品提供者尤其要重视经销商流动资金的情况。需要注意的是,对经销商而言有一部分资金是专款专用的,调查清楚经销商可用于本企业旅游产品经营的资金数目是非常重要的。

2. 营销网络实力

中间商的营销网络直接决定了旅游产品的市场覆盖程度,考查这个指标应考虑三点:一是拥有的终端数量;二是终端的分布;三是终端的质量。当然,对这几方面的考查应与本企业的旅游产品种类联系起来。

3. 阅历实力

一个经验丰富的经销商对旅游产品的成功营销发挥着明显的帮助作用,可以从两个方面考查中间商的阅历:一是看中间商的运营时间;二是看中间商有没有经营过与本企业旅游产品相类似品种的经验。

4. 人员实力

业务的运作最终要靠人来推动,所以中间商所拥有的人员实力对旅游企业来说至关重要。考查人员实力可以从两方面着手:一是人员的"量",即人数;二是人员的"质",这涉及具体人员的年龄、文化程度、经验等方面。

5. 可投入固定资产实力

可投入的固定资产包括车辆、IT(信息技术)设备等,这些方面实力的强弱也会影响到旅游产品的营销。

(五)中间商的经营能力

中间商的经营能力主要体现在客户控制能力、市场拓展能力、企业内部管理能力、对本企业的认同能力、市场信息反馈能力和促销配合能力等方面。

1. 客户控制能力

客户控制能力涉及客户队伍的稳定性,是中间商综合管理能力的体现。考查客户控制能力可以从中间商与客户维持的时间长短、销货量的大小、在客户里的口碑及终端表现来判断。

2. 市场拓展能力

中间商的客户量仅仅维持原状是远远不够的,只有不断拓展市场才能让产品的覆盖率及营销量不断提升。所以考查中间商的市场拓展能力是非常必要的。可以从中间商新开客户的数量与质量来判断该中间商的市场拓展能力。

3. 企业内部管理能力

企业内部管理能力直接关系着企业的运作效率。企业内部的管理能力包括对业务员、网络、账款的管理等方面。可以从两方面来判断企业的管理能力:一是看其规章制度是否健全;二是看其执行得如何。这些信息可以通过实地观察与访问工作人员获得。

4. 对本企业的认同能力

对本企业的认同能力这一点也很重要,一个对合作企业有很好理解认知的中间商,在具体的操作实践中能更好地领会旅游产品提供者的意图,故在开发市场的过程中能更好地予以配合。

5. 市场信息反馈能力

对市场信息的有效反馈是指根据市场信息及时调整营销策略以促进营销。中间商应把收集到的有关信息及时传递给企业,为企业的决策提供依据。中间商这种能力的大小可以根据其他企业的评价来判断。

6. 促销配合能力

为了促进产品的营销,适当搞一些促销活动是必要的,很多促销活动都需要中间商的参与,活动的效果与它们的配合能力息息相关。为了考查中间商的促销配合能力,必须了解其以前曾参与过的促销活动及其效果。这些资料可以通过向中间商直接索取和访问相应的旅游企业来获取。

五、旅游中间商的合作与激励

选择了合适的中间商后,旅游产品供应者还要努力营造一个和谐、合作的工作氛围,通过支持与激励,与中间商建立真诚紧密的关系,提高其工作积极性,更好地满足旅游消费者的需求,使旅游企业获得更大的利润。

中间商与旅游生产商间的区别是,中间商并非受雇于生产商的其分销链中的一环,而是一个独立的市场。中间商首先是作为其顾客的买卖代理商,其次才是供应商的营销代理商,其主要兴趣在于营销顾客喜欢的产品。中间商力图将所有相关产品组合并营销 ,其营销努力在于取得该产品组合的订单,而非单一货物。除非给予某种激励,否则中间商绝不会保存各品牌商品营销情况的资料。

激励旅游中间商应以适度激励为基本原则,尽量避免过分激励和激励不足,前者可能导致营销量提高而利润下降,后者会影响中间商的营销积极性。一般来说,激励方法可以分为两种,即正刺激和负刺激。放宽信用条件、提高营销佣金等为正刺激,惩罚中间商甚至终止合作关系等为负刺激。使用负刺激时应注意可能会对其他成员造成消极影响。

对旅游中间商进行激励主要表现在以下五个方面。

(一)产品支持

根据互利原则和合约规定,尽可能保证向旅游中间商提供质量高、利润大的热销产品,特别是在旅游旺季。因为,在旅游中间商看来,获得这样的产品是供应者对它们工作、能力的重视和支持,这就在客观上激励旅游中间商进一步努力工作,加强与供应者全面、长期的友好合作。同时还要经常向中间商征询有关产品的意见和建议,不断对产品进行改进。

(二)利润激励

经销或代理某种旅游产品所能获取的利润是中间商最关心的问题。在产品定价时旅游企业必须充分考虑中间商的利益,向其提供增加收入的机会和条件。比如,针对其财力、信用及订货数量等情况给予相应折扣,以保证中间商能获取理想的利润,还可实行奖励超额营销、优惠大批量购买、及时传递获利信息等措施。

(三)营销活动支持

帮助旅游中间商增强营销能力。比如,培训旅游中间商营销人员,提供人、财、物的有偿支援等。甚至可为其分担部分广告宣传费用,或根据中间商的营销业绩给予不同形式的奖励,以激发中间商对本企业产品的促销热情。

(四)资金支持

生产企业为中间商提供一定的资金支持,能缓解中间商的资金紧张问题,并增强其大批量购买、营销本企业产品的信心和决心。旅游企业所提供的资金支持主要有售后付款、分期付款、直接营销补偿等几种形式。

(五)信息支持

旅游企业有必要定期或不定期地与中间商联系,及时和中间商沟通生产、市场等方面的信息,帮助其制定相应策略,使其能有效地安排营销 。

另外,对重要中间商给予特殊政策。重要的中间商指旅游产品生产者的主要分销商,它们的分销积极性至关重要。对于这些分销商应采取必要的政策倾斜。一是互相投资、控股。企业和中间商通过相互投资，成为紧密利益统一体，从经济利益机制上保证双方合作得更一致、更愉快。二是给予独家经销权和独家代理权。在某一时段、某一地区只选择一家重要中间商来分销商品，有利于充分调动其积极性。三是建立分销委员会。吸收重要中间商参加分销委员会，共同商量决定商品分销的政策，协调行动、统一思想。

六、旅游中间商的评估

为确保中间商及时有效地完成任务，旅游产品生产者还应随时监督中间商的行为，检查其履行职责的情况，并按一定标准对其进行评估，评价每个旅游中间商的营销业绩。对中间商的工作业绩进行科学评价是营销渠道管理的一项重要功能。中间商评估的作用主要有三点：一是对各中间商预期营销指标的完成情况进行考查，以控制企业营销计划的执行；二是发现营销渠道存在的问题，并采取相应对策；三是通过渠道评价，寻找理想的旅游中间商，并与之建立长期的合作关系。

旅游中间商评估的内容主要有以下方面。

（一）旅游中间商的营销能力

这是一个重要的评估标准。营销能力包括营销量的大小、营销额的多少、成长性和赢利速度以及偿付能力等。对营销能力的评估相对比较容易，因为这些指标大都是定量而不是定性的，但在实施中需要旅游产品提供商和旅游中间商紧密合作，做到信息共享。

（二）旅游中间商的信誉度

这也是评估旅游中间商不可忽视的重要内容。因为旅游中间商的信誉度不仅关系到旅游产品生产者或供应者与其合作的效率和心情，而且对营销的效果有直接的影响。信誉度的评价指标包括付款的及时性、顾客满意率、配合程度等。

（三）旅游中间商的参与热情

有的中间商有实力，但不积极推销、宣传生产者或供应者的旅游产品，它们参与营销的效果往往极有可能不如实力稍弱、但积极配合的旅游中间商参与营销的效果。相比之下，选择参与热情高涨的旅游中间商要强于选择没有热情或热情不足的旅游中间商。热情度的评价指标包括成员之间的关系、市场信息反馈的及时性、营销产品的积极性、积极的建议等。

（四）旅游中间商的营销量占本企业营销量的百分比

这一标准可以用来衡量旅游中间商对旅游产品提供商的重要程度，如果这一比值很大，则其重要程度就大；反之其重要程度就小。

通过以上评估活动，可以及时发现问题，掌控旅游中间商的情况，为改进和完善旅游中间商政策提供依据。

七、旅游营销渠道的调整

在分销渠道管理中，根据每个中间商的具体表现、市场变化和企业营销目标的改变，旅游产品生产者需要对分销渠道进行调整。例如，原来采用独家代理方式，为了制约独家代理的扩张，可适当增加代理商的数目，调整为多家代理方式。

调整的方式主要有以下几种。

（一）增减分销渠道中的中间商

增减分销渠道中的中间商即在某一营销渠道中增加或减少一个甚至几个旅游中间商。如果旅游中间商存在营销不积极、参与热情低、经营管理不善、合作意识差、信誉欠佳等问题，旅游产品生产者在必要时将不得已与其中断合作关系。如果需要扩大营销量，进一步开拓旅游市场，加强与对手的竞争，旅游产品生产者经过调查分析和洽谈协商，在符合企业对中间商的要求和中间商愿意合作的基础上，可以选定其作为企业在该地区的经销商或代理商。增加经销商或代理商，可能会引起现有分销商的不满，而减少成员又可能导致忠诚度的降低。

当企业需要增加渠道成员时，一方面，要保证渠道调整的诱因来源于渠道冲突，来源于现有分销商的利益冲突，制定相应的政策会保护它们与企业的长期合作关系；另一方面，要鼓励新的分销商努力发展，尽可能地扩大企业的分销网络。当企业需要减少渠道成员时，一方面，要尽可能保持与原来分销商之间的良好关系，为将来的发展打下基础；另一方面，要与现有的分销商进行充分的沟通，让其了解企业目前的政策和发展方向，稳定市场，巩固分销商对企业的忠诚度。

此外，在进行调整时，还应进行经济增量分析。比如，增加或减少某个旅游中间商之后，本企业的营销额和利润是否受到影响？影响程度如何？对其他旅游中间商的经营活动又有什么影响？……需要注意的是增减渠道成员并不代表企业利润一定会提高或减少，如当旅游企业取消一个落后的经销商时，由该经销商负责的市场业务可能会被竞争者轻易占领，其他经销商也会因此而产生不安全感，甚至降低营销积极性。因此，在决定增加或减少中间商之前，旅游产品生产者最好先利用整体系统模拟的方法对企业利润变化进行定量分析，然后再进行决策。

（二）增减某一种分销渠道

当旅游生产者通过某种分销渠道营销某种产品所获取的营销额一直不够理想时，即要么出现亏损、要么投资收益率偏低时，企业可以考虑在全部目标市场或某个区域内撤销这种渠道类型，而另外增设一种其他的渠道类型。企业为满足消费者的需求变化而开发新产品，若利用原有渠道难以迅速打开销路和提高竞争能力，则可增加新的分销渠道，以实现企业营销目标。

（三）调整整个营销渠道系统

调整整个营销渠道系统指旅游产品生产者对其所有的营销渠道做出调整、如直接渠道改为间接渠道，单渠道改为多渠道等。当旅游市场营销环境发生重大变化、旅游企业重新制定战略目标、旅游产品性质已有根本改变时，旅游企业往往需要调整整个营销渠道。旅游产品生产者实施这类调整的难度很大，且需要特别小心谨慎，以尽量减少对营销的不利影响。

八、旅游营销渠道的冲突管理

渠道冲突有多种形式。有些渠道冲突没有危害，只不过是商业竞争中的必然成分；有些渠道冲突不仅没有危害，还对旅游企业有好的影响。渠道之间的竞争也避免不了适者生存的自然法则，那些过时的或不符合客户要求的渠道将被新的或能给最终客户带来真正价值的渠道所代替。但是，确实有一些渠道冲突是相当危险的，这些危险的渠道冲突会侵蚀旅游企业的经济利益，即使对一些拥有最好产品的旅游企业也不例外。

由于旅游企业经常选择多个中间商营销产品，旅游中间商会因竞争而发生冲突。冲突一旦发生，就有可能对整个营销渠道产生不利的影响。这些冲突既存在于营销渠道同一层次的成员之间，如为争夺客源同一层次的旅游营销商之间的冲突；也存在于同一渠道的不同层次之间，如旅游批发商与旅游零售商的冲突，旅游零售商与旅游代理商的冲突。这些冲突是不可避免的，因此必须对冲突进行有效的、合理的管理。

要深入了解每个重要渠道成员的实际需要及其满足程度，根据中间商的不同要求采取相应的措施。比如，当旅游代理商希望酒店给予更大的房价优惠时，可以根据具体情况在一些希望增加预订量的房型上给予最优惠的房价；当旅行社希望在旅游旺季有优先预订权并延长保留房间的时间时，可根据其取消预订率的大小给予适当的满足等。

要分析渠道成员之间冲突产生的具体原因，积极地配合中间商解决。当渠道成员之间发生冲突时，旅游企业不能听之任之，那样发展下去只能损坏各方的利益。解决冲突最有效的办法是加强与各级渠道成员之间的联系，定期举办各种座谈会，把营销渠道成员聚在一起，相互沟通、消除分歧。

第 5 节　旅游营销渠道的发展趋势

一、目的地趋向全渠道整合营销

以往目的地营销单位单一公关、单一媒体、单一市场的行动已不能满足目的地的全方位需求。作为行业观察者，我们看到越来越多总经销（General Sales Agent，GSA）主导的目的地营销出现，既代理目的地旅游局，又代理目的地航空公司和目的地的主要景点等资源，营销和销售产品相互结合，全方位整合。充分发挥资源优势，精准营销、提高效率、化虚为实、注重效果，营销在前，销售产品紧随其后，带动目的地实际业绩的增加。未来景区的营销单靠自身的力量发力应该受限很大，除非资源本身具有独一无二性和不可复制性，从目前 OTA 的"酒店 +""景区 +"产品整合后带来的销售业绩的提升就可以得出结论，景区整合周边相关资源、跨界营销是非常有必要的营销模式。

二、旅游营销更加注重"线上 + 线下 + 体验"

从旅游行业现状看，"线上 + 线下"的做法，在旅游营销上已多有实践，在二者相互融合的过程中，已经意识到服务体验的重要性，表现在旅游营销上，是对"线上 + 线下 + 体验"模式的探索。

比如在云南、内蒙古等颇具地方特色的目的地营销中，旅游企业依托强大的线上、线下能力，将很多地方热门的旅游元素，像云南的普洱茶、猫哆哩，内蒙古的飘香奶酪、民族歌舞等在线下体验店呈现，让游客得以近距离体验旅游的魅力，同时线上平台也对活动同步展示，达到旅游营销目的。比如从"58 同城""赶集网"等平台看到，不少旅游产品都加入了体验环节，丰富了旅游内容。随着更多"线上 + 线下 + 体验"活动的开展，这种模式将不光体现在目的地营销的趋势中，也将是旅游服务场景和消费的新趋势。

三、实行"新媒体 + 网红 + 直播 +VR"等创新的营销方式

基于微信的新媒体已广泛地出现在目的地营销活动中，如今微信又推出了小程序，可以以更丰富的新媒体技术与受众互动。网红经济的核心是注意力经济，目的地的网红也是旅游达人，达人们引领玩乐潮流，引领目的地选择导向。如何利用好网红促进目的地营销将是新的潮

头。直播是网红与粉丝的沟通途径，同时目的地也通过更多的直播活动使目的地的信息为游客所关注，而且传播成本低。“VR+ 旅游”的技术应用则“颠覆旅游预体验”，同时化身为营销新利器。游客通过 VR，进入虚拟旅行体验，从而制订完美行程计划。

四、效仿西方旅行社走渠道专业化的道路

选取专业的中间代理商委托其进行销售，值得注意的是中间代理商选取应当经过严格筛选；将上游研发项目进行外包，减少旅行社的成本开支，或与其他旅行社合作，共同研发，拓展销售渠道宽度。渠道的宽度是根据每一层级渠道中间商的数量来定义的一种渠道结构，受到产品的性质、市场特征、用户分布以及企业分销战略等多种因素的影响。旅行社拓展销售渠道宽度的方式主要有：通过自身实力的扩大，在不同的地域、城市发展门市，拓宽自身的销售渠道；与实力强大的中介进行联合，借用它们的销售渠道，如与携程网签订合作协议，依靠其销售渠道，但是要特别提醒的是这种销售渠道需要付出一定比例的佣金，比较适合缺乏资金、自己无法创建独立销售渠道的中小旅行社。

五、拓展互联网上的直销渠道

随着经济不断发展，科学技术不断进步，互联网已经走进千家万户，许多酒店纷纷采取网上预定销售，旅行社为了迎合这种变化，纷纷制作本公司的网页。但值得注意的是，大多数旅行社只将网页定位于介绍旅行社基本情况，而忽视了对网站的及时更新和产品销售。一方面，通过网上直销渠道能减少中间环节，利于旅行社利润的增加；另一方面，在网上销售的同时，应当注重加入体验元素，这与旅游产品的无形性、生产销售同一性是分不开的，通过虚拟旅游元素，使游客对旅游产品的感性认识增强，促使其将潜在旅游欲望转化为旅游行动。

六、旅游销售走向个人代理

现实中我们发现，在旅游销售环节中存在如下几个现象。

（1）个人从事旅游销售的人不少，这些人并不是某一个旅行社的专职销售人员。他们有的是业内非专业销售岗的工作人员，如计调；有的从事导游、领队；有的干脆就是曾经干过旅游现在转行，但兼职做旅游销售。

（2）这些兼职人员每年的销售量单个看并不是很高，但加起来的总量却不低。

（3）他们在从事兼职销售过程中，目前还受制于产品取得、分享及交易环节的技术限制，效率低下，远远没有释放出他们的效能。

从未来发展趋势来看，旅游销售走向个人代理是必然趋势，只要一个人有时间、有专业能力、有人脉关系，他就可以参与到旅游销售中来，他们销售的产品都是旅行社的正规产品，客人签约付款都是对应旅行社，产品质量和售后服务都由旅行社负责，销售人员的主要任务是招徕客户。一旦销售环节的限制被打破，再推出适应兼职销售人员的在线移动工具，将打破个人在销售环节中的时间限制、从业限制、雇用限制，形成新型的雇用关系，形成一批销售环节的自由职业者，这将极大地释放个人在销售环节中的能量，提升生产效率。

【本章小结】

本章主要学习内容是旅游市场营销渠道的概念和类型，要求学生在掌握市场营销渠道的概念基础上，深刻理解市场营销渠道选择的意义；掌握主要营销渠道的概念，并能够理解它们各自的优缺点；掌握未来旅游销售渠道的发展趋势，并从中发现和选择企业机会和个人的机会。

【思考题】

1. 试举出几种旅游营销渠道的类型并说出它们各自的优缺点和适用范围。

2. 旅游零售商应怎样处理与旅游批发商和旅游者之间的关系？

3. 旅游营销渠道有哪些发展趋势？这些发展趋势会给旅游企业带来什么样的机遇？

【练习题】

一、单选题

1. 旅游营销渠道按旅游产品是否经过中间环节或中间商作为划分标准，可以分为直接营销渠道和(　　)。

A. 零级营销渠道　　B. 一级营销渠道

C. 间接营销渠道　　D. 二级营销渠道

2. 下列不是旅游营销渠道选择的影响因素的是(　　)。

A. 旅游市场特征　　B. 旅游企业实力

C. 消费者层次　　D. 旅游产品性质

3. 下列不属于间接营销渠道的是(　　)。

A. 一级营销渠道　　B. 二级营销渠道　　C. 三级营销渠道　　D. 直营店

二、多选题

1. 旅游营销渠道根据旅游营销网点的多少、网点分配的合理程度以及营销数量的多少分为(　　)。

A. 长渠道　　B. 短渠道　　C. 宽渠道　　D. 窄渠道

2. 旅游营销渠道宽度策略主要有(　　)。

A. 密集型营销　　B. 选择型营销　　C. 分散型营销　　D. 独家营销

三、判断题

1. 营销渠道的选择应遵循低成本、经济性和适宜性的原则。(　　)

2. 旅游营销渠道的宽窄应该与企业实力成反比例关系。(　　)

3. 旅游中间商可以延长产业链条，实现产品增值。(　　)

4. 旅游营销渠道未来必将走向虚拟化、网络化和国际化。(　　)

【参考文献】

[1] 李克芳. 营销渠道管理 [M].2 版. 武汉：武汉大学出版社，2017.

[2] 谭小芳. 策动旅游：实战营销 [M]. 北京：中国经济出版社，2010.

[3] 韩勇. 旅游市场营销学 [M]. 北京：北京大学出版社，2006.

[4] 张新生. 旅游销售技巧 [M]. 北京：企业管理出版社，2004.

[5] 邹益. 旅游市场营销学 [M]. 福州：福建人民出版社，2001.

第8章　旅游促销策略

学习目标

1. 了解促销和促销组合。
2. 理解促销组合策略和营销因素。
3. 掌握推销策略、旅游广告策略、旅游公共关系策略和旅游营销促进策略。

教学重点

1. 旅游广告策略。
2. 旅游公共关系策略。

课前导读与体验

近日有网友发出一张图并质疑，长白山景区只对港、澳、台和浙江、长三角地区游客优惠，这算是地域歧视吗？记者从照片上看到，在一定时间内，港、澳、台、浙江及长三角地区游客凭有效证件，游览吉林省内所有4A级以上营业景区，实行门票挂牌价半价优惠，杭州市民更可以在长白山景区免门票。长白山景区客服回应称每年均有优惠活动，此为今年有针对性的活动。吉林省旅游发展委员会表示这是城市间互惠活动，并非地域歧视。（2017年11月28日《北京青年报》）

仔细研读当地历年的优惠对象和现时的促销方案，则可以发现此活动有其合理之处。当无法给予所有游客同等优惠时，分时段、划区域地给予优惠，就是比较可行之策，说不定哪一年就会轮到质疑者所在省份和地区，可保证大致上的公平。不仅如此，"非地域歧视"之说更得到了律师的证实，无论《中华人民共和国旅游法》还是《中华人民共和国民法通则》，皆不能认定这是歧视性收费。

但问题是，合法只是一切社会活动的底线，在这个底线之上，还存在很多东西，譬如较高的道德标准、较佳的心理体验等，假如旅游促销仅仅满足于"非歧视"，满足于行为合法，这个要求未免太低了一些，这就好比一位不思进取的学生只希望分数达到及格线一样。旅游是一种身体和心理等方面的体验，应在避免欺客宰客、守住法律底线的基础之上，尽量让游客身体感到舒适，心情觉得愉悦，如此方能不虚此行，不背离旅游的初衷。

商业促销是一门学问，说话也得讲艺术。类似的旅游促销活动之所以经常引发争议，原因就在于忽视了这门学问和艺术，更没有把细节做扎实，也没有顾及个人的感受。此类活动即使合法且无歧视性，也不能让游客感到满意。在日益注重服务品质、讲究行为艺术和办事技巧的当今社会，这类促销活动还是应多些思虑，至少不应该把事摆在台面上，给其他游客的心里添堵。

（资料来源：http://news.163.com/17/1129/05/D4CRBQ53000187VI.html）

第1节　旅游促销和促销组合

一、旅游促销

旅游促销是指旅游企业通过各种传播媒介向目标旅游者传递有关旅游企业和旅游产品的信息，帮助旅游者认识旅游产品所能带来的利益，引起旅游者的注意、了解和兴趣，刺激旅游者的需求，影响旅游者的购买行为，从而达到促进旅游产品销售的目的。简而言之，旅游企业促使旅游者对旅游产品产生消费愿望的行动，就是旅游促销。

旅游促销的实质就是旅游企业要把有关旅游信息传播给旅游消费者。旅游营销者为了有效地与购买者沟通信息，可通过发布广告的形式广为传播有关旅游产品的信息；可通过各种营业推广活动传递短期刺激购买的有关信息；也可通过公共关系手段树立或改善自身在公众心目中的形象；还可通过派出推销员面对面地说服潜在购买者。广告、营业推广、公共关系和人员推销四种因素的组合和综合运用就称为促销组合。

二、旅游促销的作用

对于旅游企业来说，旅游促销就是要通过各种不同的促销组合手段向旅游者传递旅游产品能够为旅游者带来怎样的利益的信息，激发旅游者的需求，从而达到诱发旅游行为的目的。一般来看，旅游促销的作用有以下几个方面。

（一）提供旅游信息，沟通供需关系

旅游促销的直接作用是进行信息传递，实现旅游产品生产者与旅游最终消费者之间的沟通。旅游地或旅游企业在何时、何地和何种条件下，向何种消费者提供何种旅游产品，显然是旅游促销活动所要传递的基本信息。旅游企业通过各种促销手段，将旅游产品、旅游企业和旅游地的信息传送到消费者那里。潜在旅游消费者正是通过这些信息，了解、熟悉旅游地或旅游企业的何种旅游产品能够满足其需求以及在何种条件下才能满足其需求。

（二）刺激旅游需求，引导旅游消费

旅游产品作为高层次的非一般生活必需品，其消费需求弹性大、波动性强，具有一定的潜在性和朦胧性。通过生动、形象、活泼、多样的旅游促销手段，可以唤起并强化旅游消费需求，甚至创造和引导特定旅游产品的消费需求，从而增加旅游企业的市场销售量，获取更多利润，如回归大自然旅游热、漂流热的兴起，可以说都与相应的旅游促销活动有关。

（三）突出产品特点，强化竞争优势

相互竞争的同类产品往往差别不甚明显，尤其是作为无形服务的同类旅游产品的差别更不易被旅游消费者所分清。旅游促销恰恰是传播旅游产品市场定位特色的主要手段，它通过对同类旅游产品某些差别信息的强化传递，对不同具体产品（服务）的特色起到聚焦、放大的作用。即使对于没有实际差别的同类旅游产品，也可赋予其不同的象征性形象差别，以使潜在旅游消费者认识到何种旅游产品更有可能带给自己实际所需和精神所需的特殊效用和利益，并由此对某种旅游产品形成购买偏好。

（四）树立良好形象，加强市场地位

由于旅游是一种高层次的消费与审美活动，通过生动而有说服力的旅游促销活动，往往可

以塑造友好、热情、安宁、服务周到以及其他人格化的良好旅游服务形象,赢得更多潜在旅游消费者的厚爱。旅游市场风云变幻,一旦出现有碍旅游地或旅游企业发展的因素时,就可通过一定的宣传促销手段,改变自身的消极印象,重塑自身的有利形象,以达到恢复、稳定甚至扩大其市场份额的作用。

(五)冲销淡旺季差异,稳定销售

旅游产品的脆弱性决定了旅游产品较易受到各种因素的影响,诸如政治因素、自然条件等。旅游产品在淡季和旺季的需求差别较大。如果旅游营销主体经营多种旅游产品,而这些产品又分布在不同的季节,就可以在不同的季节都有适时的旅游产品供应,并对其进行大规模的宣传、促销,使淡季与旺季需求差别缩小,稳定销售,并且促进自身经营活动的开展。

三、旅游促销组合策略

(一)旅游促销的基本策略

旅游促销的基本策略可分为推式策略和拉式策略。推式策略是旅游组织运用人员推销的方式,把旅游产品和服务推向市场,即从旅游景点推向中间商,再由中间商推给消费者。推式策略也称人员推销策略,促销重点是中间商。拉式策略是指旅游组织运用非人员推销方式把旅游消费者拉过来,使消费者对其旅游产品和服务产生需求,促使消费者主动向旅行社、中间商、旅游景点靠近。拉式策略也称非人员推销策略,促销重点是消费者。

(二)旅游促销组合

所谓促销组合,是一种组织促销活动的策略思路,主张企业将广告、人员推销、公共关系、销售促进四种基本促销方式组合成一个策略系统,使企业的全部促销活动互相配合、协调一致,最大限度地发挥整体效果,从而顺利实现企业目标。四种基本促销方式组合成一个策略系统,使企业的全部促销活动互相配合、协调一致,最大限度地发挥整体效果,从而顺利实现企业目标。

旅游促销组合就是指旅游组织为了达到最佳的促销效果,根据市场的具体特点,而对各种促销方式进行不同的选择和组合,制定出有效的促销组合策略。旅游促销组合是旅游促销策略的前提,因此旅游促销策略也称旅游促销组合策略。

(三)旅游促销组合策略的制定

旅游促销组合策略的制定一般需要以下步骤:确定目标受众、制定促销目标、确定促销费用、选择促销组合和控制促销活动。旅游促销的方式主要有旅游广告、公共关系、销售促进和人员推销,每一种方式都有自己的优缺点。在具体选择促销组合时应对各种促销方式进行分析,选择最佳的促销组合。

四、影响旅游促销组合的因素

(一)旅游促销目标

旅游促销的总目标是通过对旅游者进行宣传、诱导和提示,促使旅游者产生购买动机,影响旅游者的购买行为,最终实现旅游产品由旅游企业向旅游者的转移。旅游促销目标是制约各种旅游促销方式组合的重要因素。旅游促销目标不同,旅游促销组合也必然存在差异。例如,某旅游企业的促销目标是扩大销售量,获得最大的销售利润,而另一个旅游企业的促销目标是树立企业形象,为其旅游产品今后占领市场并赢得有利的竞争地位奠定基础。前者在促销组合中将更多地使用广告和销售促进以实现短期效益;而后者在促销组合中将更多地使用公共关系,以实现长期目标。

(二)旅游市场的特点

旅游市场的地理范围、类型和潜在旅游者的数量等因素,决定了旅游市场的性质,也决定了旅游促销组合策略。一般来说,如果目标市场地域范围大、旅游者分散,应多采用广告进行促销;反之,则可以以人员推销为主。市场营销的对象不同,促销组合策略也不同,如果旅游企业销售的对象是旅游者,各种促销方式的重要性依次为广告、销售促进、人员推销和营销公关;如果销售的对象是旅游中间商,则各种促销方式的重要性依次为人员推销、销售促进、广告和公共关系。

(三)旅游产品的特点

旅游产品的性质不同,旅游者的购买需求也不同,因此需要不同的旅游促销组合。一般来说,对于价格昂贵、购买风险较大的旅游产品,旅游者通常不会满足于一般广告所提供的信息,而倾向于理智购买,希望得到更为直接可靠的信息。对这类旅游产品,人员推销、营销公关往往是重要的促销手段。对于购买频繁、价格不高以及季节性较强的旅游产品,旅游广告、销售促进则是重要的促销手段。一些风俗节日旅游,如我国傣族的泼水节、彝族的火把节等,旅游广告的促销效果十分明显。

(四)旅游产品的生命周期

在旅游产品生命周期的不同阶段,旅游促销的重点也是不同的,因此要制定不同的旅游促销组合。当旅游产品处于导入期时,促销的主要目标是使旅游者认识旅游新产品,因此,促销的主要方式应当是各种广告和营销公关,以扩大旅游产品的知名度。当旅游产品处于成长期时,促销的主要目标是增进旅游者的兴趣和偏好,扩大旅游产品的销售量。这时,旅游广告仍需加强,但旅游广告的重点在于宣传旅游产品的品牌和特色,同时强化旅游公共关系的作用,销售促进活动则应相应减少。当旅游产品处于成熟期时,竞争者增多,为了扩大产品销售,以便与竞争产品争夺客户,广告宣传仍需加强,但广告侧重点应突出本产品区别于竞争产品的优点。同时要增加销售促进,给旅游者以优惠,配合使用人员推销和营销公关,特别是人员推销应大力加强,加大访问客户的频率,维系与旅游中间商的关系,以稳定旅游产品的销售。当旅游产品进入衰退期,旅游市场上出现了旅游新产品时,旅游企业应以旅游销售促进为主,保持提示性的旅游广告,吸引偏爱的旅游者继续购买旅游产品,以便回收更多的资金。

(五)旅游促销预算

旅游促销组合策略的制定,还取决于旅游促销经费的预算。一般来说,旅游促销预算多,就可选择旅游广告等花费大的旅游促销方式;反之,就应选择花费少的方式。

第2节　旅游人员推销策略

最古老、最常用、最有效的促销方式是人员推销。人员推销有自己的优势和特点,特别是在建立消费者偏好、信任和行动时,是最有效的促销工具,但它也是成本最昂贵的营销工具之一。

一、旅游人员推销的含义

旅游人员推销是指由旅游企业派出推销人员直接与顾客接触，传递旅游产品信息，以促成购买行为的活动，是旅游促销活动的重要组成部分。旅游人员推销是一种最古老的促销方式，同时也是现代旅游企业中最常用、最直接、最有效的促销方式。

在国际旅游方面，我国旅游企业产品的对外销售主要是与境外旅游中间商接洽和商谈预订业务，如派人参加国际旅游博览会或展览会、派人到旅游客源国进行巡回推销活动，除主要与旅游中间商打交道外，还能与一部分潜在的旅游者进行接触。

二、旅游人员推销的特点

同非人员推销相比，人员推销具有以下主要特点。

（1）推销的直接性。推销人员在与旅游中间商和旅游消费者的直接接触中，可以通过自己的言语、形象、特有的各种宣传材料等，直接向顾客解说、展示，通过交谈进行思想沟通，并当即回答顾客所提出的有关产品的各种问题。

（2）较强的针对性。旅游企业的推销人员在开展推销业务之前，一般要事先对旅游消费者进行调查研究，在选好推销对象后，再有针对性地进行推销活动。针对性强不仅可以获得更好的销售效果，同时也能节省人力、物力和财力。

（3）节省成交时间。人员的直接推销可以把有关产品的信息直接传递给顾客，并可当面商谈购销的各种事宜，如果双方交易意向一致，就可当即成交。若是通过媒体广告传递有关产品的信息，顾客接收到信息后，往往还有一个认识、思考、比较到最后决定购买的过程，这就花费了许多时间。人员直接推销可大大缩短从促销到顾客购买之间的间隔时间。

（4）推销的灵活性。旅游人员推销与客户保持着最直接的联系，可以在不同环境下根据不同潜在客户的需求和购买动机以及客户的反应调整自己的推销策略和方法，可以解答客户的疑问，使客户产生信任感。

（5）具有公共关系的作用。旅游人员进行推销的过程，实际上也是代表旅游企业进行公关活动的过程。

三、旅游人员推销的基本形式

在实际推销过程中，由于最终的旅游消费者比较分散，大多属于少量购买，因此旅游人员推销的主要目标是旅游中间商和团体购买者。

旅游人员推销的形式有多种，这里主要介绍以下几种。

（一）上门推销

上门推销是最常见的人员推销形式。它是指营销人员携带旅游产品的相关资料，直接走访客户，向客户宣传旅游企业和产品的特点，并根据客户的反应，随时了解客户的具体要求，不断调整营销策略，恰当地选择时机达成交易。

（二）营业推销

营业推销包括柜台推销和电话推销等，指旅游企业内部营销人员在办公室接待客户，用电话或其他通信工具与客户联系洽谈业务。根据内部营销的概念，在吃、住、行、游、购、娱六方面从事接待服务的所有人员都是推销员，包括营业员、服务员、导游等。这些从事接待服务的人员直接与顾客接触，他们以语言、行为介绍或展示产品与服务，回答顾客的咨询，满足顾客的需求。这种服务的过程就是推销的过程。

(三)会议推销

会议推销是指旅游企业利用各种会议向与会人员宣传介绍本企业及其旅游产品,开展推销活动,如在旅游订货会、旅游交易会、新闻发布会上推销产品都是会议推销。会议推销接触面广、群体集中、成交量大、推销效果好。

四、旅游人员推销的工作步骤

推销工作步骤是对人员推销的过程进行阶段划分,并指出每个阶段的工作重点和各个阶段的内在联系及转换规律,以便推销人员更清楚地了解推销活动的实质,避免片面、孤立地开展推销活动。常见的推销过程有以下七个步骤。

(一)寻找顾客

旅游推销人员必须利用各种渠道和方法为所推销的旅游产品寻找购买者,包括现有的和潜在的购买者。应用现有顾客挖潜法、停购顾客启动法、同类顾客推移法、连销介绍法、广告开拓法等方法,拟定潜在顾客名单。通过电话、邮件及其他调查方式,了解潜在消费购买者的需求、支付能力和购买权力,做出购买资格评价,筛选出有接近价值和接近可能的目标顾客,以便集中精力进行推销,提高成交比例和推销工作效率。

(二)接近前准备

旅游推销人员在推销之前必须进行充分的准备,包括尽可能地了解目标顾客的情况和要求,确立具体的工作目标,选择接近的方式,拟定推销时间和线路安排,预测推销中可能产生的一切问题,准备好推销材料,如景区景点及设施的图片、照片、模型、说明材料、价目表、包价旅游产品介绍材料等。在准备就绪后,推销人员需要与顾客进行事先约见,用电话、信函等形式向访问对象讲明访问的事由、时间、地点等约见内容。

(三)接近目标顾客

旅游推销人员经过充分准备和约见,就要与目标顾客进行接洽。接近顾客的过程往往是短暂的,长的不过十几分钟,短的只有几分钟,在这极短的时间里,推销人员要用自己的才智,根据掌握的顾客材料结合实际情况,灵活运用各种接近技巧,如介绍接近、产品接近、利益接近、好奇接近、问题接近等方法,引起目标顾客对所推销旅游产品的注意,引发和维持他们对访问的兴趣,并引导顾客进入面谈,达到接近顾客的最终目的。

(四)推销面谈

面谈需要接近,接近与面谈是同顾客接触过程中的不同阶段,两者之间没有明显的、绝对的界线,两者的本质区别在于谈话的主题不同。接近阶段多侧重于让顾客了解自己,有利于沟通双方感情和创造良好的推销气氛;而面谈阶段往往侧重于推销旅游产品,建立和发展双方的业务关系,促使顾客产生购买欲望。一般来说,推销面谈需要推销人员利用各种面谈方法和技巧,向目标顾客传递旅游企业及其产品信息,展示顾客利益,消除顾客疑虑,强化购买欲望,让顾客认识并喜欢所推销的旅游产品,进而产生强烈的购买欲望。

(五)处理异议

面谈过程中,目标顾客往往会提出各种各样的购买异议,诸如需求异议、价格异议、产品异议、服务异议、购买时间异议、竞争者异议、对推销人员及其所代表的企业的异议等。这些异议都是目标顾客的必然反应,它贯穿于整个推销的过程中,销售人员只有针对不同类型的顾客异议,采用不同的策略、方法和技巧,有效地加以处理和转化,才能最终说服顾客,促成交易。

(六)成交

成交是面谈的继续,也是整个推销工作的最终目标。事实上一个订单很少在第一次访问时就能定下来,特别是对于较大的订单,经常需要五次以上的访问。一个优秀的推销员,要密切注意成交信号,善于培养正确的成交态度,消除成交的心理障碍,谨慎对待顾客的否定回答,把握好成交机会,灵活机动,采取有效的措施和技术,帮助目标顾客做出最后选择,促成交易,并达成协议。

(七)后续工作

要让顾客满意,并使他们继续购买,后续工作是必不可少的。达成交易后,推销员就应着手履约的各项具体工作,做好顾客服务,妥善处理可能出现的问题。着眼于旅游企业的长远利益,与顾客保持和建立良好的关系,树立消费者对旅游产品的安全感和信任感,促使他们连续、重复购买,利用顾客的间接宣传和辐射作用,争取更多的新顾客。

五、旅游人员推销的管理

(一)旅游人员推销的目标

旅游人员推销和其他促销方式不同,在推销过程中,需要人员根据实际情况随时进行调整,并不断与客户沟通。因此,旅游人员推销不能只以销售额作为主要目标,而应该综合考虑旅游企业的整体营销策略和促销目标,充分发挥人员推销的优势。确定旅游人员推销的目标应从以下三个方面入手。

(1)销售产品。旅游人员推销最基本的目标是通过与客户的沟通,向消费者提供有关旅游企业和产品的各种信息,在一定的权限内处理一些技术问题。销售产品的目标可以通过销售额来体现。

(2)开拓市场。当现有的客户市场已经非常成熟时,根据旅游企业的整体营销策略,需要开发新的市场,可以把开拓市场、寻找新客户作为旅游人员推销的总目标,依靠旅游推销人员对市场和旅游产品的了解,发现新的需求动向。开拓市场的目标可通过新增的客户数来体现。

(3)收集市场信息。在旅游企业中,推销人员扮演着两种角色:对外代表旅游企业与客户沟通;对内作为客户的代言人。他们在与客户的沟通中,能够获得客户对旅游产品最详细的看法和意见,并将信息反馈到企业的有关部门,对于改进旅游产品、提供更好的服务,具有不可替代的作用。另外,推销人员在推销工作中,应该随时掌握市场竞争的第一手资料,这些都能成为指导旅游企业产品开发、促销的重要信息。收集市场信息的目标可以通过在一定时间内,推销人员反馈的信息量或者对旅游企业的市场营销策略提供的有价值的建议数量来体现。

(二)旅游人员推销的组织和规模

旅游人员推销采取的组织结构、规模是否恰当,直接影响到旅游企业的经济利益。在实践中,旅游人员推销应该依据旅游产品的销售区域、产品特点、消费者类型来建立组织结构,并根据销售百分比、销售能力和工作量来确定推销人员的规模大小。

(1)区域性组织结构。区域性组织结构是指旅游企业将目标市场按地理因素划分为若干个不同的销售区域,每个销售人员负责一个区域的全部销售业务。区域性组织结构建立的关键是要确定合适的销售区域，一般可根据销售潜力相等或工作量相等的原则来确定，避免每个销售区域的销售潜力或工作量不同而引起销售人员的矛盾。

（2）产品式组织结构。产品式组织结构是指旅游企业根据旅游产品的特点分成若干类，或者按不同旅游线路的组合分成若干类，一个或多个销售人员为一组，负责对其中的一种或几种旅游产品进行推销的组织结构。例如，旅游酒店可以将产品分为客房、餐饮、娱乐等几大类进行销售。这种组织结构适用于产品类型较多的旅游企业，有利于推销人员专心于某一类型旅游产品的销售，使得销售过程中重点突出。

（3）消费者式组织结构。消费者式组织结构是指旅游企业将目标市场按照消费者的属性进行分类，不同的销售人员针对不同类型的消费者进行销售的组织结构。例如：可以根据购买目的将消费者分为商务消费者、休闲观光消费者、会议消费者、度假消费者等；也可以根据消费者的购买途径分为通过旅行社、航空公司、旅游协会等购买旅游产品的消费者。这种组织结构的好处是旅游推销人员可以深入了解和掌握所接触的消费者的需求状况及需要解决的问题。

（三）推销人员的管理和控制

旅游人员推销的管理归根到底是对推销人员的管理和控制。为了使旅游人员的推销工作能够顺利开展，需要对推销人员制定合理的报酬制度，制定旅游企业推销人员的招聘标准，加强对推销人员的培训和激励，对推销人员进行相应的绩效评估。

建立合理的报酬制度，有助于激发旅游销售人员的积极性和工作热情，促进其积极地开展业务。

旅游推销人员的素质是推销成功的重要因素，也是旅游企业形象的体现。因此，旅游企业在招聘推销人员时要制定严格的招聘标准。

旅游推销人员业绩的好坏，直接影响到整个企业的销售收入。为了提高推销人员的业绩，除了给予相应的报酬以外，还应该制定推销定额，加强对推销人员的激励管理。同时，加强对推销人员的控制，对其进行业绩评估，这是旅游推销人员管理的重要环节，也是核算推销成本的重要因素。对推销人员的评估应该体现公开、公正、公平的原则。

第3节　旅游广告

一、旅游广告的概念

旅游广告是指旅游目的地国家或地区、旅游组织或旅游企业作为发起者，以公开付费的做法，通过各种媒体向目标市场的公众传播有关旅游产品或旅游企业的有关信息，以扩大影响和提高知名度、树立旅游形象的一种促销形式。

旅游广告是旅游部门或旅游企业通过一定形式的媒介，公开而广泛地向旅游者介绍旅游产品、提升旅游品牌的一种宣传活动，它能广泛地宣传和推广旅游产品，有效地推动旅游产品的营销，从而帮助旅游企业获得经济利益以及品牌价值。旅游广告是旅游企业投资发布的、推动旅游产品营销的一种重要手段。

二、旅游广告的作用

(一)传播旅游信息,广泛招揽顾客

现代社会广告媒体的多样性、信息传播的高效性使旅游者获取广告信息更加方便和快捷。不仅旅游者选择多样化,可从中受益,旅游企业也从中受益,这就推动了旅游事业的发展。

(二)促进市场开拓,提高营销业绩

广告搭起了沟通生产者与消费者的桥梁,旅游企业通过广告宣传提高了自身知名度,塑造了企业形象,有利于市场开拓,增加了旅游商品的销售量。

(三)传播社会文化,丰富文化生活

旅游商品的基本内涵是旅游资源,因此旅游广告通过宣传旅游商品,表现出旅游资源的历史性、民族性、艺术性等,达到推销商品的目的,在此过程中旅游广告起到传播文化、提高审美情趣的作用。

三、旅游广告的分类

根据不同的划分标准,旅游广告有不同的种类。那么依据旅游广告的内容和目的可以把旅游广告分为以下几类。

(一)按广告形式划分

1. 静态广告

静态广告有以文字为主、以图画为主、以图文并茂为主的多种形式。

2. 动态广告

有以人物活动配上解说词、道白的动态广告;也有以广告物为对象,人物吟诗、唱歌、舞蹈的动态广告;还有广告物人格化描写的动态广告。

(二)按传播媒体划分

1. 报刊广告

报刊广告传播快、影响大、读者广,且不易消失,可长期保存,其中报纸广告是旅游线路、旅游交通等产品信息传播的主要渠道。

2. 电视广告

电视广告形声兼备,重视造型技巧,能给观众留下深刻的印象,电视广告是旅游地形象宣传推广的重要表现形式。

3. 广播广告

广播广告占有空间优势,传播迅速,不受地区、交通和气候的限制。

4. 橱窗广告

橱窗广告量大、面广,顾客感受真切。

5. 户外广告

户外广告包括路牌广告、交通广告、灯箱广告等,这种广告明朗夺目,容易引人注意。

6. 网络广告

网络广告花费成本低、信息量大,是最佳的旅游广告形式和日后发展趋势。

(三)按旅游企业类别划分

按旅游企业类别划分有旅行社广告、酒店广告以及旅游城市、景区广告和旅游节日庆典广

告、会展广告等。

四、旅游广告的媒体

旅游广告的媒体,又称旅游广告的媒介,是广告主与广告接受者之间的连接物质。旅游广告必须通过不同的媒体进行发布,每种媒体都有其适应性和局限性,只有了解各种媒体并选择了合适的媒体,才能达到旅游广告的商业效果。我国旅游市场活动增多,市场竞争加大,媒体广告在旅游推广中作用增强,对于旅游广告的应用,主要从旅游宣传中各种媒体的运用及效果的角度进行分析,主要方式有报纸、电视、杂志、户外四大传统传播方式,互联网与新媒体是最佳的旅游广告形式和发展趋势。

(一)报纸广告

报纸是一种印刷媒体,是最主要的广告媒体之一,它与广播、电视、杂志等被称为传播广告信息的最佳媒体。报纸广告传播范围广、读者面广,报纸一般每天向全社会发行,有的还向国外发行,传播的范围几乎不受限制。报纸具有消息性、时效性,更新时间短、传播速度快、可信度高、可选择性强,可以重复阅读和保存,费用也较低,能够更全面、准确、详细地对旅游产品进行宣传,还有一定的保存性。但是报纸也有一定的缺点,受广告印刷和版面的限制,没有声音和动画,表现力不强,内容不丰富,受众的目的性不够明确。

(二)电视广告

电视是最具有影响力的一种广告媒体,利用电视来传播旅游广告信息,具有显著的优势。它集声音、图像、色彩、动感四种功能于一体,可以直观、真实、生动地反映旅游景区的特点。电视广告运用不同的拍摄手法和广告创意,在较短的时间内形成情节性的片段,具有较强的感染力,更容易为受众所接受和记忆,是旅游地形象宣传的最佳表现形式。但是电视广告的保存性较差,屏幕驻留时间短、制作技巧和播放费用高。

(三)杂志广告

杂志广告与报纸广告有很多相同之处,但它能够更加突出所宣传的产品,其在设计、制作、印刷和发布上,比报纸广告更讲究艺术性和专业性,有较强的表现力,能够更加突出所宣传的产品,有自己特定的读者,容易对准目标市场。同时杂志广告印刷比较精美,有利于旅游品牌的宣传。但是由于杂志广告的传播受限,广告制作成本较高、版面受限、出版周期长、时效性差,对旅游广告的宣传有一定的限制。

(四)户外广告

户外广告泛指基于广告或宣传目的而设置的户外广告物,常出现在交通流量较高的地区。常见的户外广告有企业 LED 户外广告灯箱、高速路上的路边广告牌、霓虹灯广告牌、LED 看板及安装在窗户上的多功能画篷、大小商铺的门面等,现在甚至有升空气球、飞艇等先进的户外广告。户外广告是旅游企业出资发布的、具有较长的时间性和一定表现力的广告形式,多用于旅游景点的宣传。户外广告的地域性明显、影响力较小、不可移动,一般处在旅游景点附近。户外广告形式有标牌广告、灯箱广告、标语广告等,使用最多的是月台广告。

(五)网络与新媒体

有报告显示,中国的互联网用户有 3 亿之巨,中国年轻人旅游占到了总体旅游市场的一半以上,在旅游之前上网查询旅游目的地介绍、景区环境、交通和服务情况的旅游者占到全部旅游者的近80%,潜在旅游消费人群普遍趋向于将互联网作为收集信息的主要渠道,消费者的媒介注意力由报纸、电视向网络迅速转移,这是一个不容争辩的事实。

新媒体是相对于报纸、电视、杂志、户外四大传统媒体的“第五媒体”,包括微博、微信、手机报、手机快讯、手机互联网站、APP客户端等应用,它模糊了传统媒体与受众之间的界限,变单向传播为双向交流,具有针对性强、传播迅速、参与广泛、互动性强等特征。新媒体最大的特点就是以较小的投入,利用独特的创意,通过新媒体传播效应,产生信息传播的最大化。它是在人与人的互动中实现的,让大众获得了随时、随地、随意地发表言论的发言权以及信息的享用权。

五、旅游广告决策

旅游组织在用旅游广告进行促销时,只有进行精心的策划,才能发挥旅游广告的作用。在实施旅游广告时,要进行以下几个方面的决策。

(一)确定旅游广告目标

广告目标是指一个特定时期对特定传播对象所要完成的特定的传播任务。旅游广告目标决策是决定整个旅游广告成功与否的关键,既是整个广告活动的方向,又是广告效果的重要依据。按照旅游广告目标可分为开拓型广告、劝告型广告和提醒型广告三种类型。开拓型广告是宣传新产品,吸引公众的主意。劝告型广告的目的是引起消费者的兴趣,可能是邀请消费者接收关于产品的信息,让消费者的兴趣转变为购买的欲望,并结合其他交流媒体加强消费者的购买欲望。提醒型广告的目的是提醒顾客,使其产生“惯性”需求。因此,广告目标的确定要取决于旅游产品和市场定位的情况,最基本的目标是促销,但是不要忽略市场定位和旅游产品定位。

(二)编制旅游广告预算

促销经费是有限的,制作广告宣传方案要充分考虑成本因素,编制每种广告产品的预算。编制旅游广告预算的常用方法有量力而行法(根据旅游组织目前的财务支出能力确定广告预算)、营销百分比法(根据目前或预期营销额的一定百分比来确定广告预算)、竞争对等法(根据竞争对手所用的广告费用或行业平均广告费用确定广告预算)和目标任务法(根据完成广告目标任务所需要的广告开支估算数来确定广告预算)。旅游广告预算包括旅游广告调查、分析、策划费用,旅游广告设计、制作费用,媒介发布费用,旅游广告人员的行政经费和旅游广告活动的机动经费。在编制旅游广告预算时,还要考虑旅游产品所处的生命周期阶段、竞争与干扰、市场份额、广告频率和产品差异等因素。

(三)设计旅游广告

旅游广告活动的有效性远比广告花费的金额更重要。广告的创意、策划要引起消费者的购买欲望,达到消费者购买的目的。设计旅游广告时,要考虑如何在最短的时间内让旅游消费者接收到最有效的信息。这需要对信息进行筛选,找出最具有吸引力和竞争优势并能刺激旅游消费者的信息,作为旅游广告的主要内容,并以恰当的形式表达出来。在旅游业,大部分的中型和大型组织使用外面的代理机构做广告。一般比较昂贵的广告宣传都是由专业的广告设计人员制作完成的。在设计旅游广告时要体现真实性、社会性、针对性和艺术性,使广告的内容更加完美,有说服力。

（四）选择旅游广告媒体

由于旅游广告媒体多种多样，所以做出这一选择相当困难。选择时主要根据以下几个因素来决定。

（1）消费者接触媒体的习惯，能使广告信息传到目标市场的媒体是最有效的媒体。

（2）媒体的传播范围和影响力，面向全国的旅游产品，应以全国性发放的报纸、杂志、广播、电视、网络等作为广告媒体；面向地方性的旅游产品，可通过地方性报刊、电台、电视台、霓虹灯、区域性网络平台等传播信息。

（3）媒体的费用，各广告媒体的收费标准不同，应该注意其相对费用，即考虑广告促销效果。估算广告宣传成本经常使用“每千人成本估算法”，就是传播给每一千个目标消费者需要的成本。

（五）选择旅游广告的时间

如果没有旅游广告预算的限制，许多旅游组织都想一年到头做广告，但很少有组织有这样的经济实力，所以要选择旅游广告的时间——何时设置广告、频率怎样。旅游业常有淡季和旺季，旅游广告的安排时间也应考虑季节和月份，这是宏观时间安排。微观的时间安排则要考虑周、天、时这样的具体时间。常见的时间安排有间歇性安排（广告安排在几段特定的时间）、集中性安排（广告被集中安排在计划期的特定部分，其他时间并不安排）和持续性安排（广告在整个计划期内持续地进行）。

（六）评估旅游广告效果

广告界经常说：我们有一半的广告都浪费了，但并不知道浪费的是哪一半。评估旅游广告的实际效果是困难的，但并不是不花钱做广告宣传也能有同样的销量。由于影响营销的因素很多，所以很难准确地说出广告与营销量到底有多大的关系。经常利用事后检测来评估广告的效果，如可以对触及面（有多少潜在客户看到了广告）、制作效果（客户对广告感觉如何）、沟通效果、目标客户的行为、营销额、市场份额或利润进行测量。

第4节　旅游公共关系

一、旅游公共关系的概念

旅游公共关系是指以社会公众为对象，以信息沟通为手段，树立、维护、改善或改变旅游企业或旅游产品的形象，发展旅游企业与社会公众之间良好的关系，营造有利于旅游企业的经营环境而采取的一系列措施和行动。

旅游产品具有很强的综合性，它的“生产”需要社会各方的支持和配合，因此也就需要旅游企业与社会公众有着良好的关系。同时，在旅游市场竞争中，旅游产品所在的旅游目的地的整体形象对于产品的销售有很大的影响。另外，旅游公共关系还有助于企业树立良好的法人形象，应对可能发生的不利谣言，增强员工的归属感、自豪感和凝聚力。所以，旅游公共关系对旅游业搞好市场营销、树立良好的社会形象有着重要意义。

二、旅游公共关系的作用

旅游公共关系是旅游业发展过程中旅游者、旅游企业及相关行业为方便沟通、共享信息、实现共赢而建立的一种松散的社会组织关系。该关系一般比较强调旅游形象传播,重视双向交流,加强组织与公众之间的沟通管理。它以全面、公正的客观事实为依据,以个人组织或大众为媒介,以互惠互利为根本目的,帮助旅游者、旅游企业或相关行业做出明智的决策。旅游公共关系的发展有利于提高个人旅游素质、塑造旅游组织形象、优化社会旅游环境。

(一)塑造一个正面的"公众"形象

旅游公共关系的主要功能是与相关的公众建立并保持一种持续的、正面的关系。通过旅游公共关系,可以使旅游消费者和潜在旅游消费者了解和信任旅游组织,做到相互沟通、彼此信任、互促互进;通过旅游公共关系,可以及时向员工传达和揭示旅游组织的政策、决策、指令和意向,向各级部门反映员工的建议和要求,提高员工的服务意识和参与管理的热情,取得员工家庭成员的积极支持;通过旅游公共关系,可以与媒体记者和其他媒体相关人员保持密切的工作关系,以保证媒体适时进行积极的宣传;通过旅游公共关系,可以使政府支持旅游组织的发展,推动旅游法律法规的制定和实施。

(二)处理反面的宣传

旅游公共关系的另一个主要功能就是处理反面的宣传,尽量减少负面宣传的影响。在旅游组织的经营过程中,不可避免地会遇到一些由于工作的疏忽或其他原因而产生的特殊情况,如旅游过程中的伤害、食物中毒、自然灾害和劳资纠纷等,这些突发事件都会导致负面宣传,给旅游组织的信誉带来不良的影响。公共关系有正面推动和反向抵制的两面性,当面对负面宣传时,就要发挥其反向体制的能力了。一方面,通过公共关系活动,建立一套完整的检查制度,通过科学的调研与预测,防患于未然,避免各种事件的发生;另一方面,当事件发生后,必须充分听取公众的意见,设法查清事实真相,与公众进行必要的沟通,相互之间达成谅解,从而妥善解决矛盾,维护旅游组织的信誉和形象。

(三)沟通信息,促进旅游产品营销

公共关系的另一个作用就是向相关公众介绍旅游组织及其产品,并诱发顾客购买旅游产品的冲动。旅游组织可以通过开展多种多样、丰富多彩的公关活动,吸引更多的公众参与,增进公众对旅游组织及其产品的了解,引起兴趣,激发购买欲望。有效的公共关系使公众更容易接受这些信息,这也为广告、人员推销和销售促进提供了帮助,增加了促销的效果。

(四)舆论宣传,创造气氛

公共关系作为企业的"喉舌",将企业的有关信息及时、准确、有效地传递给特定的公众对象,为企业树立良好形象创造舆论气氛。如公关活动,能提高企业的知名度、美誉度,给公众留下良好形象:能持续不断、潜移默化地完善舆论气氛,因势利导,引导公众舆论朝着有利于企业的方向发展;还能适当地控制和纠正对企业不利的公众舆论,及时将改进措施公之于众,避免扩大不良影响,从而收到化消极为积极、尽快恢复声誉的效果。

(五)交往沟通,协调关系

企业是一个开放系统,不仅内部各环节需要相互联系、相互作用,而且需要与系统外部环境进行各种交往、沟通。交往沟通是公关的基础,任何公共关系的建立、维护与发展都依赖主客体的交往沟通。只有交往,才能实现信息沟通,使企业的内部信息有效地输向外部,使外部有关信息及时地输入企业内部,从而使企业与外部各界实现相互协调。协调关系,不仅要协调企业与外界的关系，还要协调企业内部关系，包括企业与其成员之间的关系、企业内部不同部门成员之间的关系等，要使全体成员与企业之间实现理解和共鸣，增强凝聚力。

三、旅游公共关系的方式

（一）新闻宣传和公开出版物

发现和创造对旅游组织、产品和人员有利的新闻，争取宣传媒体录用新闻稿和参加记者招待会；利用各种传播材料（年度报告、旅游手册、邮政卡片、文章、视听材料、商业信件和杂志）去接近和影响其目标；旅游组织负责人经常通过宣传工具圆满回答各种问题，并在旅游交易会、旅游研讨会等会议上演讲。这些活动可以吸引公众对旅游组织的关注和了解，对树立旅游组织的形象、扩大旅游产品的营销具有重要的影响。

旅游组织要做好新闻宣传，一要善于发现组织中的新闻素材，二要善于"借势"，三要善于"造势"并制造新闻。旅游组织通过记者在报纸或期刊上撰写组织的事迹，利用组织外部的媒体进行宣传。有的旅游组织自办刊物或报纸，宣传组织的经营历史、有关活动等。这些都需要旅游公共关系人员善于发现新闻素材，如旅游组织经营管理的突出成绩或经验、杰出员工的事迹、各种庆典活动、特别事件、促销活动、名人关注和消费的旅游产品等，都可以进行报道。"借势"就是旅游组织利用公众所关心的事件，来达到给自己企业作宣传的目的，如借助"十一""消费者权益日"等进行相关的活动。旅游组织还要学会巧借媒体来"造势"，就是针对组织发生的事件，通过人为的作用，使之具有新闻价值，从而形成新闻宣传。

（二）举办专题活动

旅游组织可以定期或不定期地组织一些主题活动，以此来扩大其社会影响，提高声誉。这些主题活动包括赞助、展览会、联谊活动、周年庆典和特殊节日庆典、竞赛、开放参观、座谈会、研讨会等。

旅游组织通过赞助运动、文化活动和高度相关的事业，推广其品牌和组织名称；通过参加或举办专题展览会，吸引来自世界各地的旅游企业和旅游消费者；通过开放参观，让社会各界了解和体验旅游组织的产品；通过联谊活动，增进内部员工和外部公众的感情；通过周年庆典和特殊节日庆典，吸引公众的注意力；通过研讨会，吸引关注，提高行业影响力。

（三）参加社会公益活动

旅游组织可以通过向某些公益事业捐赠一定的资金，提高其公众信誉。社会公益活动包括对当地有价值的活动或慈善事业捐钱或提供免费服务，参加并支持旅游专业发展和教育活动等。

（四）进行游说活动

由专业人员直接面对特定的公众，利用充分的理由和娴熟的谈话技巧，使他们或改变初衷，或与说服方保持一致。

（五）听取和处理公众意见

旅游组织应积极地收集公众对其提供的产品的意见及建议，并尽可能及时地将改进后的情况告诉他们，并予以感谢。

（六）建立组织内外良好的关系

建立组织内外良好的关系指和相关公众建立一种良好的关系，如行业协会、政府、媒体、员工及其家属、股东及其他所有者,这是一种交际性的公关。

(七)建立旅游企业识别系统

旅游组织至少应努力创造一个公众能迅速辨别的视觉形象。视觉形象可通过公司的标识、文件、小册子、招牌、企业模型、业务名片、建筑物、制服标记等来传播。当然,最好还是建立公司识别系统(CIS),包括企业的理念识别、视觉识别和行为识别。

第 5 节 旅游销售促进

一、旅游销售促进的概念

旅游销售促进是指旅游目的地国家、地区、旅游组织或旅游企业在某一特定时期与空间范围内,通过刺激和鼓励交易双方,促使旅游者尽快购买或大量购买旅游产品及服务而采取的一系列促销措施和手段。它是除了人员推销、广告、公关以外的刺激旅游消费者购买和提高企业效益的各种市场营销活动,如陈列、演出、展览会、示范表演以及其他推销努力等。

二、旅游销售促进的特征

旅游销售促进强调在特定的时间、空间范围内,采用一系列促销工具和手段,刺激和鼓励供需双方,使旅游者产生立即购买或大量购买的行为。它具有如下基本特征。

1. 非正规性和非周期性

典型的销售促进不是一种常规性的促销活动,而是适用于短期的临时的促销活动。它常作为人员推销和广告的补充,具有暂时而特殊的促进作用。

2. 针对性强,方式灵活多样

旅游地或旅游企业可以根据自身旅游资源和旅游产品的特性、顾客心理及市场状况,通过强有力的宣传或提供特殊的激励条件,使其旅游产品具有强烈的吸引力,引起旅游目标顾客、旅游中间商或推销人员的广泛关注,促成交易行为。例如:针对旅游者,可以采用赠送纪念品和旅游地特产、价格折扣、消费信用、特殊服务等促销方式进行销售促进;针对旅游中间商,可采用数量折扣、现金折扣、特许经营、联营促销以及提供招贴画、宣传册、录像带等促销手段进行销售促进;针对推销人员,可通过红利提成、特别推销金、推销竞赛等方式进行销售促进。

3. 具有强刺激性

销售促进追求的目标是通过短期诱因达成即时销售,这就要使本企业的旅游产品在特定的时间和地点与其他产品产生差别,增加实质价值,给旅游产品购买者以不同寻常的刺激,诱导旅游消费者购买某一特定的旅游产品。

4. 短期效果显著

销售促进是一种战术性营销手段,通过激励、刺激等促销手段,构成旅游消费者购买行为的直接诱因,在限定的时间和空间范围内,实现即时销售,获得短期效果,适用于实现企业的短期具体目标。销售促进的优势在于能够促进旅游产品的短期销售,激励和刺激更多的旅游消费需求和旅游市场经济的开发。

三、旅游销售促进方式

旅游业常用的销售促进方式很多,可根据销售促进的目标、竞争状况以及每一种方式的成本与效果选择合适的方式。

(一)针对旅游消费者的销售促进(通过旅游中间商或直接进行)

1. 免费试用品

免费试用品是旅游组织向旅游消费者免费赠送的某种特定物品或利益,如某景点在特定的日子免费开放,一些旅游景点新开业时也常常采用免费的方式。该方式既可以鼓励消费者消费,也可以获取消费者对旅游产品的反应,刺激和吸引强度最大,旅游消费者非常愿意接受。

2. 价格优惠

价格优惠是旅游组织以低于正常水平的价格,使旅游消费者可以购买到特定的旅游产品或获得利益,如折价券、折扣优惠、赠券等。

3. 顾客酬谢

顾客酬谢是指对经常购买企业产品或服务的顾客给予现金或其他形式的酬报。例如大多数航空公司都提供常飞计划,对乘机旅行的里程进行点数奖励,这种点数可以转换成免费的或升级的乘机旅行、出租车租赁和客房服务。

4. 竞赛、抽奖和游戏比赛

通过举办竞赛、抽奖和游戏比赛,给旅游消费者以赢得某种东西或参加比赛的机会,以吸引旅游消费者。在 1992 年巴塞罗那奥运会过程中, ITT 太平洋喜来登发动了“眠在喜来登,醒在巴塞罗那”的促销活动,金奖是提供两个前往巴塞罗那奥运会的免费旅行奖励。

5. 赠品

赠品是以较低的价格营销或免费提供的物品,用以刺激消费者购买某种产品,如旅游组织赠给消费者的轻便旅行包、T 恤衫、手机座、日历等物品(这些物品通常会印上企业的名称和标志),这些赠品可用来提醒、告知和劝导消费者购买产品。

6. 营销现场资料

营销现场资料包括在旅游产品营销现场所陈列的各种资料和演示,这些资料包括橱窗陈列、墙壁陈列、广告牌、柜台卡、旅游手册、光碟等。例如,在首届中部旅游交易会上,旅游企业和旅游目的地陈列了旅游手册、光碟等许多资料,制作了许多模型,还进行了少林武术、开封府包公升堂等很多表演。

7. 和非旅游组织联合促销

可以把旅游作为购买其他产品和服务的激励,或者为购买旅游产品的顾客赠送其他产品。

(二)针对旅游中间商的销售促进

1. 购买折扣

购买折扣是旅游企业为刺激、鼓励大量地购买旅游产品,对第一次购买和购买数量较多的中间商给予的折扣优待。折扣可以直接支付,也可以从付款金额中扣除,还可以赠送商品作为折扣。

2. 资助

资助是指为中间商提供陈列物品、支付部分广告费用等补贴或津贴。中间商陈列本企业的物品,旅游企业可免费或低价提供;中间商为本企业产品作广告,旅游企业可资助一定比例的广告费用。

3. 经销奖励

经销奖励是旅游企业对营销本企业旅游产品有突出成绩的中间商给予奖励。能刺激经销业绩突出者加倍努力，也有利于诱使其他中间商为多经销本企业产品而努力，从而促进产品营销。

另外，针对旅游中间商常用的营销促进方式还有赠品、体验旅游、折扣旅游、培训、会员制等。

（三）针对营销人员的销售促进

1. 销售红利

销售红利是对营销人员在一定时间内超额完成营销指标按一定比例提成而获得的红利，用以刺激营销人员的积极性。

2. 销售竞赛

销售竞赛是在所有营销人员中进行营销比赛，对营销产品出色或营销额领先的营销人员给予奖励。

对营销人员常用的销售促进方式还有完成任务或其他业绩的奖金、体验旅游、免费礼品、免费提供培训等。

四、旅游销售促进的作用

销售促进以其特有的优势和不可替代的作用，成为众多旅游企业经营者乐于选用的重要促销手段。

（一）对旅游新产品进入旅游市场具有加速作用

新开发的旅游产品，在投入期，绝大多数旅游者或目标消费者对其还没有足够的认识和了解，所以不可能对该旅游产品做出积极的反应，进而激发出强烈的购买兴趣。旅游企业或组织可以通过一些必要的促销措施，在短期内迅速为旅游新产品打开市场，如免费旅游、特价优惠旅游、新旧产品搭配出售以及退款优待等行之有效的促进方式，可以激发旅游者对新产品的购买热情。

（二）有效地抵御和击败竞争对手

有效地防御和参与竞争是旅游企业求生存、谋发展的必由之路。当竞争对手大规模地发起销售促进活动时，企业必须及时采取有效的促销措施予以反击，诸如采用免费赠送、折扣优惠、服务促销、联合促销等方式，可以增强本旅游企业经营的同类旅游产品对旅游者的吸引力，以稳定和扩大自己的消费购买群体，保证市场份额。

（三）有利于增加旅游产品的消费，提高销售额并带动关联产品的销售

旅游企业针对中间商开展销售促进活动，包括购买馈赠、交易补贴、数量折扣、经销竞赛等方式，劝诱中间商更多地购买并同企业保持稳定、良好的购销合作关系。针对旅游者的刺激和激励方式有赠品印花、差别顾客折扣及旅游者竞赛、抽奖等方式，通过上述方式可以提高旅游者对该旅游产品的注意和兴趣，增加消费，提高整体产品的销售额。旅游产品的组合特征决定了其在一定区域内的消费，这不仅能增加某种旅游产品的销售，同时也能带动和提升关联产品的销售量，如旅游项目可以带动食品、饮料、土特产品等关联产品的销售。

【本章小结】

本章分析了促销的含义、促销的作用、旅游促销组合策略、影响促销组合的因素；阐述了旅游人员推销的概念、特点，旅游人员推销的基本形式，旅游人员推销的工作步骤以及推销人员的素质；分析了旅游广告的概念、旅游广告的作用、旅游广告的分类、旅游广告媒体、旅游广告决策；阐述了旅游公共关系的概念和特征、旅游公共关系的作用、旅游公共关系的方式；分析了旅游营销促进的概念、特点、方式和作用。

【思考题】

1. 什么是促销？促销的作用有哪些？

2. 什么是旅游促销组合策略？影响促销组合策略的因素有哪些？

3. 什么是旅游人员推销？旅游人员推销的基本形式有哪些？

4. 旅游人员推销的工作步骤有哪些？对旅游推销人员的素质有什么要求？

5. 什么是旅游广告？旅游广告分为哪几类？

6. 什么是旅游公共关系？旅游公共关系的特征有哪些？

7. 旅游公共关系的作用是什么？旅游公共关系的方式有哪些？

8. 什么是旅游销售促进？

【练习题】

一、单选题

1. 旅游促销的实质是旅游组织与旅游消费者之间的(　　)。

A. 相互信任　　B. 有效互动　　C. 信息往来　　D. 信息沟通

2. 最古老、最常用、最有效的促销方式是(　　)。

A. 广告　　B. 人员推销　　C. 销售促进　　D. 公共关系

3. 公共关系由主体、客体和(　　)三大要素构成。

A. 内容　　B. 过程　　C. 形式　　D. 手段

二、多选题

1. 所谓促销组合，是一种组织促销活动的策略思路，主张企业将(　　)等基本促销方式组合成一个策略系统，使企业的全部促销活动互相配合、协调一致，最大限度地发挥整体效果，从而顺利实现企业目标。

A. 广告　　B. 人员推销　　C. 公关宣传　　D. 销售促进

E. 报纸

2. 针对旅游消费者的营销促进方式有(　　)。

A. 免费试用品　　B. 价格优惠　　C. 顾客酬谢

D. 竞赛、抽奖和游戏比赛　　E. 赠品

三、判断题

1. 拉式策略是旅游组织运用人员推销的方式，把旅游产品和服务推向市场，即从旅游景点推向中间商，再由中间商推给消费者。(　　)

2. 旅游促销组合就是指旅游组织为了达到最佳的促销效果，根据市场的具体特点，而对各种各种促销方式进行不同的选择和组合，制定出有效的促销组合策略。(　　)

3. 旅游广告是指旅游部门或旅游企业通过一定形式的媒介,公开而广泛地向旅游者介绍旅游产品、提升旅游品牌的一种宣传活动。 ( )

【参考文献】

[1] 季辉. 旅游市场营销 [M]. 成都:四川大学出版社,2015.
[2] 李祝舜. 旅游公共关系学 [M]. 武汉:华中科技大学出版社,2014.
[3] 程道品,伍进. 旅游市场营销学 [M]. 北京:中国林业出版社,2012.
[4] 赵越,解小娟. 旅游营销 [M]. 北京:中国劳动社会保障出版社,2012.
[5] 韩勇,丛庆. 旅游市场营销学 [M]. 北京:北京大学出版社,2006.

第9章 旅游营销管理

学习目标

1. 掌握旅游市场营销组织的含义及类型。
2. 掌握旅游市场营销组织的目标。
3. 掌握旅游市场营销计划的类型。
4. 熟悉旅游市场营销计划的制订。
5. 了解旅游内部营销的含义。
6. 掌握旅游市场营销计划书的编写。

教学重点

1. 掌握旅游营销组织的任务。
2. 掌握旅游内部营销的实施策略。
3. 学会编写旅游市场营销计划书。

课前导读与体验

四川省旅游发展委员会召开全省旅游营销工作部署会。2017 年 9 月 17 日,省旅游发展委在乐山召开全省旅游营销工作部署会。省旅游发展委副巡视员谢海银以及省旅游发展委交流合作处、四川省旅游信息中心、四川省旅游宣传促进中心主要负责人和全省 21 市州旅游部门宣传营销工作分管负责人参加了本次会议。

会议通报了明年全省旅游营销工作的主要内容。会议提出,2018 年全省旅游营销工作要继续加强境外营销,要加强走出去、请进来工作和驻点营销;要扩大媒体宣传力度,做好精准营销、新媒体广告投放,加强大产业发展宣传,重视和加强网络营销;要精耕国内旅游市场,办好旅游节庆活动和各类旅游展,举办落地营销类活动,建立五个省外四川旅游营销中心。

谢海银副巡视员在会上要求,全省上下要理清思路,认真做好 2018 年全省旅游营销工作计划;要把握全省重大节庆活动机会,21 市州旅游部门要明确内容、积极申办,做到以节促销;同时各市州要充分利用好省旅游发展委的各级营销平台,在宣传资源上做好整合,明确分工协作,务实高效,全力以赴开创全省旅游营销工作新局面。

科学管理理论既是现代市场营销理论诞生的基础理论,又对现代市场营销理论和实践有着重要的指导作用。特别是旅游市场营销实践有着自身独到的特点,更具动态性和可变性,这就对旅游市场营销的管理提出了更高的要求。从营销组织的设立,人员的招募与培训,到营销计划的制订、调整与执行,还包括旅游企业的内部营销管理等,都要求以现代科学管理理论为基础进行科学而艺术的安排。

(资料来源:http://sc.china.com.cn/2017/lvyou_zixun_0921/245869.html)

第1节　旅游市场营销组织

一、旅游市场营销组织的内涵

旅游市场营销组织是指旅游企业负责具体计划、指挥、监督、协调市场营销工作的机构。在西方国家一般称为营销部，或将营销部和公关部合并称为公关营销部。随着旅游市场竞争的加剧和旅游市场营销理论在旅游行业的普及，许多酒店和旅行社纷纷把销售部改为营销部，但在其中一些旅游企业，改变名称仅仅是为了在名词上赶时髦，实际上执行的仍是推销职能。

二、旅游市场营销组织的目标

旅游企业营销组织的主要目标有以下四个方面。

（一）随着市场需求变化做出快速反应

营销组织应该不断关注外部环境发展，并对市场变化及时做出反应。企业内部营销各部门、全体营销人员都应该成为市场信息的收集者，并要及时把关系企业发展的重要信息提供给决策部门，提高企业的市场应变能力。

（二）促使企业营销效率最大化

旅游企业业务繁杂、内部部门之间分工严密，营销组织通过发挥自身的沟通和协调职能，不仅能够理顺内部市场关系，还可以有效化解部门之间的冲突和矛盾。

（三）代表并维护消费者利益

企业一旦奉行市场营销观念，就要把消费者利益放在首位，企业营销组织就是这项职责的承担者。营销组织对外代表企业与消费者进行沟通，应树立良好的市场形象；对内则代表消费者及时协调内部关系，应切实维护消费者利益。也就是说，营销组织是企业营销理念的润滑剂和实际实施者。

（四）实施顾客价值管理

现代营销理论表明，随着旅游市场观念的不断成熟，企业竞争目标由追求产品销售规模和高市场份额逐步向追求高质量顾客转化，有价值的忠诚顾客日益成为企业营销管理的内涵，企业营销组织也要适当调整，以适应新的管理模式的要求。

旅游企业营销组织的上述目的归根结底是帮助企业实现整个市场营销任务。因此，组织本身并不是目的，更为重要的是借助一定的组织方式协调、指导旅游企业获得最佳营销管理成效。

三、旅游市场营销组织的演变过程

企业的市场营销部门是随着市场营销管理哲学的不断发展演变而来的，大致经历了单纯的销售部门、兼有附属职能的销售部门、独立的市场营销部门、现代市场营销部门、现代市场营销公司五个阶段。

（一）单纯的销售部门

20世纪30年代以前，西方企业以生产观念作为指导思想，大部分都采用单纯的销售形式。一般说来，所有企业都是从财务、生产、销售和会计这四个基本职能部门开展的。财务部门负责资金的筹措，生产部门负责产品制造，销售部门通常由一位副总经理负责，管理销售人员，并兼管若干市场营销研究和广告宣传工作。在这个阶段，销售部门的职能仅仅是推销生产部门生产出来的产品，生产什么，销售什么，生产多少，销售多少，产品生产、库存管理等完全由生产部门决定，销售部门对产品的种类、规格、数量等问题，几乎没有任何发言权。

（二）兼有附属职能的销售部门

20世纪30年代大萧条以后，市场竞争日趋激烈，企业大多数以推销观念作为指导思想，需要进行经常性的市场营销研究、广告宣传以及其他促销活动，这些工作逐渐成为专门的职能，当工作量达到一定程度时，便会设立一名市场营销主任负责这方面的工作。

（三）独立的市场营销部门

随着企业规模和业务范围的进一步扩大，原来作为附属工作的市场营销研究、新产品开发、广告促销和为消费者服务等市场营销职能的重要性日益增强。于是，市场营销部门成为一个相对独立的职能部门，作为市场营销部门负责人的市场营销副总经理同销售副总经理一样直接受总经理的领导，销售和市场营销成为平行的职能部门。但在具体工作上，这两个部门是需要密切配合的。这种安排常常使用在许多工业企业中，它向企业总经理提供了一个全方位各角度分析企业面临的机遇与挑战的机会。

（四）现代市场营销部门

尽管销售副总经理和市场营销副总经理需要配合默契和互相协调，但是他们之间实际形成的关系往往是一种彼此敌对、互相猜疑的关系。销售副总经理趋向于短期行为，侧重于取得眼前的销售量；而市场营销副总经理则多着眼于长期效果，侧重于制定适当的产品计划和市场营销战略，以满足市场的长期需要。销售部门和市场营销部门之间矛盾冲突的解决过程，形成了现代市场营销部门的基础，即由市场营销副总经理全面负责，下辖所有市场营销职能部门和销售部门。

（五）现代市场营销公司

一个企业仅仅有了上述现代市场营销部门，还不等于是现代市场营销企业。现代市场营销企业取决于企业内部各种管理人员对待市场营销职能的态度，只有当所有的管理人员都认识到企业一切部门的工作都是为顾客服务、市场营销不仅是一个部门的名称而且是一个企业的经营哲学时，这个企业才能算是一个“以顾客为中心”的现代市场营销企业。

四、旅游市场营销组织的设计

（一）旅游市场营销组织的设计原则

任何一个现代旅游企业都必须建立市场营销组织，但市场营销组织的设置不能随心所欲，而是必须从实际出发，遵循一定的原则。

1. 任务目标原则

企业经营任务和目标是由内部各职能部门协调一致而实现的。因此，在建立营销组织时，首先必须确定企业的营销任务和目标，然后按任务设置岗位，按岗位配备人员。为保证营销任务和目标的实现，营销组织中每一个层级、每一个环节和每一个人，均应承担具体的任务指标，并通过有效的激励和制约措施，圆满完成各项目标。

2. 管理幅度原则

管理幅度是指一个领导者直接和有效地领导下属人员的数量界限。它直接影响和决定着企业营销组织的层次和人员规模设计。由于旅游企业营销工作专业性强、差异性大，加之人员分散流动，为了保证领导和控制效率，其管理幅度一般应比其他部门更小。

3. 专业化原则

旅游营销组织的专业化包括两个方面：一方面是营销业务系统的专业化，即按一定的业务规模特点，将同种性质的业务尽可能独立出来，由专门人员和机构负责完成；另一方面，是营销管理职能的专业化，即应由专业人员分别从事专门的营销活动。企业的市场调研、广告促销等活动都应交给专人管理。在贯彻专业化原则的同时还必须重视专业化基础上的合作和协调问题，企业只有专业化而没有合作和协调，就难以形成合力，也就无法发挥营销组织的整体效应，有时还会陷入各自为政的局面。

4. 责权统一原则

该原则就是要求在市场营销组织内部每一个管理层级和每一位工作人员都要有明确的工作责任和职权范围。责权统一是实行有效管理和调动各方面积极性的重要条件，也是组织机构正常运行的重要保证。

5. 效率原则

企业设置市场营销组织是为了更好地开展营销活动，提高企业的经营效益。因此，市场营销组织机构的设置和人员的配备应有利于提高工作效率。如果企业组织层次太多，人浮于事，互相扯皮推诿，不仅会增加企业的费用支出，而且会影响工作效率；如果人员太少，又会使一些工作无人去干，这样也会影响营销工作的正常开展。因此，为了提高工作效率，对组织机构的层次和人员数量需要进行认真的分析和研究。

（二）旅游市场营销组织的设计流程

旅游市场营销组织的设计流程主要包括以下六个步骤。

1. 分析营销组织环境

市场营销环境是指与企业营销活动有关的外部因素的集合。市场营销环境是一个不断发展和完善的动态概念。营销环境从构成要素上看可以分为两类：一类是对企业的营销活动直接产生影响的因素，称为微观环境，主要由企业内部的人和部门，企业外部的竞争者、供货商、经销商与各类营销中介服务组织、目标消费者及相关社会公众团体组成；另一类称为宏观环境，主要包括人文、经济、自然、技术、政治和文化环境等因素。因此，在分析市场营销环境时，不仅要重视微观环境的影响，同时也要注意宏观环境因素的影响。

2. 确立组织内部的活动

旅游企业通常是在分析市场机会的基础上，先制定营销目标和战略，再确定具体的营销活动和组织的专业化类型。假定一旅游企业容易控制成本，企业的几种产品都在相对稳定的市场上销售，竞争战略依赖于广告或人员推销等技巧性活动，那么，该企业就可能设计功能型组织。同样，如果旅游企业产品销售区域很广，并且每个区域购买者的需求与行为存在很大差异，那么它适合建立地理区域型组织。

3. 建立必需的职位

旅游企业在确定了营销组织的基本活动特征之后，还要建立组织职位，使这些组织活动有所归附。企业在职位决策时必须明确各个职位的权力、责任及其在组织中的相互关系，主要考虑三个要素，即职位类型、职位层次和职位数量。

4. 设计组织结构

组织结构的设计和选择同职位类型密切相关。旅游企业如果采用矩阵型组织,就要建立大量的协调性职位;如果采用金字塔形组织,则又要求有相应的职能性职位。因此,设立组织结构的首要问题是各个职位与所要建立的组织结构相适应。

此外,营销组织总是要随着市场和企业目标的变化而变化。所以,设计组织结构时要充分考虑旅游企业的未来发展,为将来组织结构的调整留下更多的余地。

为了更好地实现目标,旅游企业需选择合适的营销组织形式,以增强组织效率,提高自身的市场适应力和竞争力。

5. 配备人员

旅游企业在配备营销组织人员时,要分别考虑新组织和再造性组织(在原组织基础上加以革新和调整)两种情况。比较而言,再造性组织的人员配备要比新组织的人员配备更为复杂和困难。由于文化和习惯的原因,人们可能不适应组织的新变化,对再造组织所提供的新职位和新工作有一定的排斥心理。如果解决不力,可能大大损害再造组织的功效。但不论哪种情况,企业在配备组织人员时必须严格按照职位工作说明书的要求,争取为适当的职位配备适当的人。

6. 调整和评价

没有尽善尽美的组织,营销组织内部总是存在不同程度的摩擦和冲突。因此,从营销组织建立之时,营销经理就要根据市场发展情况和旅游产品营销的反馈情况,对自身的营销组织结构进行适时的调整和完善。

综上所述,旅游企业营销组织的设计和发展大体要遵循以上六个步骤,而这六个步骤相互联系、相互作用,形成一个动态有序的过程。为了保持营销组织的生机和活力,营销经理可以根据这一过程进行有效决策。

第2节 旅游市场营销计划的制订与实施

一、旅游市场营销计划的概念

旅游市场营销计划是指旅游目的地或企业为实现近期目标,根据营销战略的统一部署,对内外部各种营销资源使用状况的具体设计和安排。简而言之,旅游组织或企业对下一步营销行动所设计的书面工作方案就是其营销计划。企业或组织在选定目标市场后,营销策略就是对企业进入各个细分市场后将要采取的营销活动进行具体安排、系统规划,策划具体的行动方案,营销计划可以使业务的开展有据可循、统筹规划,取得高的工作效率。营销计划是一个书面文件,要以准确、明晰的文字或图表明确营销活动的指导方针,保障企业或组织在计划周期内的各项营销活动能够稳定、连续、有效地开展并最终达到计划的目标。尤其是旅游行业,由于旅游市场需求的波动性,旅游行业在计划规定的目标范围内开展工作尤为重要。

二、旅游市场营销计划的类型

(一)按照战略和战术关系划分

1. 战略性营销计划

战略性营销计划是基于现有市场形式和机会的分析,制定最广泛意义上的营销目标和战略。战略性营销计划是一种长远规划,通常指三五年或更长时期。战略性营销计划是企业总体经营中非常重要的组成部分,它着眼于长远的营销策略,分析市场、细分市场、评估竞争对手的产品等,设计制定有效应对市场环境变化的战略。

2. 战术性营销计划

战术性营销计划描述一定时期内具体的营销战略,包括广告、销售、定价、渠道、服务等。它是企业在实施特定的营销战略时所明确的短期行动和实施细则,它使得战略性营销规划得以展开并变得可以操作。

市场营销工作的大量实践活动往往都是在短期内发生的,属于战术性范围。企业通过战术性营销计划的制订和运用,即把市场营销组合策略运用于目标市场,以实现企业的营销活动的目标和企业的经营目标。

企业战略性营销计划为企业的发展指明方向,而企业市场营销战术性计划的制订和执行,可以保证企业战略计划目标的实现。战略性营销计划规定了企业目标市场的选择和市场的定位,为企业具体开展市场营销活动指明了方向,而战术性营销计划是对各种市场营销可控因素的运用,保证企业营销活动目标的实现。

(二)按照计划的时间周期划分

1. 短期营销计划

短期营销计划通常以一个财务周或一个财务月为周期。相对于中长期营销计划而言,它更侧重于手段和措施问题。

2. 中期营销计划

一般来说,中期营销计划的跨度为一个季度或半年。

3. 长期营销计划

该计划时间跨度通常为一年,一般包括年度运营计划和适应性计划。

(三)按照计划涉及范围分类

按照计划涉及范围分类,可分为产品营销计划、服务营销计划和客户营销计划等。

(四)按照计划的具体功能分类

按照计划的具体功能分类,包括产品开发、分销、广告、促销、价格等计划。

三、旅游市场营销计划的制订

怎样编制营销计划?像其他行业一样,旅游企业的市场营销计划并没有统一的固定模式,各企业营销计划的结构和制订程序也不尽相同,同时营销计划的内容也随着管理层考虑问题的出发点不同而变化。大多数的营销计划包括:当前营销状况、SWOT 分析、营销目标、营销战略、行动方案、营销预算和控制。

(一)当前营销状况分析

编制当前营销状况分析内容是制订旅游市场营销计划的第一个实质性步骤。这项工作主要是对以下四方面的状况进行简明扼要的分析。

(1)市场状况。应弄清楚本企业为其服务的市场的数据,包括市场的规模、成长状况以及本企业在市场的占有率,旅游者需求状况及其他有关的营销环境因素等。此外,还需要根据分析提出合理的基本结论。

(2)旅游产品状况。应明确本企业产品的实力、价格水平、为企业贡献利润的大小。

(3)竞争状况。对主要的竞争者进行辨认,并逐项描述其规模、目标、市场份额、产品质量、营销战略和其他特征,以便恰如其分地了解竞争者的意图和行为。

(4)分销状况。应了解本企业产品到达消费者手中的销售渠道和每个分销渠道上的发展变化,注意分销商在力量上的变化以及激发他们分销积极性的价格和交易条件。

(二)SWOT分析

在描述当前营销状况数据的基础上,企业经理需要辨认在本计划期内公司所面临的机会与威胁、优势与劣势的问题,这就是战略管理理论中的SWOT分析。S代表"Strength",W代表"Weakness",O代表"Opportunity",T代表"Threat"。优势与劣势分析也称为S/W分析。所谓优势和劣势,是指企业的内部因素,企业的管理层在确定企业目标之前应辨认、分析企业的优势与劣势。机会与威胁分析称为O/T分析。所谓机会和威胁,是指能够影响企业前途的外部因素。企业的领导人应辨明企业所面临的主要机会和威胁,把它们记录下来,以便提出一些可能采取的行动;还应对问题和机会进行分类,以便对一些较重要的问题有足够的注意。这些分析决定了旅游企业的营销目标和策略。

(三)营销目标

有了对营销状况和SWOT分析的基础,便可着手制定营销目标了。营销目标是营销计划的核心部分。营销目标是有时间限制的,即在一个规定的时期(如一年)内所要达到的目标。对旅游企业来说、营销目标主要是指以利润为核心的目标,涉及销售额、销售量、利润率、投资收益率、市场占有率等。营销目标的作用主要体现在两个方面。

(1)指导营销活动,以保证营销活动正确进行。

(2)作为标准来衡量营销工作的绩效,这有助于对营销活动的控制和评价。旅游企业的营销目标水平应从实际出发,保证其科学性和可行性的统一。目标不宜过高,以免完成不了反而挫伤广大员工的积极性;目标也不宜过低,以免不能充分发掘人力资源,造成资源的搁置、浪费。

(四)营销战略

旅游企业市场营销战略是用以达到和实现其目标的基本方法,包括目标市场、营销定位、营销组合以及营销费用水平的主要决策。在制定一个营销战略时,企业领导者往往面临许多可能的选择。对于旅游企业来说,管理者除了要考虑经济效益外,还要考虑社会效益和环境效益。在制定战略的过程中,企业的领导者还需要和那些对营销战略成功与失败负有很大责任的人员进行合作,共同研讨,以获取各方的支持。

(五)行动方案

营销策略需转化为具体的行动方案才能实现其价值。行动方案需要落实的问题有:具体干什么?谁负责干?怎么干?在什么地方干?什么时间开始干?什么时间完成?需要多少人力、物力和财力，即需要多少综合成本？……将上述问题的答案详细列出，有助于营销活动的实施和检查。

（六）营销预算

营销预算是各项收支的预算，可通过较为详细的预计损益表反映出来。营销预算需经主管者审批同意后方可实行。更确切地说，营销预算基本上是计划中的盈亏说明。在收入方面，它表明计划可实现的收入；在支出方面，它表明贯彻执行策略所需的支出。它确定了差额或计划中的盈利，一旦被批准，将成为执行策略的指导原则。

（七）控制

旅游市场营销计划的最后一部分是计划控制的若干规定，目的是监控整个计划的顺利实施。通常要将旅游市场营销计划的目标和预算按月份或季度分解，以利于企业的上层管理部门进行有效的监督、检查，督促未完成任务和未达到目标的部门和人员改进工作，确保旅游市场营销计划的完成。另外，为预防意外情况的发生，在计划控制部分还应有意外应急计划，规定在发生一些超出正常计划时出现的不利于企业市场营销活动的情况时，旅游企业应采取的应急步骤和防范措施。

四、旅游市场营销计划的实施

旅游企业营销计划的制定与实施是一个系统工程的两个部分，前者解决“做什么”和“为什么这样做”的问题，后者解决“怎样做”的问题。市场营销计划的实施一般包括五个步骤。

（一）制定详细的行动方案

此方案实际上是营销计划的具体执行计划，除在该方案中明确营销计划和营销战略实施的关键性要求和任务外，还要将这些活动内容的责任落实到个人或作业单位，并明确具体的行动计划执行时间表，在时间上有严格的规定。

（二）建立营销组织机构

旅游市场营销组织是营销计划和营销战略贯彻实施的主要力量，建立和强化市场营销组织对推动营销活动的开展起决定性作用。另外，还应注意旅游组织中非正式组织的存在，努力使非正式组织与正式组织紧密配合，提高企业员工对营销计划和营销战略的共同认识与理解，促进和保证营销计划的顺利实施。

（三）设计科学的管理制度

为实施旅游市场营销计划和战略，必须设计相应的管理制度，建立激励机制，尤其鼓励创造性地完成工作。同时要求员工把近期利益与长远利益结合起来，避免只顾眼前利益而做出有损企业整体形象的行为。

（四）开发旅游人力资源

旅游市场营销计划和营销战略的实施，最终要通过人员的推动和努力来体现，并且营销计划的执行在不同程度上涉及企业的所有员工。因而充分调动职工的积极性，努力开发人力资源，实现人尽其才，就可为实施预定的营销计划和营销战略提供积极的、可靠的保证。

（五）建设旅游企业文化

企业文化已成为企业的重要战略资源，成为市场竞争中的重要竞争手段，它对企业经营思想和领导风格、对员工的工作态度和作风等方面起着决定性的作用。通过企业文化建设，逐渐形成共同的价值标准和基本信念，保证旅游市场营销计划和营销战略在相应的企业文化和管理风格的氛围中得到强大、无形的力量支持。上述几个方面必须协调一致、相互配合，才能有效地实施旅游市场营销计划和营销战略。

五、旅游市场营销计划书的编制

（一）旅游市场营销计划书的内涵

旅游市场营销计划书是整个营销工作准备阶段的"产品"，它概要地描述了旅游营销活动的目标、内容、要求与工具运用，集中体现所制定营销战略的思想精华，并在整体营销活动中发挥着重要作用。

在确定了目标市场、选择了营销组合方案后，就基本上完成了旅游市场营销战略的策划工作。实际上，市场营销战略的制定是一个极为复杂的决策过程，需要投入大量的人、财、物，耗费许多精力和心血。而作为这个复杂过程的成果，旅游营销战略不可能仅仅停留在抽象的思维形式上，它必须落实到文字上，成为可保留、可传达的具体文件，这就是旅游市场营销计划书。

（二）旅游市场营销计划书的内容

旅游市场营销计划书既然也是一种"产品"，那么就同样要重视其"产品质量"与"产品外观"，这是决定其在营销活动中的作用能否充分发挥的关键。具体来讲，旅游营销计划书主要包括以下内容。

1. 营销计划概要

这部分内容对整个营销战略的主要目标作一个简明扼要的描述，要求开门见山、数字明确、逻辑清晰，以便决策层迅速了解营销活动的主旨，对其产生兴趣。比如：

"本年度市场营销计划的目标是使本企业的旅游产品打入日本及东南亚市场，从而使总体销售收入与利润总额比去年大幅提高。经估算，销售收入目标定为 2 000 万元，比去年提高 40%；可实现利润总额 400 万元，与去年相比增长 25%。这个目标主要通过价格调整以及增加广告力度等方式实现，同时还准备在当地寻找地区总代理并帮助其培训服务人员。本计划实施所需营销预算为 100 万元，与去年相比增加 35%。详细计划见后。"

2. 目前营销形势分析

这部分内容向决策层提供关于内部营销组合各因素以及外部宏观环境的有关数据，使决策层对目前企业面临的内、外部形势有一个感性认识，为其充分理解营销计划打下基础，主要包括如下内容。

（1）市场形势，指对目标市场规模与发展的预测，顾客需求走向、观念及购买行为的初步分析。

（2）产品形势，指本企业产品在所处市场中的地位，包括销售量、市场占有率、产品价格、利润等。

（3）竞争形势，对所处市场中主要竞争对手的经营规模、市场份额、所采用的营销组合策略进行描述。

（4）销售渠道形势，对本企业分销渠道的分布、中间商的类型、模式构成、佣金率、流通效率进行介绍。

(5)人员管理形势,指本企业管理及业务人员的构成、素质、工作质量、服务水平,在整体旅游业中所处地位,目前所采用的培训、领导与管理的方式。

(6)宏观环境因素,指对环境六要素——人口、经济、政治、自然、技术与文化环境的当前状况、变化趋势以及可能为本企业造成的机遇与威胁进行描述。

3. 机会与问题分析

这部分内容要列出:本企业在当前内、外形势下所面临的具体机遇与挑战;本企业自身迎接挑战的优势与劣势的具体分析,从中得出结论;明确本企业发展中、同时也是本计划中强调的中心问题,提请决策层注意。

4. 营销战略的中心目标

这部分内容是计划书的中心内容,也是决策层最感兴趣的部分,即营销计划的实施可以为企业带来哪些具体收益。这是计划书中最具认同感与说服力的部分,具体包括如下内容。

(1)财务目标。管理机构希望各部门都能够具有良好的财务业绩,包括投资收益率、资金周转速度、净利润收入等。

(2)营销目标。财务目标的实现必须通过营销手段,它是一系列营销目标得以实现的直接结果。比如:"400 万元的净利润收入及 20% 的利润率"目标需要销售收入达到 2 000 万元;如果旅游产品单价 2 000 元,就需要说服 1 万个旅游消费者购买该产品;如果预期行业总销售额为 1 亿元,则占领 20% 市场份额的目标一定要实现;为实现这一目标,营销人员必须充分发挥分销商与各种促销手段的作用,将品牌知名度从 12% 提高到 25%,扩大 20% 的分销网点,维持 2 000 元单价等。

5. 市场营销战略描述

这部分内容是营销人员"大显身手"的部分,也是其业务素质与存在价值的集中反映,具体包括以下两点。

(1)目标市场的选择依据与决策。

(2)营销组合决策,包括旅游产品构成、定位、价格、分销形式、服务人员管理培训计划、广告及其他促销方式、研究开发方式等。在进行这一部分内容的撰写时,应当注意:①与销售、采购、生产、财务、公关等部门进行充分沟通,确保取得其支持与理解;②文字方面既要充实详尽,又不可过于专业化。

6. 营销行动实施方案

这部分内容是对完成营销战略目标所采取诸多行动的具体统筹安排。对于要完成什么、由谁来完成、什么时间完成、需要进行什么工作、预计成本是多少等问题都要一一明确,内容越具体明晰,越易于贯彻和监控,要落实到具体部门和个人,在确定行动时要请教专家并充分听取各部门的意见,对多个方案进行选择,确保目标的实现。

7. 盈亏预算报表

旅游市场营销计划书还要客观地预计营销活动的损益情况,既不能言过其实,也不可消极保守。这部分内容实际是营销人员立下的"军令状"。具体来讲,在收入方面要反映预计销售量、预期价格;在支出方面要反映生产、分销、促销及营销成本。二者差值为预期利润。上级决策者要与生产部门主管对预算加以核查、评估,进行必要的修改,"讨价还价",最终确定的预算就成为整个营销活动的重要财务依据。

8. 对整个营销活动的控制

这是整个计划书的最后一部分内容,用于描述如何监控营销战略计划的进展及完成情况。它主要包括以下几点。①建立有效的有关信息回馈的制度。根据具体情况,要求各业务部门、各计划执行人员、各级各类中间商及时或定期向营销部门反馈各类信息,信息内容要客观明确并有各自的评价意见。该制度中应包含一定的奖惩措施。②建立每月或每季度的监测与考核制度。这部分内容要量化明确,要定期考评,要对未完成的目标或超额的开支做出及时反应,要求负责人做出解释并提出改进方法。③制订应急计划及弥补措施。对可能出现的各种困难、障碍、威胁、机遇或失误要尽可能地进行预测,对其影响及损失进行预估并制定相应的对策,使决策者做到心中有数。

(三)旅游市场营销计划书的制订过程

旅游市场营销计划书的时效通常是一年,其中一些项目活动和财务状况可以延续到更长时间,尤其是那些包括旅游新产品推介的计划书。营销人员必须在营销计划书预定实施前几个月开始营销计划筹备工作,这为彻底地调研和分析、回顾修正以及在旅游企业营销部门和其他部门之间协调资源提供了充裕的时间。

制订一份营销计划书的七个步骤是:分析当前形势;了解消费者和市场;细分市场并确立目标市场和定位;决定营销目标和方向;制定营销战略和方案;编制计划书和评价控制标准;在执行过程中调整计划。

1. 分析当前形势

在勾画旅游企业的营销蓝图之前,营销人员要研究当前本地和周边的环境。既要分析企业之外的大环境,诸如经济、技术、政治和社会文化等,又要分析旅游消费者、竞争对手、旅游经销商,这些因素也对旅游企业有效执行营销计划产生影响;既要评估本企业的内部实力和竞争对手的策略,以便利用自身优势的同时利用竞争对手的弱项,又要识别和评估由于外部环境变化而出现的潜在机会和潜在威胁,从而发现新的利润增长点,将危机带来的损失减少至最低。

2. 了解消费者和市场

除了分析整体环境外,还要分析旅游消费者和旅游市场。所以营销人员必须仔细考察旅游市场份额的趋势、旅游消费者数量的变化、旅游产品需求和未来预测、旅游消费者购买行为以及满意度等。其中必须研究的问题有:谁在购买?为什么购买?购买习惯有没有改变?哪些旅游产品最受欢迎?

3. 细分市场并确立目标市场和定位

旅游企业不可能满足所有旅游消费者的全部需求,所以对旅游市场进行细分是很有必要的。一旦各细分市场的特征被总结出来,旅游企业就可以选择将会带来最大利益的那些市场,这就是目标市场。当然,还需要进行市场定位,把本企业在目标市场的旅游产品或品牌与竞争对手区分开来。

4. 决定营销目标和方向

在正式选择营销道路之前,营销人员必须回顾旅游企业的整体规划,然后再制定接近整体规划的营销目标。旅游企业的营销目标有两类:一类是以利润为核心的营销目标,包括计划期内旨在实现的利润额、销售额、销量、市场占有率或市场份额等;另一类是以形象和顾客满意为主要内容的营销目标。

5. 制定营销战略和方案

营销人员根据旅游消费者需求、市场环境和营销目标,制定有关营销组合战略及各个因素的决策,包括产品决策、价格决策、分销渠道决策和促销决策。为了支持营销组合战略和方案,还需要制定顾客满意战略(Customer Satistaction,简称 CS 战略)和内部营销战略。

6. 编制计划书和评价控制标准

旅游市场营销计划书并没有统一的固定模式,但基本内容大体相同。在编制时应对计划中的盈亏情况加以说明,也就是要进行营销预算。营销预算主要体现在两方面:一是对预期可以实现收入的预测;二是预期贯彻执行计划所需要的支出。对营销计划合理的评价和有效的控制,必须要有科学的评价控制体系。营销人员应根据旅游企业实际情况,制定出详细、精确的评价控制标准。

7. 在执行过程中调整计划

旅游市场复杂多变,因此旅游企业在执行计划的过程中应根据反馈信息和环境变化不断调整原计划,确保营销人员和营销活动能够在营销计划书的框架下有效地工作和运行。

第3节 旅游内部营销管理

一、旅游内部营销的含义

旅游内部营销是指将旅游行业内部与游客旅游体验相关的各方人员当作内部顾客,利用营销手段满足其需求,并以游客体验需求为导向,协调合作,给游客一个完美的旅游体验,最终使游客满意。

二、旅游内部营销的内容

旅游内部营销的对象不只是营销部门的营销人员和直接对外部客户提供服务的一线服务人员,还包括所有的企业员工。因为在为客户创造价值的过程中,任何一个环节的低质量和低效率,都会影响到客户感受价值。内部营销的内容可以概括为两个部分:企业对员工的营销以及企业各个部门之间的营销。

1. 旅游企业对员工的营销

首先是旅游企业向员工营销自身的价值观,使员工对本企业的价值观形成共识,认同本企业的组织文化、组织目标,并使个人目标和组织目标达到更好的结合;其次是旅游企业向员工营销企业自身的产品和服务,借助营销理论在旅游企业内部的应用来探索使员工满意的方法和手段。

2. 旅游企业各个部门之间的营销

外部客户的满意,不仅仅是和客户接触的前台员工以及为他们提供支持、支撑的后台员工共同努力的结果,也是企业内部各部门密切合作、共同努力的结果。因此,部门之间的相互了解和高效、优质配合,是使最终客户感受到满意的重要前提。旅游企业内部,无论是职能部门还是业务部门、支撑部门,都必须积极向其他部门营销自己,增进其他部门对自身的了解,增强部门之间合作与配合的效率、效果，降低发生部门冲突的可能性，以此保证旅游企业成为一个高效率运作的整体。

3. 两个层次的营销

从管理哲学的角度看，内部营销的功能主要是将目标设定在争取自动自发又具有顾客意识的员工上。内部营销的计划可以分为两个层次：战略性内部营销和战术性内部营销。从战略层次上看，内部营销的目标是通过制定科学的管理方法、升降有序的人事政策、企业文化的方针指向、明确的规划程序，创造一种内部环境，来激发员工主动为顾客提供服务的意识。从战术层次上看，内部营销的目标是向员工推销服务、支援服务、宣传并激励营销工作。

4. 态度管理和沟通管理

首先，员工对顾客意识和服务观念的态度和动机需要进行管理。态度管理经常支配着企业内部营销中为取得竞争优势而推行的服务战略；其次，经理、接待人员以及支持人员需要大量的信息，以完成其服务工作。这些信息主要包括工作计划、产品和服务的特征以及对顾客的承诺，特别是广告或推销员所做出的承诺。他们也需要沟通各自的要求、改进工作的意见以及他们所发现的顾客的需求，这就是内部营销的沟通管理。

内部营销需要树立对人的尊重和集体主义观念，通过内部营销，旅游企业可以使"顾客至上"的观念真正为员工所接受，更好地履行自己的职责。

需要强调的是，内部营销并不等于人力资源管理，其目的是外部营销。人力资源管理提供了旅游企业运作所必需的工作人员，而内部营销提升了现有人员的满意度，使人力资源开发的效用趋于最大化，更重要的是这种效用直接指向最终顾客服务。此外，内部营销对人力资源起着整合的作用，对外直接表现为旅游企业整体形象的提升。

三、旅游内部营销的作用

贝里和格罗鲁斯认为，内部营销的作用是双重的，一方面使员工具有良好的服务意识，追求卓越的顾客服务；另一方面是留住优秀员工，以保持旅游企业持续发展的动力。

（一）激励员工

旅游企业所提供的是人与人、面对面的服务。旅游服务过程是旅游企业员工与顾客之间的互动过程——因为生产与消费是统一的。对旅游者而言，产品质量的好坏在于他们享受到的旅游服务能否使其获得预期的满足。由于旅游者与旅游企业服务人员共同参与了旅游产品的生产，即消费的全过程，所以旅游企业员工的行为举止直接反映到旅游服务质量上，旅游者是直接感受者。旅游企业内部市场的确立，将内部员工作为顾客看待，可使员工得到充分的尊重，通过企业文化理念的灌输、合理化的人才招聘激励机制和人性化的管理措施使得员工充分认识他们在服务流程中的地位、作用、职能和权利，他们不仅是服务的生产者也是服务营销的主体，激发他们热爱本职工作。这种对员工价值的重新认识通过具体的管理操作为员工创造良好的服务空间，可以使员工得到无形的激励，增加其满意度和积极性，为顾客提供优质的服务。

（二）留住员工

在内部营销使员工得到充分激励的前提下，旅游企业对员工就会具有较强的吸引力，企业的向心力和凝聚力也自然形成。这是一个良性循环的过程，内部营销吸引优秀员工，优秀员工得到自我肯定和自我发展的机会,会自觉地将内部营销理念灌输给新来的员工,在激励机制上形成创新,达到旅游企业和员工的“双赢”。

(三)创造满意的顾客

满意度是旅游企业衡量其服务水平的主要指标之一,只有通过内部营销,将服务的理念、服务的技能贯彻到位,让员工满意他们为之服务的产品,他们才能从服务中获得乐趣;而满意的员工必将在每一个服务细节中体现其对工作的热情,从而创造满意的顾客,顾客的满意又让员工获得了自我价值的实现,更激发他们工作的主动性和创造性,形成了员工与顾客之间满意度的良性循环链。

(四)内部营销是外部营销成功的基础

顾客受外部营销的影响,接受承诺,形成感知,但最终是通过与员工的接触来兑现承诺的,若组织不进行必要的内部营销,员工可能对自己的兼职营销者角色不够投入,顾客就会有种受骗的感觉,组织战略就会失败。只有通过内部营销随时让员工了解对外的承诺,培训他们实现这些承诺的技能,才可能在外部市场获得成功。内部营销主张组织内部各部门、各员工之间不断地进行双向沟通,承担起收集市场情报、传播沟通信息、满足市场需求的重任,并促进组织对市场需求做出及时正确的反应。因此组织应对内部既相互区别又相互联系的各部门的目标和政策进行统一协调,以达到最优化和协调一致;关心员工的利益,为员工树立明确的事业发展道路,重视组织与员工的双向沟通,提供员工参与管理的机会,加大培训力度。

四、旅游内部营销的实施策略

无论是将员工作为内部客户,还是强调员工在客户满意中所起的中心作用,内部营销理论的实质是强调旅游企业必须将员工放在管理的中心地位。

提高员工满意度是旅游企业内部营销的核心。研究表明,影响员工满意度的内部条件按照影响程度的高低分别为工作本身、培训、报酬、提升的公平性、在尊重和个人尊严方面所受到的待遇、团队工作、公司对员工福利的关心程度。依据这一结论,内部营销必须围绕着了解员工的情感和需求,吸引、培训、激励、沟通以及保留员工而努力。

1. 内部市场调研

在旅游市场营销过程中,旅游企业可以借鉴外部营销调研的成熟做法和技巧,通过实地观察法、一对一访谈、专题讨论、问卷调查等方法,建立员工档案,了解员工的基本情况、情绪、信仰、价值观等,了解他们对企业的态度、对管理者的评价和期望、对内部服务质量的要求、对旅游企业产品和服务的看法及建议等。内部市场调研的目标市场,不仅包括现有的在职员工,还包括潜在员工以及离职员工,这样才能有助于了解旅游职业市场的劳动力供求趋势、人才分布结构、期望的工作类型、职业发展方向以及人才流动趋势等总体情况。

2. 内部市场细分

每位员工在受教育程度、人生经历上的差异,导致其工作能力、心理和性格上存在着差别,需要将现代营销的市场细分理论应用于内部营销,将旅游企业内部的员工进行细分,认真了解与分析员工的工作能力、心理类型和性格,根据员工不同的需要以及情感特征,将其分为不同的群体,实施不同的管理方法,从而展开有针对性的激励和沟通。

旅游内部市场细分的变量比较多,可以根据员工个性、知识特点、在组织中所处的层次、员工与客户接触程度等来细分。

此外,需要强调指出的是:高层管理者既是内部营销的目标客户之一,又是内部营销的领导者和发起者,如果没有他们的认同,内部营销的理念将很难得到全体员工的认同、接受,并融入企业文化且成为其中的一部分;同时,后台接触员工与支持性员工对创建、维护整个旅游企业的客户意识和服务文化也发挥着重要的作用。

【本章小结】

本章主要从管理学的基本职能出发对旅游企业市场营销进行分析,通过本章的学习,应该掌握旅游企业市场营销的组织设置原则、类型、任务,掌握旅游企业营销计划的类型及其使用条件。同时,应对旅游企业营销管理重要性有足够的认识并能针对具体情况提出基本的管理举措。最后要了解旅游内部营销的含义,掌握旅游内部营销的实施策略。

【思考题】

1. 旅游市场营销计划包括哪几方面的内容?
2. 旅游市场营销计划执行中需要注意哪些问题?
3. 旅游市场营销计划包括哪些内容?
4. 旅游市场营销管理包括哪些步骤?

【练习题】

一、单选题

1. 旅游市场营销计划大致可以分为战略性营销计划和(　　)。

A. 战术性营销计划　　B. 暂时性营销计划

C. 全程性营销计划　　D. 目标客户群营销计划

2. 下列不是旅游企业进行经营活动业务编组的基础的是(　　)。

A. 产品　　B. 目标市场　　C. 资源　　D. 市场地域

3. 员工培训一般包括职前培训、在职培训和(　　)。

A. 专业培训　　B. 战略培训　　C. 岗前培训　　D. 业余培训

二、多选题

1. 旅游市场营销部门行为主体的代表是(　　)。

A. 顾客　　B. 企业　　C. 员工　　D. 参谋部

2. 旅游市场营销部门的任务主要有(　　)。

A. 计划性任务　　B. 生产性任务

C. 执行性任务　　D. 协调性任务

三、判断题

1. 旅游市场营销组织在现代旅游企业中已经不仅仅是负责营销策划和宣传的部门,而且已经成为企业的对外代表和重要的决策机构。(　　)

2. 战术性旅游市场营销计划比战略性旅游市场营销计划见效更快。(　　)

3. 内部营销即旅游企业的内部产品推销。(　　)

4. 旅游企业的内部沟通可以分为纵向沟通和横向沟通两种。(　　)

【参考文献】

[1] 科特勒. 旅游市场营销 [M].6 版. 北京:清华大学出版社,2017.
[2] 王欣,杨文华. 世界旅游目的地营销案例 [M]. 北京:经济管理出版社,2015.
[3] 李晓霞. 旅游市场营销与策划 [M]. 西安:西北工业大学出版社,2015.
[4] 李学芝,宋素红. 旅游市场营销与策划 [M]. 大连:东北财经大学出版社,2012.
[5] 胡自华,曹洪. 旅游市场营销 [M]. 武汉:武汉大学出版社, 2009.

第10章 旅游营销的发展趋势

学习目标

1. 了解旅游目的地营销。
2. 了解节庆旅游营销。
3. 了解旅游事件营销。
4. 熟悉旅游网络营销。

教学重点

1. 掌握旅游事件营销。
2. 熟悉旅游网络营销。

课前导读与体验

法国戛纳电影节，是以文化IP（Intellectual Property）为基础的城市节庆营销。戛纳电影节亦译作康城或坎城电影节，是世界最大、最重要的电影节之一。自1947年创办戛纳电影节以来，戛纳已逐渐从一个海滨小城变成世界上吸引商业团体和个体游客最多的城市之一。戛纳电影节每年吸引至少6万名电影界专业人士和大约20万名游客，电影节的11天中创造的直接经济价值约达2亿欧元，间接经济价值高达7亿欧元。

案例分析：

1. 超级文化IP"金棕榈"电影奖。

戛纳电影节的"金棕榈"奖成为带动整个城市发展的超级IP。许多电影从业者以获得"金棕榈"为无上荣光。

2. 行业聚会，为从业者提供一个沟通、交流、合作的平台。

戛纳电影节的重要性还在于它是全球电影界专业人士的一次重要聚会，电影节期间举办的各类交易会是全球各电视台及电影公司推销或选购片子的重要渠道。高昂的场租费自然是戛纳回收电影节支出的第一笔可观收入。

3. 以电影产业为基础，带动当地的住宿、餐饮、交通全产业链发展。

旅馆业无疑是从电影节中获益最多的行业。电影节期间，当地的旅馆一房难求，住宿价格高昂，以知名影星命名的各种套间更是价格不菲。据了解，电影节期间的客房收入甚至达到当地旅馆业年收入的15%。

此外，戛纳电影节带来的巨大客流量也为当地的餐饮业贡献了不少收入。地中海的海鲜、葡萄酒等美食产业也通过戛纳电影节而声名远播。在戛纳电影节期间，戛纳的交通工具租赁业也要红火一阵。以欧洲汽车租赁公司为例，该公司蓝色海岸分部有4 000辆汽车，但每到电影节开幕之际，这些车必定被租赁一空，这段时间公司业绩往往要上升 30% 以上。

（资料来源：http://blog.sina.com.cn/s/blog_a14512130102xyog.html）

第 1 节 旅游目的地营销

国际上对旅游目的地营销的系统研究始于 20 世纪 70 年代，我国于 2000 年以后才开始对此展开研究。

一、旅游目的地的概念和核心要素

（一）旅游目的地的概念

旅游目的地是指能够对一定规模旅游者形成旅游吸引力并能满足其特定旅游目的的各种旅游设施和服务体系的空间集合。

（二）旅游目的地的核心要素

构成旅游目的地的核心要素主要包括如下几点。

1. 有独特的旅游吸引物

这种吸引物必须对应特定的旅游目标市场和客源群，在旅游市场上具有与众不同的独立特性，并具有一定的市场优势。

2. 有足够的市场空间和市场规模支持

旅游目的地一方面必须要有足够的市场开发价值和相应的市场发展空间，足以支持旅游业的规模开发和经营，也就是说，旅游目的地不仅要有足量的地理空间，同时还要有适当的市场空间（规模）；另一方面是所能选择的目标旅游市场必须可进入性高、市场体系完备，能方便旅游供需主体自主、平等地进入，即该市场应运行规范，适合旅游市场机制发挥主导作用。

3. 能提供系统、完备的旅游设施和旅游服务

旅游目的地要具有一定的旅游产业基础和服务能力，有系统完备的旅游服务和接待设施；同时，这种产业体系要具有开放性特征，能够构建有效联结客源地与目的地的产业链，并支持旅游企业的规模化运行。

4. 有当地居民的认同、参与并提供各种支持保障

强调居民参与对改进国内旅游业现行发展模式显得尤其重要。当前国内一些地方在旅游开发中，过分夸大旅游业的经济功能（价值），存在忽视甚至歧视当地居民利益的倾向。一些地方不仅忽视居民作为独特旅游吸引物的市场价值，甚至把他们的正当利益视为开发的障碍，旅游开发的结果常常是压缩他们的生存空间，这是一种典型的“杀鸡取卵”式的短视行为。事实上，一旦没有当地居民的生活作为依托，许多旅游目的地由于缺乏内在活力，其旅游资源的市场价值也会大打折扣。不仅如此，对于旅游目的地而言，当地居民还构成了旅游业开发的人力资源基础，旅游业是一种劳动密集型产业，需要大量的劳动力支持。可见，一旦离开当地居民的支持和参与，该地区旅游业将失去可持续发展的社会和文化基础。

5. 具有一定的可管理性

旅游目的地的地理空间范围通常是由旅游目的地的资源赋存、潜在的旅游客源市场规模和目的地旅游产业的发展体制和运行模式共同决定的。因而从地域空间角度分析，其空间格局既可能小于既定的行政区域,也可能大于该行政区域。一旦旅游目的地范围大于既定的行政区域,该旅游目的地就存在着一个如何重新组织、管理和控制的问题。如我国著名的珠江三角洲旅游区、长江三角洲旅游区以及环渤海旅游区等,现有的旅游行政体制和管理模式无法适应对旅游市场化和产业化管理的要求,因此需要重新塑造能满足现代旅游业发展要求的目的地管理模式。在旅游目的地范围小于行政区域的情况下,人们虽然可以通过既有的行政资源对旅游业加以管理,但是容易忽视旅游目的地运行的市场特性,出现旅游发展行政化的弊端。总之,为规范旅游业的运行模式和维护旅游者利益,旅游目的地内部必须形成内在的一体化的组织管理机构,并保证内部市场行为明确、统一和协调一致。对于跨越行政区域的旅游目的地,其管理机构和管理模式可以具有一定的弹性或自主性,但也必须能够保证行使统一管理职权,为旅游目的地协调发展提供组织保证。

二、旅游目的地营销的概念

旅游目的地营销是在特定空间区域层次上进行的一种崭新的旅游营销方式。在这种方式下,区域旅游组织将代表本区域内所有的旅游企业和旅游产品,作为统一营销主体并以相同的旅游目的地形象参与旅游市场的激烈竞争。因此从技术层面上分析,旅游目的地营销就是指区域性旅游组织通过区分、确定本区域旅游产品的目标市场,建立本地产品与这些市场间的关联系统,并保持或增加目的地产品所占市场份额的活动。

旅游目的地营销概念的基本特点如下。

(1)旅游目的地的营销主体是区域性或跨区域性旅游组织,而不是一般性旅游企业。旅游目的地营销有别于单独的企业或部门的营销活动,它是以区域性的旅游组织(或政府旅游主管部门)为主体,在区域层面上进行的一种新的营销方式。

(2)旅游目的地营销的客体是旅游客源市场。旅游需求的性质决定了旅游市场是一个开放的系统,具有时间和空间相对分离的特点;从需求特征上看,又具备时间和空间相对集中的规律。目的地通过产品开发和形象营造,应努力拓展市场范围,建立市场关联,提高自身的市场竞争力。同时,区域旅游组织应代表和维护旅游者的利益,争取树立良好的市场形象。

(3)旅游目的地的主要营销媒介是目的地旅游形象。旅游目的地营销应该是一个利益和目标一致但内部又相互分工的工作体系。旅游目的地组织的任务一方面是塑造本区域独特的旅游形象;另一方面还要协调好本区域旅游企业和旅游产品的营销活动,因为一个良好的目的地形象也有赖于优势旅游产品的支撑和烘托。由于一般情况下,单一旅游企业没有能力营销区域旅游形象,因此,旅游目的地营销的首要功能应放在对目的地整体形象的营造上。

旅游目的地营销是一种在地区层次上进行的旅游营销方式,在这种方式下,地区将代表区域内所有的旅游企业,以一个旅游目的地的形象作为营销主体加入旅游市场的激烈竞争中。地区营销的参与者不是某个旅游企业,而是地区内所有的机构和人员;营销对象不是某个旅游产品,而是目的地内所有的产品和服务;获益者也不是某个旅游企业,而是整个地区。因此,传统的营销理论不适合旅游目的地的营销实践。但是,迄今为止,无论在理论还是在实践中,对于这种营销理念的变革和策略的改变还不够,依然存在套用传统产品的营销理论来营销旅游目的地的现象。所以,目前在我国旅游目的地发展中存在的问题使得许多旅游目的地重新思考它们的营销战略。

三、旅游目的地营销的特点

(一)营销效果的不易确定性

在西方,有学者称旅游目的地营销为“地点营销”,认为目的地可当作商品。在逻辑上,旅游目的地是由旅游者体验组成的复杂活动的消费点,并最终由地点促销机构在商场上销售。但旅游目的地营销与物质产品营销有明显差别。一般的物质产品营销,产品实体可直接到达消费者身边,消费者对产品的满意度也主要受物质产品本身属性的影响,营销主体容易控制。

而旅游消费要求旅游者做出空间位移,游客在出游前对旅游目的地信息的认识是不完整的,游客满意度受到旅游行程多个环节、多个因素的影响,营销主体往往难以完全控制。同时,旅游“六要素”的整体特点也决定了人们拥有较大的消费弹性。因此,旅游目的地营销的效果表现出更多的不易确定性。

(二)营销内容的宏观性、综合性

这是目的地营销与单个旅游企业营销的区别。目的地营销作为发生在区域层面的营销活动,在内容上主要从宏观层面和综合性角度宣传旅游目的地,不可能对本区域众多具体旅游企业的单项产品给予详细介绍,区域总体旅游形象、总体旅游产品(主要景区景点)才是其营销的重点,而单个旅游企业营销的重点是本企业的旅游产品,如各条线路、各景区、各项服务等,以宣传本企业为主,关心的是其销售量、营业收入,营销局限于微观层面。虽然不少企业也顺便宣传所在地的景区景点,但毕竟是不完整的。

(三)营销目标的长久性

“只有永远的地区,没有永远的企业。”与一般旅游企业相比,旅游目的地营销目标具有长久性。单个企业的营销活动虽然客观上有利于提高目的地的知名度,但主要关注的是本企业的短期利益,较少考虑或无暇顾及地区的长远发展,更难涉及关系地区营销潜力的系列基础要素的建设(如区域基础设施、区域经济背景等)。旅游目的地营销目标则具有长久性,也即某地想成为旅游目的地,并希望得到可持续发展,就离不开营销。营销的长久性决定了营销计划存在的合理性。

(四)营销组织的多元性

一般认为,当地政府是旅游目的地营销活动的主体。因为只有当地政府最有能力组织整个地区的营销活动,这无疑是正确的,但也应看到,由于营销内容的综合性、复杂性,当地各种公众和私人团体、旅游企业及其从业人员、当地居民,对目的地的营销也有着重要意义。旅游目的地的口碑好坏对当地的旅游发展十分重要。口碑的形成,既来自目的地内的居民,也来自现实旅游者对某地旅游体验的满意度,包括与当地居民的接触。因此,广泛吸收当地利益相关者参与营销活动,实施不同层面的“关系营销”和“整合营销”,对旅游目的地提高营销成效具有积极意义。

(五)营销范围的等级层次性

从国家、省级行政单位到各个地级、县级行政单位,不同等级范围的旅游目的地均存在营销工作,中小区域不会因大区域进行了营销就不再进行该项工作。从国家旅游局到各省、市、县旅游部门,均存在众多不同市场范围的营销系统,呈现出明显的等级层次性。这主要是因为不同区域旅游目的地的客源市场和竞争对手不同。国家层次的旅游营销主要是吸引海外客源,其他层次的区域兼有国内外两个市场。但除少数著名旅游目的地外,绝大多数中小型旅游目的地往往以邻近地区及国内若干城市为目标市场,其中以地级市为单位的旅游目的地营销具有典型性。

四、旅游目的地营销的参与主体

由于旅游目的地的发展水平和大小范围不同,其营销活动的规模和层次也会有所不同。旅游目的地营销活动的参与主体通常包括:目的地旅游组织、有关政府机构、非政府的旅游专门组织、旅游产业协会组织、旅游企业、旅游营销辅助机构(如广告媒体、宣传促销机构、中介组织等)、旅游者等。

一般情况下,不同级次的旅游组织分别对应各自管辖范围内的目的地营销活动。旅游目的地营销一般由区域性旅游组织承担,在一些采取行政主导型旅游发展模式的地区(或国家),可能由政府旅游行政管理机构承担旅游目的地营销组织的职责。

与旅游企业营销过程中一切以企业利益为中心的组织形式不同,在旅游目的地营销活动中,旅游目的地组织处在营销活动的核心地位。上述营销主体中的其他成员均要围绕该组织开展营销活动。

五、旅游目的地营销的意义

客观地讲,旅游目的地营销这一新型营销方式的出现,是由于旅游业自身发展中的诸多特性所决定的。因此,系统研究旅游目的地营销的规律和特性,对于探索具有地方特色的旅游营销模式和不断提升旅游目的地营销质量有着非常重要的意义。

(一)有利于更好发挥旅游业对目的地社会经济的贡献

旅游业在许多地方越来越成为现代社会经济生活中不可或缺的组成部分。在一些旅游业发达的地区,旅游业对当地的社会经济生活发挥着广泛而深刻的影响作用。旅游者的到来为目的地从外部引进了一个巨大的购买力市场,改变了这些地方原有的以满足内在需求为主的经济发展模式。目前,旅游业已成为世界上许多国家或地区主要的经济活动,而且在某些情况下,已成为当地社会经济的新增长点和动力源。例如, 2008 年北京夏季奥林匹克运动会为北京吸引了大批旅游者,促进了当地经济的发展。

随着旅游业的发展,旅游业对旅游目的地的双重影响属性也表现得越来越突出。旅游业对目的地的积极影响包括就业机会增多、经济收入增加、经济基础多样化、税收来源丰富化、文化交流和经济交流扩大、信息渠道增多、知名度提高、产业结构优化等。但是,旅游业同时也给目的地带来了许多问题,如旅游季节性劳动力闲置问题、旅游环境污染和社会污染问题、对当地消费市场的冲击等问题。可见,旅游业对一个目的地的影响是一把"双刃剑"。如何做到兴利除弊,并不断提升旅游业发展质量,对所有旅游目的地都是十分重要的问题。通过加强对旅游市场的研究和树立营销观念,旅游目的地可以科学规划本地区旅游业的社会经济定位、发展体制和运行模式,并根据本地区旅游资源的禀赋和市场规律规范其旅游营销活动,通过树立良好的旅游业形象和旅游目的地市场形象,有效降低各种不利因素对旅游目的地的影响,这也是推动目的地旅游业健康持续发展的社会经济基础。

(二)有利于旅游者的消费选择

旅游者在选择旅游目的地时,通常会受到各种因素的影响,给旅游决策造成困难。旅游者对市场上各种旅游信息进行区别与甄选很困难,随着旅游业的发展,旅游市场上充斥着繁杂的信息,旅游者可能会受到各种旅游企业信息的影响,难以做出科学的决策;同时对于旅游目的地而言,如果没有系统一致和独具特色的旅游形象,也会影响其竞争能力,不利于其旅游产品的总体营销 。此外,一些旅游企业的营销信息可能与旅游目的地的总体信息存在矛盾,使旅游者无所适从。

旅游者在寻找一个目的地时,是将目的地作为一个整体环境来感知、来记忆。在这种情况下,针对旅游者的感知特点和消费需求,应该考虑把旅游目的地作为一个整体系统来营销,并重点为旅游者提供旅游企业之外的信息服务。

(三)符合旅游营销活动复杂性的要求

旅游消费活动是一种综合性行为,一个旅游者在目的地购买的旅游产品可能同时包括食、住、行、游、购、娱等多种要素,围绕满足旅游者的这六种要素需求,旅游目的地形成了一个完备的服务体系和旅游产业链。一般情况下,这个旅游产业链由跨越不同行业的各类旅游企业组成,旅游目的地的整体产品是由若干个不同旅游企业的单项产品汇聚而成。在旅游目的地的产品服务过程中,如何处理旅游目的地整体形象与旅游企业个体经营目标之间的矛盾是摆在旅游目的地营销组织面前的一项重要任务。如果放任旅游企业自由宣传,很可能使旅游者无所适从甚至造成内耗,进而危害旅游目的地的总体利益。为此,通过对旅游目的地营销活动的总体规划,可以整合目的地内部旅游企业的市场分工关系,共同提升旅游目的地的特色形象,提高旅游目的地的整体市场竞争力,达到既方便旅游者、又让旅游企业受益的最佳效果。

涉及食、住、行、游、购、娱这六方面的旅游企业单独在目标市场上展开营销活动时会带来以下问题。

1. 单兵作战,缺乏协同作战的优势

单个旅游企业实力单薄,能够投入的时间、金钱、智慧都有限,未必能全面真实地展现出地区的实力,而且各企业在宣传时步调混乱,势必会有所重复和遗漏,使目标市场的公众觉得厌倦、迷惑或无所适从,从而影响目的地的形象。

2. 只谋眼前利益,不考虑长远发展

首先,旅游企业没有足够的动力和能力进行全面深入的 SWOT 分析,如果没有对未来的准确把握,可能在未来的市场竞争中失利;其次,旅游企业缺乏挖掘旅游营销潜力的动力和能力。地区的吸引物、与主要客源地的可接近程度、支持地区吸引物的基础设施、地区选择的目标市场、服务水平及当地居民的好客程度、地区经济繁荣程度等因素都会影响地区的营销潜力。但是对这些因素的改善需要大量的投资,这就涉及市政建设部门、交通部门、能源部门、教育研究部门等,在这类公共物品的提供上企业有搭便车倾向。

3. 追求个体利益,不能保证整体利益

这一点除了表现在对挖掘地区旅游营销潜力的态度上,还表现为以下两点:首先,如果地区内的旅游企业的眼光不放在对目标市场的搜索和开拓上,不放在与其他地区的竞争上,它们则可能会卷入对有限客源的内部竞争中,这可能会使一小批本来就打算来目的地的旅游者选择某一家旅游企业,但会损害整个地区的形象,让其他地区有可乘之机,失去更广阔的旅游市场和整体利益;其次,虽然旅游者在抉择目的地时比较谨慎,但是一旦来到目的地后,就会抱有

“既来之，则安之”的想法，比较容易做出消费的决策，所以，旅游营销的关键应是使用知名度高的旅游产品和优秀的旅游企业来说服人们到目的地旅游。当旅游者到达后，便可推荐其他知名度不高的旅游产品和旅游企业，刺激旅游者的消费动机，延长其停留时间，提高其消费额。但是，单个旅游企业不可能有如此胸襟，旅游者到达后实力强的旅游企业也不肯给其他企业促销机会，致使地区的整体利益不能最大化。

（四）有利于产生协同效益

旅游目的地营销可通过区域旅游集团的建立和区域整体目标的制定，增强各旅游企业的“集体意识”，将各旅游企业融合为一个整体来为旅游者服务，使旅游目的地的潜在优势得到完整发挥，容易产生“1+1>2”的合力效果。其次，我国许多旅游目的地普遍存在的矛盾是有限的资源不能满足整个旅游目的地旅游推广的需要。开展旅游目的地营销则可在形象塑造、品牌推广、产品促销上，将整个区域所拥有的信息、财力、物力、人力、科技等有效整合，进行准确的市场细分，快速地寻找到目标市场，从而形成一个强大的营销平台。

（五）有利于发展地区的旅游可持续竞争力

在公私合作的目的地市场营销中，旅游营销主体不仅能“统筹兼顾”，将当前发展与长远发展相互协调，还能在空间上充分考虑旅游目的地某一发展时期各方面之间的协调发展，促进资源的可持续利用与基础设施的保护与修缮。其次，在竞争力优势的可持续上，各个旅游企业“画地为城”的封闭行为，容易造成信息闭塞，将目光锁定在旅游资源的绝对价值上，在同一区域内设计规划许多同一类产品。而在旅游目的地营销的指导和由政府和企业共同主导的营销模式下，能从整体利益出发，整合利用区域内外资源，在不断关注旅游者需求的同时进行旅游产品或服务的总体规划与创新，在发挥区域内所有旅游资源的最大潜在价值的基础上，不仅对现实目的地进行了成功的营销，还对旅游目的地的未来进行了更理想的营销和塑造。

（六）有利于发挥市场经济机制

旅游目的地营销的模式是“旅游景区＋交通部门＋旅行社＋酒店＋政府管理部门＋旅游社区”的联合。传统营销模式的联合只是操作层面的简单组合，往往会使各旅游企业为了小团体利益的最大化争夺区域内有限客源，大打“价格战”，甚至在目标市场的受众面前相互拆台、相互揭短，让竞争对手有可乘之机，从而失去更广阔的旅游市场。此外，同一目的地的旅游企业往往出现“相互隔离”现象。旅游目的地营销中的联合已经上升到了管理层面，政府部门集中全部力量向目标市场进攻的同时能够充分应用手中掌握的公共权力，建立一套与本目的地有关的较为完善的旅游市场竞争制度体系，较好地解决涉及市场中不法、不当的竞争行为；并将权力下放，落实到具体的市场管理组织，授予具体权责及义务，执行相应法规，监督各个旅游企业的行为，惩治违法、违规的旅游企业。此外，也能组建专业的信息管理中心，专门从事旅游信息的收集、处理等工作，以保证整个区域内信息的畅通与完整。因此，政府管理部门的加入将使旅游市场竞争正规化、正当化，进而纠正“市场失灵”，更好地发挥社会主义市场经济体制的作用，为目的地营销营造一个良好的旅游市场环境。

六、旅游目的地营销的基本经验

旅游目的地营销的本质，实际上就是通过各种营销活动逐步确立区域旅游品牌的复杂过程，以使潜在旅游者一旦有某方面的旅游动机，就会联想到某类旅游目的地，如同生产和销售某物质产品的厂家，自己的品牌成为行业内的知名品牌后，有某类产品需求的顾客便会自觉寻找该品牌的产品。但与物质产品品牌不尽相同的是，区域旅游品牌应具有鲜明的地方特色，而不是同质化的目的地。目前令旅游营销人员常常感到困惑的是，面对激烈的市场竞争环境，不宣传肯定不行，但花钱宣传了似乎也难以达到预期效果，或只是短期有效，接下来是更长久的淡季，似乎花了很多“冤枉钱”，从而出现茫然心态，故多数人员对营销工作采取或紧或松的态度。多年来，各个旅游目的地在营销中积累了许多经验，对这些基本经验的把握有利于选择恰当的营销策略。通过分析部分学者的观点，结合自己的思考，笔者归纳出以下旅游目的地营销的基本经验。

1. 旅游目的地营销不宜孤立进行

营销意味着吸引外地人到本区域来，如同家里请客，既要有招待客人的礼物，也要把家内环境卫生搞好，以给人良好印象。目的地营销也是如此，区域的主要“礼物”就是景区，“搞好环境卫生”就是要把区域规划好、建设好，特别是游客的第一印象区和最后印象区。

因此，当地政府应重视区域旅游大环境的建设，如城市建设、区域环境建设，但首先应围绕旅游“六要素”搞好基础设施配套，再扩展到其他领域，否则对旅游营销部门期望过高，是不切实际的。从这点看，应视旅游目的地营销为一个系统工程。

2. 不同目标市场宜采取不同的营销策略

一般旅游目的地均存在三类市场，即传统目标市场、新目标市场和介于两者之间的机会市场。传统目标市场的人们对目的地已较为熟悉，营销的重点应是提高重游率，为此需要创新旅游产品、注重市场细分和提高游客满意度。新目标市场的人们对目的地相对陌生或了解不多，营销的重点应是提高知名度、介绍拳头旅游产品，从而激发人们的旅游欲望。机会市场则是前两类市场的过渡，人们对目的地的了解介于前两者之间。营销的重点是提高该类市场向传统目标市场的转换率，这里涉及较多因素，但目的地知名度、游客旅游满意度仍然是主要的。

3. 不同发展阶段宜采取不同的营销策略

按照加拿大学者 Butler 的观点，旅游目的地的发展阶段可分为探查、参与、发展、巩固、停滞、衰落或复苏六个阶段。旅游目的地如处于旅游发展的起步阶段、知名度不高的时期或处于相对成熟、具有一定知名度的时期以及出现影响目的地形象的重大负面事件的时刻，其营销策略均应有所不同，宜分别采取开发性营销、维护性营销和扭转性营销等不同策略。同时，一些较大的旅游目的地（如地级市），往往包含较多次级区域，各区域旅游发展并不均衡。这要求对不同区域采取侧重点不同的营销策略，对整个区域的营销则需统筹兼顾。

4. 目的地宣传口号的提出值得讲究

宣传口号应突出重点，不宜面面俱到，针对不同目标市场，宣传口号可有所不同，针对不同等级、不同知名度、不同发育程度的旅游目的地，宣传口号的提出策略也应有所不同。等级和知名度较高、旅游发展时间较长的目的地（如一些省会城市、国际著名旅游城市），营销时可采取综合性、抽象性口号，如中国香港的“我们是香港”、西班牙的“阳光普照西班牙”等。相反的情况则宜采取相对具体的口号，以突出本区域特色，如能嵌入地名更佳。同时营销口号不宜频繁变动，但也非一成不变，数年一变是可以的。设计宣传口号时不宜过分拔高。许多旅游目的地营销时拔高宣传，其结果是提高了潜在游客的心理预期，造成游客实地旅游后内心产生反感，从而形成负面的宣传效果，不利于后续客源的扩大。目的地宣传自己时既要实事求是，又要充满自信。

5. 游客旅游过程的营销值得重视

游客对某旅游目的地的口碑主要由当地的游览活动来决定。口碑好坏对目的地扩大后续客源有重要影响，故游客的到来并非营销活动的终止，而要将营销活动贯穿于游客旅游活动的始终。口碑取决于游客满意度，而满意度与游客旅游体验直接相关，影响旅游体验的因素较多，其中旅游服务人员的态度、当地社区居民的好客度是主要因素，故应强调目的地的接待服务质量。

七、旅游目的地营销中存在的问题

我国的旅游目的地营销出现于2000年以后，由于实践远远领先于理论研究，使得我国许多旅游目的地在开展整体营销的过程中都或多或少出现了问题，这些问题主要表现为以下几个方面。

（一）营销观念滞后

把成熟的营销理论简单地移植到旅游目的地营销中来，对旅游目的地作为一种综合旅游产品的特殊性所引发的营销理念和策略变革不太适应，如单纯化的目的地形象的建立与传播、对目的地的众多相关群体之间的利益冲突协调不够以及缺乏旅游目的地可持续发展的战略思想。

（二）营销目标单一

不少旅游目的地单纯把接待游客数量及其增长速度和旅游收入等数量指标作为旅游业绩的主要考核指标，而缺乏对旅游服务质量、目的地居民的满意度及目的地社会、文化、自然环境协调发展的关注，结果造成在旅游促销期内，大量游客涌入目的地，客流量超过环境承载力，给当地社会、环境带来许多负面的影响。如在旅游旺季，杭州西湖风景区平均每天的参观人数超过10万人，人满为患，不仅造成交通拥挤，处处排队，游客满意度下降，也给当地居民的正常生活带来很大影响。

（三）目标市场与产品雷同

旅游产品重复建设，旅游资源开发模式与产品雷同，某个地区的旅游项目火了以后。其他地区一拥而上，没有目标市场之分，提供完全相同的旅游产品。这种单一型的旅游项目不但造成旅游产品竞相降价、无序竞争，而且游客重游率和旅游综合收益率低下，与旅游者旅游需求日益增长的状况不相适应。如近年来，“珠三角”地区兴起的温泉度假游，几乎每个地、县都有，在经历了几个发展阶段后，温泉度假产品已进入了拼规模、拼资金的无序发展阶段，这一现象极有可能导致恶性竞争。

（四）旅游目的地形象不鲜明

旅游目的地的主要目的是将充分反映实际特色的目的地形象提炼出来，通过有效的营销手段传播给目标受众，以影响其出游选择。目前许多旅游目的地形象雷同，缺乏个性，或者形象混乱，不明确；目的地信息传播手段要么比较单一、缺乏成效，要么混在一起、传递不同的声音和形象。例如，广州历来是商业流通中心和商业活动的聚集地，流通业和饮食业高度发达，素有“购物天堂”和“食在广州”的美誉，但与广州相邻的香港，同样以“购物天堂”和“美食”著称，上海在国内游客心目中一样是“购物天堂”，这样，广州的形象不可避免地与其他城市的旅游形象有一定的趋同性和相互替代性。

（五）营销效果缺乏科学评估

旅游目的地的营销效果是指旅游营销的实际结果与营销投入的比较效益。目前，我国的旅游目的地营销大多是政府主导下的营销活动，各地政府在目的地营销中投入大量资金用于促销活动，认为在促销上投入越多，目的地的宣传效果就越好，从而缺乏对投入资金的监管和使用评价、营销方式优化的研究以及对相关责任的追究，存在“盲目性、趋同性和随意性等问题”。如不少地方进行的巡回式促销方式——“旅游大篷车”，耗资巨大，但却没有对这种营销方式的实际效果进行评估。

八、正确实施旅游目的地营销的方法

（一）树立现代市场营销观念

旅游目的地营销的核心和出发点是消费者，所以，旅游目的地组织的一切工作都要围绕着旅游者进行。组织者必须借助信息社会的各种手段知晓什么样的旅游者会到旅游目的地来，为什么来，有怎样的消费行为。因此要建立完整的消费者资料数据库，通过对数据库的利用来获取和存储关于顾客、潜在顾客的各种购买决策信息以及消费行为的预期与购买习性等重要的消费者行为信息，以便进行消费者分析，确定目标市场及进行营销治理。同时，利用数据库可以把有关的传播资源整合在一起，如邮件、电话、直销、广告宣传、公关活动等，统一协调调度，选择更经济的方式，从顾客的角度来开展营销传播活动。例如：利用电子邮件进行一对一的沟通，通过网上营销产品使客户节约更多的信息收集及区分成本。最后利用数据库对最终传播效果进行科学评估，据此来完善下一次的传播活动，并把有限的资源分配到最有价值的顾客身上，最终建立与消费者之间的牢固关系，使目的地品牌忠诚成为可能。

（二）营销战略目标的多元化

旅游目的地是一个为游客提供游览、娱乐、住宿、购物、体验等多种旅游需求的综合体，包含分别提供产品、服务、设施的不同利益相关者，每个利益相关者有着各自不同的利益点，而他们的每个行为都会影响游客心目中的目的地形象，甚至决定今后对目的地的选择。所以旅游目的地的营销目标就不光是对游客利益的考虑，而且还要考虑到各个利益相关者的利益，只有利益相关者之间的紧密协调和配合，才能形成一个良好的、整体的旅游目的地，并与目标市场旅游者保持长久的互动关系。

旅游目的地通过整体营销来协调和重建目的地的旅游发展战略和利益相关群体的关系，从而解决目的地旅游业的整体发展与目的地经济、社会、环境保持一致、协调共同发展的问题。也就是说，当旅游目的地利益相关者系统中的旅游者、潜在旅游者、旅游供给商、旅游中间商、交通运输企业、宾馆、饭店、商店、当地政府部门、媒体、目的地居民等的利益在整合营销传播战略中都可以得到满足，旅游目的地就可以实现旅游与当地经济、社会、环境的协调可持续发展。

（三）做好旅游目的地形象定位

旅游目的地营销组织必须结合目的地本身的旅游资源及产品的特征和客源地消费者的需求特点，提炼出一个统一的、有鲜明个性的旅游目的地形象，即形象定位。形象定位有三个原则：一是突显区域特色，既要符合自身的资源特色，又要体现鲜明、富有个性的旅游形象；二是充分挖掘旅游目的地的文化内涵,丰富目的地的文化底蕴,使目的地具有持续的吸引力;三是突出市场原则,从旅游者角度透视和设计目的地整体形象。目的地形象确定以后,就要将以前分散的各种营销活动有机、合理地进行整合和统一,从而达到由于整合而产生最大的协同效应。进而使用广告宣传、公关、销售促进、节事等手段围绕营销传递战略目标,传递统一的目的地形象信息,产生传播合力,最终形成对目的地形象的定位。

(四)产品差异化

旅游目的地提供的产品和服务首先是建立在对不同类别顾客的深刻理解基础上的,而不是传统的建立在策划人员对产品或服务功能和特点的理解基础上的。

首先,策划人员要分析不同类型游客的消费需求和出游动机,然后考察旅游目的地的产品是否适合该类游客,并挖掘本地区旅游更深处的新奇性及存在于旅游吸引物中的特征。同时,还要考察旅游者和潜在旅游者是如何认知它们的,了解他们心目中的关于旅游目的地品牌和形象的构成因素,进而明了本地区的竞争对手有哪些以及旅游者和潜在旅游者对它们的认知是怎样的。最后创造性地提出本地区旅游的消费者利益点和目的地品牌和形象个性。

其次,信息的传播和发送也要紧紧围绕着目标市场来进行,了解旅游者和潜在旅游者所偏爱的品牌及形象接触途径,判定哪些是最能影响旅游者选择旅游目的地的决策过程关键点和最能说服潜在旅游者的品牌及形象信息传递关键点,然后利用这些重要的接触点,以旅游者喜闻乐见的形式和恰当的时间来传递和沟通信息。

(五)规划和建立科学的评估反馈系统

对旅游目的地营销传播效果的测量,主要体现在对旅游者和潜在旅游者行为反应的测量,这可以通过以营销数据库为主的信息系统,建立对营销传播的评估和反馈系统。

通过了解顾客的预订记录、游客信息记录、顾客的满意度调查等,建立顾客数据库信息;通过这些信息数据,旅游目的地营销的组织者可以确切知道它的目标客户群体和他们所具有的现在的消费水平与收入基数;接着旅游目的地通过整合可利用的各种有限的营销资源进行营销传播活动,如用广告、直接邮寄、电子邮件、电话营销等方式将公司品牌信息传递给消费者。所有这些信息(品牌信息和营销传播沟通信息)都会影响顾客的后来购买行为,通过顾客的购买数据又可以测量传播品牌的力度和有效程度,并指导下一次的营销传播活动。

第2节　节庆旅游营销

一、节庆旅游营销

节庆起源于传统的民间节日,是世界各地各族人民在长期生产和生活中产生的。它通常每年定期举行,有着鲜明的主题,包含文化、经贸、娱乐等多种项目。近年来,随着旅游产品和旅游方式的多样化,出现了一种以各种节庆活动为依托,经过一定的旅游开发而形成的特殊的现代旅游产品,即节庆旅游。节庆旅游的开展,对旅游目的地的影响是广泛的、深远的。它有利于拉动旅游目的地经济的发展,有利于突出旅游目的地的整体形象,并且是弘扬旅游目的地优秀传统文化的重要途径。

节庆旅游营销是指利用地方特有的文化传统,举办意在增强地方吸引力的各种节日、活动,使旅游者在停留期间具有较多的参与机会,以促进地方旅游业的发展。随着市场经济的不断发展,中国城市节庆产业也从无到有、由少到多,大到北京、上海这样的直辖市,小到县级市,几乎都有各自的节庆活动。因此在游客日益重视深度体验游的现在,节庆旅游营销成为旅游发展的一个新法宝。

二、节庆旅游营销特点

节庆旅游属于人文景观旅游的范畴。这种旅游属高层次的文化旅游,可以使旅游者在精神上获得一种享受,得到知识和营养。与别的旅游方式相比,节庆旅游具有以下明显特征。

(一)地域性

由于各地历史条件、地理环境的不同以及地区文化、民俗的差异,各地所举办的节庆活动是各地所独有的,是在其他地域中无法创造的,因而带有极大的地域性。

(二)体验性

节庆旅游项目的观赏过程同时也是旅游者的参与过程。游客通过亲身参与活动,可以感受活动的氛围,获得亲身体验,留下深刻印象。

(三)可操作性

可操作性决定了节庆活动的成败。比如,季节、气候,与国家、当地政府或区域的其他大型活动是否冲突,重要官员和贵宾以及重要团体有无参加的时间,临时动议和补救时间,松紧的航班车船,项目创意虽好但实现困难,等等。做节庆营销只有充分考虑这些影响可操作的因素,才能实现节庆活动的完美落地。

(四)文化性

文化是节庆旅游中最核心的要素之一,它是真正吸引旅游者的深层次因素。通过拓展节庆旅游的空间,不仅可以活跃旅游市场、丰富旅游资源,还能加强国家和地区间的文化交流。

(五)重复性

就具体活动而言,虽然有所差异和更新,但在日期和时段及内容方面,规律性重复的节庆占大多数。如一般都有开幕闭幕式、典礼仪式、演出、游行、美食、游园、购物等,只是每届内容节目有变化、形式有更新、规模有大小、议程有增减、队伍有更新、观众及目标市场有些改动,等等。要在重复中坚持特色、突出特色、优化特色。

(六)效益性

因为景区节庆往往投资数百万甚至高达上千万,且都具有功利性和功利性的正当性,因而要重视节庆收益。皆大欢喜赚得盆满钵满最好,略有小利、不亏不盈、略有小亏也算不错。

但亏损与赢利,不仅仅指政府收入或业主收入,还包括当地百姓收入、外地观众收入。收入也不仅仅是经济上的收入,而是指更广泛的政治、文化、经济、形象品牌的综合性收入,这就要求景区管理者或当地政府有长远的眼光以及良好的平衡能力。

三、节庆旅游营销现状

(一)旅游节庆多,但营销意识薄弱

从总体上说,我国旅游节庆数量、种类较多且规模较大,但发展历史较短,政府主导型的节庆占主要地位,节庆营销意识淡薄,缺乏市场化运作。

（二）节庆活动重复率高，缺乏核心文化内涵

旅游节庆是地方文化的一种非常重要的载体，而节庆文化又是节庆营销的核心要素之一，因此，策划节庆营销要注重文化。但很多旅游节庆举办方在策划节庆营销时，没有深入挖掘地方特色和文化内涵，旅游节庆活动的内容存在严重的抄袭现象，不仅缺乏自身的特色，更与节庆原本的主题毫不相关，难以形成一定的旅游吸引力。

（三）我国节庆旅游营销正在进步

随着旅游节庆活动运作的逐步成熟，各地在节庆举办的同时开始注意营销对节庆运作的重要性，在节庆营销方面取得了一些成就。 首先是节庆活动的内容和形式越来越丰富，涵盖了自然景观、文化艺术、民俗民风、地方特产、科技体育等各个方面，节庆主题丰富多彩；其次是节庆活动涵盖多个行业，综合性较强，有利于发挥综合效应；最后是品牌意识增强，不少地方的旅游节庆开始重视对节庆品牌的培育，注重文化与节庆的结合，提高了节庆的美誉度和知名度。

四、节庆旅游营销的开展

（一）确定独特的节庆主题

旅游节庆主题包括旅游节庆名称和旅游节庆活动主题，其中旅游节庆名称来源于旅游节庆载体资源，旅游节庆名称体现了“地方性”，使游客从旅游节庆的名称中就能感受到旅游目的地的信息。

旅游节庆活动主题是按照节庆理念提炼出的旅游节庆活动所要表达的主题思想，是组织旅游节庆活动的中心线索。以节庆旅游的鲜明主题为主线整合区域范围内的相关特性的旅游产品，形成产品线。按照主题整合一系列协调性良好、内容衔接流畅的旅游节庆产品，有助于增强产品特色，塑造旅游节庆活动在旅游者心中的差异化形象，进而推动旅游目的地的整体形象的发展，扩大旅游节庆活动的影响半径。

突出特色是节庆旅游成功的一个重要因素。旅游者外出观光游览或参加旅游节庆活动，就是要寻找一种独特的文化体验。特色也是节庆活动民族性和地域性的集中体现，是节庆旅游的文化特质，缺乏文化内涵的旅游节庆不能构成真正的旅游吸引物。地方性是旅游节庆生存的基础，国际性是旅游节庆持续发展的现实要求。旅游节庆要长盛不衰，必须立足地方，瞄准国际。在创建阶段，要突出地方性，放眼国际性；在发展阶段，要扩大国际性，立足地方性。

（二）加强游客体验性

旅游节庆活动是依托社会经济、历史文化、风俗民情等资源吸引大量旅游者的主题性节日盛会。广泛的民众性是旅游节庆活动赖以成功的基础。一个节庆要想吸引游客，首先必须得到当地人的认可、支持和喜爱。如果当地人不喜欢这个节日，那么这种不喜欢的消极态度就会很快波及游客，这个节日在游客心中就没有价值了。节庆旅游要根据市场需求，增强旅游节庆活动的娱乐性，设计出群众喜闻乐见的活动，充分调动游客的积极性和参与性。广泛征求各界对旅游节庆主题、内容、举办形式以及旅游节庆广告语、节歌、会徽、吉祥物和纪念品的建议，都有利于调动民众的参与热情。

设计丰富、生动的体验活动是节庆旅游开发的核心。为使节庆旅游产品更有体验价值，最直接的办法就是增加感官要素，从视觉、听觉、触觉、味觉和嗅觉等方面进行细致的分析，突出

产品的感官特征，增强游客与节庆旅游产品相互交流的感觉。在旅游节庆活动设计上要丰富体验类型，增加体验深度，满足游客个性化旅游需求，提高旅游节庆对游客的吸引力。体验的精髓在于使游客身临其境，游客参与程度越高，体验效果越好，越能给游客留下难忘的记忆。可以加强图文展示系统、影视解说系统，丰富观光体验的内容，提高游客的体验效果；还可以开发激励游客参与的项目，如对身体产生刺激的运动、健身、娱乐类活动，通过身体的接触，调动各种感觉器官，使游客获得独特的个人体验，产生愉悦的情感。游客可以最大限度地与当地居民接触，追求异域地区文化，体验完全不同的生存方式。

（三）营造节庆氛围

为了营造节庆氛围，在旅游节庆活动开幕前，可以在主要街道、商场、景点、公交沿线进行宣传，如冠以旅游节庆的商业性宣传标语、大型充气吉祥物、彩色拱形门、落地彩球、升天彩球等，还可以到周边地区开展花车巡游等宣传活动。国际上旅游节庆最为普遍又最为有效的形式是彩车加表演方队的大巡游，在巡游队伍经过的大街两侧搭建长长的观礼台或简单的座位，人们扶老携幼前往观看，从而形成万民同乐的节日气氛，让游客深受感染并融入其中。

（四）塑造节庆品牌

旅游节庆活动主办者应重视本地旅游节庆品牌的塑造和经营，立足于打造节庆旅游精品，创立名牌旅游节庆，促进旅游目的地的市场拓展、形象塑造和国际竞争能力的提高。要想打造具有全国甚至国际意义的旅游节庆精品，就必须结合当地的自然和文化特色，对旅游节庆的主题进行深度挖掘，尤其是文化内涵的发掘和旅游节庆活动内容、形式的创新。旅游节庆活动主办者可以对有历史渊源、有文化底蕴、有时代精神、有地方风采而且效果理想、影响广泛的旅游节庆重点扶植、全力包装，把其打造成为知名旅游节庆品牌，进行有效推广和传播。可利用丰富、新颖、符合旅游节庆特点的多种方式和渠道，加强与节庆旅游消费者之间的沟通，强化品牌形象，扩大旅游节庆的影响范围。

旅游节庆要走品牌化发展之路，关键是重视旅游节庆活动文化内涵的挖掘和保持。随着人们的文化素养逐渐提高，对节庆旅游产品的文化含量要求越来越高。在举办旅游节庆活动时，要尽力挖掘本地区各种特色文化的内涵，开发体现当地文化的新项目，如 2006 年哈尔滨国际啤酒节大打“中国啤酒故乡”这张文化牌。黑龙江省每一个少数民族都有自己的民族节日和宗教节庆，民俗风情丰富多彩。少数民族节庆活动大都体现了博大精深、神奇古老的民俗风情，这种独具风情的旅游节庆活动是旅游节庆走向品牌化的基础。

第 3 节　旅游事件营销

“只要心中有沙，哪里都是马尔代夫”的海报再一次成功地引爆了各大公众平台，很显然这是一次早有预谋的事件营销，结果表明非常成功。

一、旅游事件营销的定义

事件营销（Events Marketing），是旅游企业通过策划、组织和利用具有名人效应、新闻价值以及社会影响的人物或事件，吸引媒体、社会团体和消费者的兴趣与关注，以求提高企业或产品的知名度、可信度、美誉度，培养消费者的忠诚度，树立良好的品牌形象，并最终促成产品或服务营销目的的手段和方式。

旅游事件营销集新闻效应、广告效应、公关效应、形象传播、客户关系管理于一体，尤其是其新闻价值和公众性话题，使其具有很强的传播能力，具有事半功倍的营销效果，是近年来国内外流行的一种旅游市场推广手段。

旅游事件营销指旅游企业通过有计划地策划、组织、举办和利用具有新闻价值的“事件”，运用新闻公关进行正面宣传，吸引现实和潜在的旅游消费者的注意和兴趣，以达到丰富旅游产品、扩大产品销售、增加旅游收入和提升旅游企业知名度与美誉度的一种现代营销手段。旅游企业可以通过造势与借势两种手段达到营销目的。造势是指旅游企业自身精心策划、组织、实施一个可以满足各相关利益者且吸引旅游者注意力的事件。借势是指旅游企业可以借助社会上发生的、正在发生的或即将发生的事件作为满足各相关利益者且吸引旅游者注意力的事件。需要强调的是，无论是通过造势还是借势进行旅游事件营销，都应在实施前充分衡量自身的资源和事件的契合程度，有效统一地整合资源和事件。

与相对滞后的理论研究相比，旅游事件营销的实践发展可谓相当迅速，早在1996年，云南香格里拉便凭借小说《消失的地平线》在世人面前揭开了神秘的面纱。到21世纪初，尤其是近几年，越来越多的旅游企业意识到旅游事件营销的独特效应并纷纷加以运用。

二、旅游事件营销的产生和发展

事件营销产生于20世纪80年代的美国，是适应爆炸式增长的各级各类的政治经济活动、体育赛事、主体旅游、会议会展、娱乐狂欢等需要而产生的一项营销活动，它是既不同于普通政府行政管理、也不同于商业企业管理的跨组织的、高度综合性的活动。事件营销行业涵盖了成千上万精心策划的文化、娱乐、体育、政治和商业事件。从奥运会、世界杯、世界博览会、跨国公司全球巡回展到城市艺术文化节，从公园、广场和历史名胜地的演出到政府的公众聚会，从小型会议、婚礼到万人观赏的比赛，事件营销以其组织的系统性与事件活动所具有的艺术魅力和文化内涵相结合，迅速地改变着受众的习惯、品味、记忆、理解的同时，完成事件品牌、形象、概念的成功营销。

第一阶段，是事件营销在我国的萌芽阶段，在这个阶段，“事件营销”的概念并没有被提出，企业可能是在没有任何系统策划的前提下实施的企业宣传行为。最典型的案例就是1915年在美国旧金山举行的巴拿马万国博览会上茅台酒“在世界博览会上打破酒瓶，酒香四溢，并获得金奖”的故事。

第二阶段，是改革开放后事件营销的启动阶段。1980年，由于经济的整体复苏，中国本土营销开始全面启动。广告、公关、促销和事件营销等传播工具在各个领域发挥作用，最初级的“以销定产”营销思潮开始涌现。从1985年到1998年，中国本土营销无论是理论还是实践，都取得了长足的发展。1985年海尔张瑞敏的“砸冰箱”事件是我国早期事件营销的典型案例。1985年，张瑞敏命令责任者对76台检验不合格的“瑞雪”牌冰箱当众砸毁，这一举动不仅激起了职工的质量意识，更重要的是，它提升了海尔的知名度和信誉，加快了张瑞敏提出的“品牌战略”的发展速度。营销理论的上层建筑，在引进、消化、吸收和创新的过程中，已趋于稳定。事件营销同广告、公关、促销、直销和口碑营销等各大传播工具一起在各个领域走出了实质性的第一步。从1984年洛杉矶奥运会上“健力宝”赞助的中国女排夺冠，到1987年“健力宝”对在广东省举办的第六届全运会的250万元巨额赞助，再到1996年彩电巨头“长虹”掀起价格战，这些案例都为事件营销在中国企业的应用提供了宝贵的理论依据和实战参考。

第三阶段，是我国旅游事件营销的出现阶段。20世纪90年代，旅游业界开始对这一营销方式加以运用。随着技术的革新和在文化土壤上滋生的需求多元化演变，经济政策和法律体制的日益完善，中国本土的各项传播工具已经发育成熟，并趋向于组合化运用，渠道多元化格局已经构筑成形。事件营销作为集各类传播工具和传播渠道为一体的营销方式越来越被公众所关注。各种报纸、杂志、电视台的涌现和互联网的飞速发展，也为事件营销提供了巨大的操作平台。通过这些媒介，一个事件或话题可以快速地传播到公众之中，引起巨大的轰动效应。绝大多数企业，包括旅游企业都是在这一阶段了解并重视事件营销这一营销方式的，许多成功案例也不断涌现出来。

第四阶段，是旅游事件营销的快速发展阶段。2011年11月21日，国内首次评选出的中国最具影响力的旅游营销事件在浙江宁波出炉。该评选从全国60多个城市申报的220多份精彩的营销案例中，遴选出了十大旅游营销事件和十大优秀旅游事件营销。该事件的发生标志着我国的旅游事件营销进入快速发展阶段。

三、旅游事件营销类型

旅游事件营销按内容可分为以下几个类型。

(一)节庆热闹型

民间节庆作为一种周期性的民俗传承活动，与当地所处的地理环境、生活条件、文化传承有着密切的关系，往往带有地方特色。节庆型旅游事件的形式很多，有传统的民俗节庆，如元宵灯会、端午赛龙舟、中秋赏月、庙会等；有因自然条件而形成的特殊节庆，如牡丹节、荷花节等；也有传统文化与现代生活相结合形成的新兴节庆，如美食节、啤酒节、龙虾节、服装节、登山节等；还有国外节日的引进，如圣诞节、情人节、感恩节等。借助节日这个黄金招牌聚集人气是此种旅游营销的重点。南宁国际旅游美食节抓住20多万游客所带来的商机，极大地提高品牌知名度和美誉度，树立了良好的企业、城市形象，获取了最大的宣传效果及经济效益回报。武汉“冬季旅游嘉年华”活动使商业与旅游联手，既炒热了冬季旅游市场，又带动了商业购物和餐饮消费。

(二)会展商务型

由于全球经济的迅速发展，企业合作趋势的日益加强，以城市为中心的各种商务、会议活动数量不断增加，不同类型的展览活动正是顺应了人们提高自身素质、培养高尚情操、拓宽知识面的强烈需求，出现了不少商贸、展览、会议城市。这种类型的旅游表现出强烈的高消费特点，例如旅交会、财富论坛、高层论坛、航展、车展、电影节、园艺博览会等。杭州举办的2004中国国内旅游交易会，整体强调“休闲”的概念，主推休闲产业并借助旅交会宣传了杭州，提升了城市魅力。

(三)体育运动型

全民健身是当今的时尚主流，竞技体育由于其强烈的观赏性、高度的对抗性以及所体现出来的拼搏精神引起了众多体育爱好者的兴趣，形成了体育运动型旅游事件，如奥林匹克运动会、世界杯足球赛、赛车比赛、世乒赛、羽毛球比赛等。

（四）政策导向型

政策导向型旅游事件主要是旅游企业借助国家的某些政策支持，开发旅游产品，如西部之旅、红色之旅、先进性教育学习等。红色旅游呈现出良好发展态势，每逢重大节庆日、旅游黄金周和学生寒暑假，到教育基地参观游览的人数明显增长。2016 年春节期间，红色旅游更是红火，韶山仅在大年初一就迎来近 13 万人。红色旅游不仅给老区奔小康提供了新的契机，同时也带动了建筑、商贸、交通、电信以及加工业、农业等关联产业的发展，形成“一业兴而百业旺”的良好局面。

（五）特殊时刻/事件型

某些时刻或事件有时也能引发不小规模的旅游活动，如飞跃黄河、三峡长江截流、神州六号成功发射等。2000 年是千禧之年，一些旅游企业抓住了这一特殊时刻策划了如倾听千禧钟声、迎接新千年的第一缕阳光、迎接新千年万人大狂欢等一系列旅游活动。

（六）文化娱乐型

文化娱乐型是借助一些文化娱乐活动或事件，扩大宣传。就旅游业而言，成功的大型文化娱乐活动能够催生倍增的综合效应，成为众多的城市和景区的旅游品牌的“核心武器”。例如，世界旅游小姐赛事进入中国以后，每年运营周期长达 11 个月，影响力及传播范围已经覆盖全国，在国内取得了较高认知度和美誉度。事实证明：事件营销能避开由于媒体多元化而形成的信息干扰，提升企业品牌的注目率。事件营销能迅速抓住公众的“眼球”，增强信息传播的有效性，间接带动旅游景区周边社区的经济发展，加快社区内的人才、物资、资金、信息流通，形成新的旅游吸引物，并延长旅游吸引物的旺季，弥补旅游淡季的经济损失。

“事件营销”又是一把双刃剑，事件一旦受到新闻媒介的关注，传播范围不可控制。但旅游景区仍可以从自身产品服务定位出发，通过事件营销树立旅游企业新的形象。所以，旅游企业的推广策划活动只有借好力、借准力，才能少花钱办大事，抓准、抓住市场焦点、热点，收到借“事”营销的良好效果。

四、旅游事件营销的特征

旅游事件营销也和其他的许多事物一样，有其自身固有的特征。分析和研究其特征有助于我们更好地了解和把握它。

（一）全局性

事件营销所具有的全局性有两个层面的含义。一个指的是对事件的内在价值要做通盘筹划，全局性思考。有的事件的利用有可能会对旅游企业自身产生不良影响，有的则是正势反势都有，关键要看事件营销策划者如何把握利用。利用得好当然没有问题，利用得不好则有可能会伤及自身，因此，要事先预备好防范措施，不要临时抱佛脚，因为一旦应对失措，将会造成无可挽回的后果。另一个指的是事件营销并非一个策划、一个创意就可以了，而是全局性的系统工程，不仅涉及市场营销部门，而且涉及人力资源、财务、后勤保障、行政等诸多部门，一般需要领导亲自挂帅，统筹全局，才有可能成功。

（二）相对性

旅游事件营销并非小企业的制胜利器，而是大企业、小企业都可以使用。但在决定事件营销时，必须要考虑投入产出比，要权衡利弊，不可做自不量力的事情。例如像奥运会这一事件，如果有哪个公司可以争得总冠名权,那么再默默无闻的公司也会一举扬名天下,问题是这是不可能的,这样所需的资金要数以十亿、百亿计,相信也没有哪个企业可以负担得起。

所以说旅游事件营销的相对性就像买东西时的性能价格比一样,是旅游企业要事先考虑权衡的。

(三)可控性

旅游事件营销虽然具有全局性和相对性,但并非不可控。旅游事件营销的精髓就在于以创意创新来利用事件、驾驭事件,因此,旅游事件营销具有可控性。旅游事件营销的可控性表现在以下三个方面。

(1)旅游事件营销是可以事先筹划、周密安排的。例如,被奉为旅游事件营销的经典案例当属澳大利亚大堡礁的"世界上最好的工作",澳大利亚昆士兰旅游局通过网络在全球招聘大堡礁看护员,短短几天时间吸引了超过 30 万人次的网络访问量,在中国也掀起一股热议风潮。这就需要事先做出周密部署和安排。

(2)对一些突发性事件要知道如何利用,怎么利用对自己利益最大又没有牵强附会之感,这就要求旅游企业管理人员和营销人员要善于审时度势,在最短的时间内权衡利弊,做到运筹帷幄、决胜千里。

(3)在无从筹划又没有什么突发事件可以利用的情况下,要善于创造事件。这一点最可以看出营销人员的功力,因为这样做可以考虑旅游企业的长远发展、品牌建设、市场划分等,根据消费者的好恶来进行策划。最成功的事件营销应该是那种既达到了企业营销的目的,同时又看不出策划的迹象,即类似于武林高手在武功达到巅峰时的那种"无招胜有招,无剑胜有剑"的境界。

(四)双重性

旅游事件营销可以让企业扬名千里、声誉大振,与此同时,事件营销如果不合消费者口味,不合道德规范和法律约束,甚至因有炒作嫌疑而引起消费者的反感,那就会反过来剑伤自己,以致断送产品或旅游企业的前途。比如某景区让游客参加"鬼子进村"的角色扮演等,就触动了民族感情甚至是法律的底线。

风险是旅游企业营销损失的潜在因素,而机遇则是旅游企业营销收益的潜在因素,机遇与风险同在,就构成了旅游企业事件营销的双重性。

(五)不确定性

旅游企业的营销活动或营销事件,其结果有多种可能,各种结果出现的概率大小是不一样的,人们无法准确预知哪种结果会出现,这种状态就是不确定性。不确定性分为客观不确定性和主观不确定性。客观不确定性是指实际结果与预期结果的差距,多是由于环境变化、操作差错以及其他不可预知的因素造成的;主观不确定性是个人对营销事件的认识和评估,它同个人的知识、经验、精神和心理状态有关。不同的人对同一事件的预期、理解和主观判断是不同的,因此就构成了主观不确定性。旅游事件营销的不确定性要求我们要事先考虑周全,因势利导,形成完善的方案,这样才会最大限度地把握成功。

五、旅游事件营销中存在的问题

（一）局限于短期效益

对于旅游企业而言，其所要获取的是经营管理的长期效益，但在现实运转中，许多旅游企业急于求成，往往利用事件营销的轰动效应提升企业知名度后，便不再进行后续的推进工作，使得事件营销昙花一现，无法使旅游企业获得长期的发展。

（二）过度关注事件本身

旅游企业在利用事件时要充分考虑消费者的关注点，不能顾此失彼。一些旅游企业对事件进行炒作，结果事件炒起来了，产品却没有热起来。这就是过度关注了事件本身，而没有将营销重点集中于消费者。

（三）缺乏风险管理控制

事件营销虽然是低成本的，但同时也是有风险的，这种风险不仅来自于产品、企业本身，同时也与市场经济环境、国家宏观政策、消费者的消费心理等各个方面密切相关。事件营销的过程中旅游企业往往忽视了对风险的防范、控制与管理，对可能出现的风险缺乏清楚的认识。

（四）切入点选择欠佳

事件营销中一个极大的特点即是借助或创造事件对产品展开营销，最终促成产品和服务的销售，由此可见事件的选择是其中的重要环节，可以说是核心所在。在这种情况下切入点的选择至关重要，只有选择了好的切入点，才能够吸引消费者的注意力，使其成为社会大众的关注点，从而实现企业营销目的。但在事件营销发展的过程中，旅游企业往往没有很好地选择事件切入点，影响了旅游事件营销的良好效果。

六、实施旅游事件营销的注意事项

（一）事件要合法、合情

合法是要符合国家法律法规，不能用违法事件来提高知名度，那就是自寻死路。合情，是要符合民众的道德情感要求，不能哗众取宠，最后遭到公众的反感。

（二）事件要有创意

独特性是事件吸引公众的特质，这需要有别出心裁的创意，要能够激起公众的热议并且能自发去传播。一味地抄袭只会遭到公众讥讽，企业形象不升反降。如大堡礁事件后国内旅游企业效仿的失败事例就是最好的证明。

（三）不要强加附会的事件

有的事件关注度很高，但最后人们都没有记住事件的当事者，事件没有成为品牌形象的助推器，这源于事件与企业没有高度的关联性，或者在前期造势中没有合理地过渡，引出企业，这也是策划者们必须要考虑的问题。

七、旅游事件营销策略分析

（一）更新营销观念，着眼长期发展

目前旅游市场中的事件营销往往局限于短期利益，却忽视了长远的考虑。为了改变这种状况，首先，应当提高旅游企业的产品质量，若产品本身质量低下，即使利用事件营销获得了暂时的成功，也无法将市场维持下去；其次，事件过后应当加强后续宣传。

(二)选定目标群体,开展针对性营销

对于事件营销的开展来说,目标群体的选定至关重要,所有营销方案、营销活动的开展都应当围绕目标群体来展开,以满足消费者的需求为前提。

(三)加强风险控制,提升管理水平

事件营销是有风险的,这种风险可以分为内部风险及外部风险,也可以根据控制程度分为可控风险和不可控风险,根据其在实际操作中的问题可分为战略性风险、管理性风险、操作性风险等。对于可以控制的,能够通过管理将风险减小到最低程度的,通过控制措施实现风险回避与风险转移。首先在事件营销运营之初就应当展开严谨的可行性调研,将可能遇到的各种风险进行分类,并做好风险防治预案;其次,在事件营销的过程之中,时刻将风险放在考虑的主要地位,尤其是鉴于旅游行业自身的特殊性,对游客来说风险是外出旅游所考虑的第一问题,因此在营销过程中要注意环节之间、流程操作上、产品具体销售时的风险问题,力求消除可控制风险,将不可控制风险可能带来的损失降低到最低程度;最后,在事件影响后,开展事后风险控制与反馈,积极与游客进行沟通,询问游客意见,加强控制与反馈。

(四)选准事件切入点,提高公众关注度

事件营销的核心关键词是事件,而事件的选择是有技巧的。旅游企业可以借助公益活动来展开营销。例如,四川省成都市以感恩社会、促进旅游业发展为目的发行熊猫卡,即是巧借了汶川地震这个事件展开营销,同时取得了不俗的效果。也有借用负面事件展开营销的,如山东省某县欲打造"水浒传·金瓶梅文化旅游区建设项目",此方案从炒作的角度看是成功了,但是却没有达到营销的目的,更多的是招致非议。若想选准事件切入点,提高公众关注度,主要应从如下方面展开:首先,考虑产品本身的特性,根据旅游产品选取事件的切入点;其次,在选取切入点的过程中,要将成本因素考虑其中,考虑到事件营销经济上运行的可能性;最后,在选择事件切入点的过程中,要综合考虑游客的接受程度,避免产生负面效应。

第4节 旅游网络营销

互联网的普及和信息技术的发展正在深刻地改变人们的生活方式和消费观念,也改变了旅游企业传统的经营理念和营销模式。旅游业是典型的资源依托型产业和劳动密集型产业。信息成为沟通旅游供给和旅游需求的重要途径。建立旅游网络营销体系必将成为信息经济时代旅游市场营销模式的主流。

一、旅游网络营销的概念

随着互联网业务的迅速发展,旅游网络营销(Tourism Cyber Marketing)也开始成为很多企业的热门选择。到底什么是旅游网络营销,各个不同学科背景的专家学者各抒己见,至今尚未有统一的表述。旅游网络营销存在广义与狭义之分。广义的旅游网络营销是指各类与旅游业相关的组织、机构,利用计算机网络开展的一系列与旅游业相关的活动。狭义的旅游网络营销是指旅游企业利用联机服务网络、电脑通信和数字交互式多媒体来开展以营销旅游产品为中心的营销活动,从而帮助旅游企业实现营销目标,其实质是以计算机互联网技术为基础,通过与潜在旅游者在网上直接接触的方式,向旅游者提供更好的旅游产品和服务的营销活动。

旅游网络营销是在传统营销基础上产生的新的营销方式，是利用网络这种手段来实现营销。但它并非"虚拟营销"，而是传统营销的一种扩展形式，即传统营销向互联网的延伸，所有的网络营销活动都是实实在在的。因此，可以将旅游网络营销定义为：旅游业通过各种形式的网络来分析、计划、执行和控制关于旅游商品、服务和创意的观念、定价、促销和分销，以创造能符合个人和组织目标的交换的管理过程。

二、旅游网络营销的产生与发展

（一）国外旅游网络营销的发展历程

按照旅游网络营销的定义，旅游业应用计算机网络来展开营销的历史可以追溯到20世纪70年代，大致可以将其划分为三个阶段：旅游企业集团内部的网络营销、行业内部的网络营销、因特网与GDS相结合的网络营销。

1. 旅游企业集团内部的网络营销

中央预订系统（Center Reservation System，CRS）主要是指酒店集团为控制客源采用的本集团内部的电脑预订系统，最早是由假日酒店集团于1965年7月建立的，叫假日电讯网（Holidex-Ⅰ）。从20世纪70年代至今不断更新，时至今日已拥有自己的专用卫星，客人住在假日酒店里可随时预订世界任何地方的假日酒店，并在几秒钟内得到确认。目前的Holidex-Ⅱ每天处理7万间订房，仅次于美国政府的通信网，并成为世界上最大的民用计算机网。

美国喜来登集团的CRS于1970年开通。早在1976年，设在圣路城的Reseeratron订房中心就完成了它的第1 000万次预订，并于1983年在中东设立其第一家电脑预订中心办事处，为进一步扩大中东市场提供了条件。目前，喜来登的CRS办事处遍布全球。美国希尔顿集团的CRS是HILHOT电脑中心，设在纽约斯塔特勒，希尔顿酒店每月要输入15万名客人的预订服务。英国福特酒店集团采用的是Forte-Ⅰ中央预订系统，其酒店客房总数97 000间。该公司率先在欧洲耗费巨资完善自己的CRS成为Forte-Ⅱ，使旅游代理商可以随心所欲地预订其在全球60多个国家937家不同档次酒店的客房。

此外还有法国雅高的PROLOGIN、华美达的ROOMMFINER、顺领的Sterling Hotel & Resorts、环球的World Hotel & Resorts等。这些集团内部的CRS使集团酒店在控制客源方面一直处于领先地位，完全进入CRS时代。

2. 行业内部的网络营销

美国Sabre股份有限公司（美国Airline Company的直属企业）于1960年创立全球行销预订系统（Global Distribution System，GDS）。GDS包含Amadeus、Calileo/Apollo、Sabre、Worldspan四大系统，进入20世纪90年代，由于卫星通信和ISDN（综合业务数据网）的发展，GDS风靡全球。随着计算机技术的飞速进步，国际间电脑联网更方便，信息费用降低，酒店传统经营方式发生巨大变化，GDS使中小型独立酒店和大型酒店集团站在了同一水平线上，GDS成为最为赢利的酒店经营方式。因此，国际订房服务或饭店联网服务都在90年代形成热潮，截至1994年，运用GDS订房的酒店已达到10 103家，拥有256万间客房。

3. 因特网与GDS相结合的网络营销

随着因特网逐渐普及，欧美的预订市场结构发生了很大变化。GDS虽然接入成本较高，但由于多年积累，应用者众多，业内地位依然不可取代（美国99%、法国85%、欧洲40%的旅行社接入了 GDS 信息系统)。但是,网络预订的优势也是非常明显的,大型旅游电子商务网站(如 Travelocity.com)或全球化旅游企业集团(如 Hilton.com)提供的旅游产品竟达三四万种之多,充分满足了旅游者的多样化需求和比较选择愿望。提供特色旅游产品或服务的小型旅游企业,小而精,专门服务于小的细分市场,并在它们从事的领域成为专家。

旅游供应商电话预订、旅行社预订、网络预订呈现三分天下的格局,而且从发展趋势来看,前两者的市场份额逐渐下降,网络预订的市场份额逐渐上升。同时一些旅游供应商开始希望摆脱 GDS 的控制,通过因特网来寻求更广阔的营销空间(如荷兰的 KLM 航空公司试图通过因特网直接向终端用户出售飞机运输空间)。

面对来自因特网的挑战,以 GDS 为中心的中间商不得不做出相应的应对措施。GDS 着力在两个方面进行改革:一是使代理的产品类型更丰富,用户界面更亲切方便;二是寻求与因特网的融合。但是它们也面临着三个方面的困难:一是原有系统适用于快速处理较大的交易量,而不适合处理来自终端旅游者的详细查询和零散预订,旅游者在预订前的多次查询将导致 GDS 的系统崩溃;二是必须开发新的更复杂的报价系统;三是以上两点又会导致 GDS 收取的使用费逐年增高,降低其对旅游供应商的吸引力。

面对 GDS 佣金费率的逐年提高,旅游供应商的反应是减少对 GDS 的依赖。同时,互联网使旅游供应商能够更自由地拓展市场,无须受到地域限制,通过互联网直销产品显得理所当然。然而,包括行业中最大的酒店集团在内的旅游供应商们仍然认为其自身力量有限,不足以吸引大量的预订者,挤压中间商的做法往往得不偿失。短期内,旅游供应商很难扭转对传统旅游中间商的依赖。无论是旅游供应商还是旅游中间商,它们都看到了通过因特网来分销产品的巨大空间,因此,在欧美发达国家出现了 GDS 与因特网融合的营销趋势。

(二)国内旅游网络营销的发展历程

我国一直到 20 世纪 80 年代才开始逐步应用现代信息技术,在具体将信息技术应用于旅游业时又具有与国外不一样的发展历程。随着现代科技与信息产业的迅猛发展,我国旅游业从 90 年代开始经受着信息技术带来的一波又一波的冲击。人们一边在憧憬着网络时代旅游业的美好前景,一边又对现实中出现的种种问题感到苦无良策。中国旅游业在旅游电子商务方面的发展可以分为三个阶段。

1. 第一阶段(1999—2000 年)

这一阶段是风起云涌的旅游电子商务网站建立阶段。随着中国旅游资讯网(中国最早从事旅游电子商务的网站)对中国旅游界宣称其将从事旅游电子商务后,一股“旅游网站热”便拉开了序幕。随后,携程旅行网、华夏旅游网、青旅在线、北京旅游信息网、逍遥网、elong 商务旅游网、西部旅游信息网等一大批旅游网站纷纷建立,都想在旅游电子商务领域分得一杯羹。虽然旅游电子商务在国外(尤其是美国)势头良好,但在中国却遭遇了滑铁卢,众多旅游电子商务网站公司宣告倒闭。

2. 第二阶段(2001—2002 年)

这一阶段是大干快上的国家“金旅工程”阶段。旅游电子商务网站的失败,可能有人会认为原因在于发迹于 IT 行业的网络科技精英们不懂旅游,更多的人认为还在于中国的旅游业起步晚,大多还停留在手工操作阶段,以及中国的整体信息化水平较低,导致旅游电子商务这一新事物在中国显得过于超前了。因此,中国的问题在于基础设施没有搭建起来,所以构建一个全国性的旅游信息平台成为一个刻不容缓的问题。

国家旅游局从2001年开始,逐步建立全国旅游部门的国家—省(自治区、直辖市)—重点旅游城市三级计算机网络,重点建立起面向全国旅游部门的,包含旅游业的业务处理、信息管理和执法管理的现代化信息系统,初步形成旅游电子政府的基本骨架;同时,该系统也将建立一个旅游电子商务的标准平台,建立行业标准,提供对旅游电子商务应用环境与网上安全、支付手段的技术支撑,支持国内传统企业向电子旅游企业转型,最终形成覆盖全国的完整的管理和商务网络。"金旅工程"是国家信息化工作在旅游部门的具体体现,也是国家信息网络系统的一个组成部分。"金旅工程"有两个基本的组成要素:一是政府旅游管理电子化,利用现代化技术手段管理旅游业;二是利用网络技术发展旅游电子商务,与国际接轨。总的目标是最大限度地整合国内外旅游信息资源,力争在3~5年内,建设和完善政府办公自动化网络系统和面向旅游市场的电子商务系统。

从实质上来说,"金旅工程"要解决两个问题:旅游电子政务和旅游电子商务。两个目标都不错,但问题是,这种全国性的大型项目需要各地方政府与旅游企业的通力合作。从国家旅游局的分阶段目标来看,国家确实非常急切地想完成预定目标,但从实际效果来看并不理想。

3. 第三阶段(2003年至今)

这一阶段是冷静思索后的地区级"金旅工程"或旅游信息平台完善阶段。单方面依靠国家旅游局来搭建全国性的旅游信息平台,已经显得力不从心。关键时刻,一些区域性的、与国家"金旅工程"相配套的旅游信息平台显示了其强大的生命力,如"四川金旅"旅游信息网、海南"金旅工程"、粤港澳旅游信息平台等。这些区域性的旅游信息平台虽然并未完全建成,但在其初期便已显示了良好的前景,尤其是粤港澳旅游信息平台给很多旅游重点城市提供了新的发展思路。

三、旅游网络营销的优势

旅游网络营销方式虽然出现的时间比传统的营销方式要晚得多,但是凭借着自身独特的优势,已经获得了多数旅游企业和旅游目的地的青睐。这种优势主要体现在以下方面。

(一)可以超越时间和空间限制进行信息交换

凭借着旅游企业网站等网络空间载体,任何旅游企业都有可能全天候提供全球性的营销服务,无论旅游者身处何方都可以在任何时间顺利获取他们想要知道的各种旅游信息。真正打破了时空限制,使旅游企业和旅游目的地实现真正的24小时不间断的信息传递变成了可能。

(二)借助多媒体技术可以实现立体化的信息传播效果

随着现代互联网技术的不断发展,网络传播已经演变成可集中图、文、声等各种媒体传播方式的卓越传播形式,利用目前的3D技术,甚至能创造出虚拟旅游环境,为电脑前的广大旅游者提供身临其境般的视觉感受,这就大大突破了传统传播媒介的局限性,使得旅游营销信息以更加多样的方式呈现在广大旅游者面前。

(三)可以最大限度地实现企业与游客之间的交互沟通

互联网的存在拉近了旅游企业与旅游者之间的"距离",无论是旅游企业和团体,还是旅游者,都可以自由地发布和寻找信息,自由地在网上开展交互式的沟通。特别是随着WEB2.0

互联网应用的普及，如博客、社区、社交媒体、电子杂志等，每一个旅游者都可以成为信息的发布者和传播者。因此，旅游网络营销兼具直接营销、目标营销、双向互动营销、参与式营销的特点。

（四）具有高度的整合性

借助旅游网站开展网络营销，在一定程度上可以帮助我们"一揽子搞定"营销工作，这是因为一个优秀的旅游网站集成了许多功能，可以在线浏览旅游信息，甚至直接预订产品线路，通过在线支付直接完成旅游交易，可以在线填写旅游反馈乃至旅游投诉等，因此，可以将旅游产品的生产、售价、渠道、促销、市场调研、咨询、交易、结算、投诉等所有旅游事务一网打尽。

（五）具有无与伦比的高效率

借助网络开展旅游营销，几乎可以不用顾忌媒体的信息容量瓶颈问题，而且也无须顾忌信息发布后的更新和修改，它可以帮助旅游企业或旅游地以最快的传播速度、最大的信息容量和最精确的信息内容实现营销信息传递，显示出了传统媒体无法企及的高效率。

（六）有助于减少渠道流通环节，降低营销费用

旅游网络营销几乎具有传统分销渠道成员的所有功能，并且可以减少营销渠道的流通环节，不仅可以节约给中间商的佣金，节省物流成本，从而降低流通成本，也使得旅游企业有可能以较低的价格向公众出售其旅游产品，还加强了旅游产品生产者对其产品的控制力。

四、旅游网络营销的特点

（一）个性化

互联网是一种新的营销渠道，网上营销正向一对一的个性化方向发展，这种发展趋势将改变所有公司从事商务活动的方式。网络营销个性化是营销商根据过去的经验使网站或电子邮件更适合用户需要，更适应不同年龄、不同地点的人的不同爱好。因此，营销商就要收集有关用户的数据，进行一对一的营销 。

个性化技术有两种：一种是共同筛选技术，它把用户的购物习惯、购物爱好与其他买主的购物习惯、购物爱好加以比较，以确定他们下次要购买什么；另一种是神经网络匹配技术，即一套模仿人的大脑的程序，其功能是识别复杂数据中的隐含模式，如产品和购物者间的相关性。与传统营销模式相比，网络营销使商人们能够迅速与其每一位用户通信，使用户与商人交谈，从而使他们能够提出特殊产品和用户化服务的要求。如果个性化服务在旅游网络营销中全面推行，将能够开创旅游网络营销的新时代，不仅普通的大宗市场营销和交易的基础将发生动摇，而且来自网络营销的个人服务还将改变商人与用户做生意的方式。网上个性化营销也并非一帆风顺。个性化服务要求人们提供个人信息，有时需要填写冗长的表格，因此只有少数网民愿意这样做。另外，个人隐私的泄露也会引发新的问题出现，这一点亟待探索技术上的解决办法。

（二）低成本

旅游网络营销给交易双方带来的经济利益上的好处是显而易见的，主要表现在以下方面。

1. 没有店面租金成本

传统的店面相当昂贵，特别是黄金地段，可以说是寸土寸金，如果要自己盖大楼，少则几十万多则上亿的投资是必不可少的。而网络营销只需要购置一台网络服务器设备或租用部分网络服务器的空间即可。费用与实际租用办公楼的费用相比基本上可以忽略不计。

2. 较低的行销成本

网络营销具有极好的促销能力，经营者仅需负担较低的促销广告费用，而且可以利用服务器，将多媒体化的商品信息动态展示，既可以主动散发，又可随时接受需求者查询。

3. 极低的结算成本

面向消费者的网络营销系统允许顾客在互联网上以信用卡付款，其着重点在于网上的实时结算，这对于顾客来说消费更为方便；对于商家而言，则降低了结算成本。电子商务代表了一种以网络为基础的新的商业结构。

（三）无形化

信息时代给传统市场营销带来了发展的契机，其无形化的特点尤其突出，主要表现在以下方面。

1. 书写电子化、传递数据化

网络营销中采用电子数据（无纸贸易）、电子传递，使营销双方无论身在何处，均可与各地的商品生产者、营销者、消费者进行交流、订货、交易，实现快速、准确的双向式数据、信息交流。

2. 经营规模不受场地限制

网络营销可以使经营者在“网络店铺”中摆放多少商品，不受任何限制，无论经营者有多大的商品经营能力，网络营销系统都可以满足，而且经营方式灵活，即可以当零售商，也可以当批发商。通过电子网络，可以方便地在全世界范围内采购、营销形形色色的商品。

3. 支付手段高度电子化

为满足网络营销的发展需要，各银行金融机构、信用卡发放单位、软件商纷纷提出了在网络上购物后的货款支付方法，现已使用的支付方式主要有信用卡、电子现金、智能卡等。

五、旅游网络营销与传统企业营销的区别

互联网环境下，竞争规则已发生根本的改变，传统营销已无法满足消费者的需求，也无法使企业在信息时代下的市场竞争中立足。

（一）网络营销是一种以消费者为导向，强调个性化的营销方式

目前，旅游业已经从简单的规范化的旅游产品发展到复杂的组合产品，从商务旅游到休闲旅游、从团体旅游到散客旅游都呈现出多品种经营的趋势。互联网的全球化、公开化特征使得旅游者拥有了比过去更大的选择空间，他们可根据自己的意愿和需求在全球范围内寻找满意的旅游产品，而不受地域限制。以往千篇一律的旅游产品已经不能满足消费者的个性需求，消费者渴求的是更加时尚和个性的旅游产品。但是传统旅行社由于成本的限制，一般不会为散客提供旅游服务，个性化旅游在传统方式下就难以实现。

利用网络营销，旅游企业可以为消费者提供大量的信息，并根据消费者的需要及时修改、更新、发送，还可以根据消费者反馈的信息和要求，通过自动服务系统提供特别服务。庞大的促销费用得到了节省，以顾客为中心的主导思想得到了体现，这都是传统旅游企业无法想象的。

（二）网络营销具有极强的互动性，是实现全程营销的理想工具

传统的旅游方式主要有两种：一种是旅行社组团旅行；另一种是个人自助旅行。前者存在的弊端是旅游者一旦预订了团队之后，就必须随团固定旅游行程和时间，而且要受到途中的购

物困扰。而后者的食、住、行、游、购、娱等环节均需自己解决，费用相对较高。

利用网络营销，即使是中小企业也可以通过电子布告栏、在线讨论广场和电子邮件等方式，以极低的成本在营销的全过程中同消费者进行即时的信息沟通，消费者有机会对产品从设计到定价和服务等一系列问题发表意见。旅游企业可以根据旅游者的反馈信息，制定出多种满足旅游者意愿、爱好、档次等需求的旅游产品，供旅游者选择。这种双向互动的沟通方式，提高了旅游者的参与性和积极性，更重要的是它能使旅游企业的决策有的放矢，从根本上提高了消费者的满意度。

（三）网络营销能满足旅游者的方便性需求

在现代社会，随着生活节奏的加快，人们越来越珍惜闲暇时间，旅游者迫切需要以新的、更快速、更方便的购买和服务方式来满足其需求。旅游者价值观的改变促使旅游业的传统营销方式也随之改变。

旅游网站的信息存储量大、更新及时，可以确保旅游者所需要信息的即时性和方便性，只要轻点鼠标，就可以实时查寻、实时预订，订票、订房及旅游线路的编程等事务基本上可以在几分钟内完成，大大促进了买卖双方共建"双赢"的价值体系。

（四）网络营销能满足旅游者的价格需求

网络营销能为企业节省巨额的促销和流通费用。售前信息发布、订购、支付、售后服务等多种商务功能集成于一个电脑操作平台上，使得以往各种细致的劳动分工高度集成，大大节省了经销中的费用。同时旅游网站因散客组团而形成了购买量大的团体，故可享受旅游产品提供方（如航空公司、酒店、景区等）给予的价格优惠，这使得企业通过网络营销降低其产品的成本和价格成为可能。而通过网上预订，旅游者不仅可以订到便宜的机票和酒店，还可以在娱乐、餐饮等消费上享受到折扣优惠。

另外，对中小旅游企业来说，旅游电子商务极大地弥补了其在传统市场上营销渠道少、知名度低的弱势，为其提供了更为广泛的、平等的发展机遇。

六、旅游网络营销现存的主要问题

目前，我国旅游业网络营销还处于初级发展阶段，仍存在许多问题，主要表现在以下几个方面。

（一）信息化基础建设落后

从网络营销的总体要求上看，无论是网络技术、网络管理，还是资费水平、通信速度等，信息化基础建设方面都存在很大的问题，除航空售票和酒店业广泛采用并且熟练掌握了计算机信息化处理方式外，大多数旅游企业仍依赖旅游指南、旅游手册、电话、信函、传真、旅游问询等传统的信息传播和处理方式，很大程度上影响了旅游网络营销的实际作用和服务质量的提高。

（二）网络安全度较低

互联网创造了一个虚拟的网络世界，使信息自由流通成为可能，然而虚拟的网络世界也存在着一定的隐患。交易双方往往是相隔千里、素昧平生的个体，无法进行现场身份确认。商家要考虑客户是否是欺诈分子，客户要考虑商家是否是网络黑店，双方缺少互信。网络诈骗、信息丢失、黑客入侵、病毒攻击等网络安全问题为人们所担心，成为制约旅游业网络营销健康发展的重要因素。

（三）法律体系不健全

目前，我国现有法律法规对于网络犯罪缺少具体的刑罚标准。在打击网络犯罪方面存在着立案难、取证难、定罪难等问题。此外，对于网上银行和第三方支付机构等缺少明确的监管条例，没有健全的法律保障。

（四）旅游网站质量不高

目前国内各大旅游网站的设计大同小异，网页杂乱、内容陈旧，只是简单地罗列出机票、酒店及固定旅游线路的信息，存在涉及面窄、更新速度慢、内容不具体、无吸引力等问题。有些旅游网站由于非法广告及视频图像等文件的存在打开时间较长，容易使潜在的旅游客源流失。旅游网站的宣传推广力度不够，没有发挥其深层次的作用，只是停留在宣传介绍旅游产品上，无法达到网络营销的预期收益。

七、旅游网络营销的发展对策

我国旅游业网络营销建设起步较晚，现阶段还存在许多缺点及不足。如何完善我国旅游信息网络建设，积极开展网络营销与预订，已成为我国旅游业发展网络营销的当务之急。

（一）积极引导，加大宣传力度

政府应当进行大力的宣传教育活动，利用舆论工具并通过各种有效途径从根本上改变人们陈旧的观念，使人们从心里喜爱上网，喜欢网上交易，信任网络营销。同时，政府还应从旅游企业着手，宣传网络营销的竞争优势，转变旅游企业传统的经营理念，使企业顺应网络信息化时代的新潮流，进而推动旅游业网络营销的发展。

（二）搞好旅游业网络信息化建设

旅游信息是旅游网络营销的基础，是吸引旅游消费者实现网上交易的基础保证。而在我国，旅游信息传播的方式还主要依赖传统的旅游手册、导游指南等。因此，旅游企业及旅游主管部门应该大力提高旅游业网络营销的计算机化程度，切实搞好旅游业网络信息化建设。

首先，在航空售票和酒店业广泛应用计算机处理信息的基础上，进一步完善网络信息化建设，实施业内联网或国际联网等措施，使信息更广泛地传播，资源达到最大范围共享。而旅行社、景区景点、旅游局等要尽快实现旅游信息的网络化，在旅游业内部建立各种横向、纵向的联系，构成结构合理、功能强大的信息网络，为旅游网络营销决策的制定提供有力依据，并扩大旅游企业的营销渠道。

其次，向旅游消费者提供全面、详细、准确、及时的旅游信息是旅游业成功发展网络营销的关键。因为旅游产品是体验型产品，只有尽可能地提供产品信息，提供信息化体验方式才能吸引旅游消费者购买。旅游企业和旅游主管部门要根据旅游消费者的需求，提供全方位的旅游信息，包括旅游目的地食宿、风景名胜、博物馆、艺术品画廊、旅游节目以及公共交通、天气情况、民俗风情等基本旅游信息，同时还应该提供出入境管理、卫生检查法律条款等相关政策法规，强化旅游者的相关意识。在提供全方位信息的同时还要力求详细，如公共交通信息方面提供方式、价格、时刻表等，住宿方面提供设施、价格等。最重要的是要确保以上信息的准确性、及时性，如及时更新房价、票价、交通时刻表等信息，因为这些旅游信息具有很强的时效性，容易成为过时信息，从而误导旅游消费者的行为。

(三)完善网络营销政策法规

制定相应的政策法规是旅游业发展网络营销的法律保证。旅游网络营销作为一种新生事物,需要予以政策法规的保护和扶持,才能健康、长远地发展。在旅游网络营销的各个方面提供法律保障,确保网上交易的安全性,加大打击电脑黑客的力度,防止网上欺诈等不法行为。同时在政策上予以倾斜,吸引大量资金、技术、人才投身旅游网络营销的建设,逐步完善网络营销的安全性控制。

(四)培养复合型专业技术人才

旅游网络营销是一个新兴的领域,它不同于传统营销模式,需要具有一定素质的专业人才。从事这项工作,既要深知旅游学的基本知识,又要熟练掌握计算机网络技术,同时还要具备现代营销理念。尽快培养出一批合格的与社会发展接轨的专业技术人才,是旅游业发展网络营销的当务之急。

(五)设计出色的营销网站

营销网站是旅游企业网络营销的窗口,网站质量的优劣是决定网络营销成败的关键。一个优质的旅游营销网站是旅游产品观赏性、艺术性、娱乐性、宣传性的完美结合。营销网站的制作要有特色,内容丰富全面,形式不拘一格,信息更新速度快,并附有多国语言的文字说明。此外,还要做好网站的宣传工作,使网站真正成为旅游企业赢利的重要工具。

八、旅游网络营销的常用方法

(一)规划建设专门网站,为网络营销打下基础

网站是一个开展网络营销的阵地,如果旅游景区、旅游企业还没有建立自己的专用网站,又如何能让游客通过网络来"拜访你"? 因此,建设网站是开展网络营销的第一步。当然在设计制作网站时切忌使用过多的华丽转场动画效果(对网络带宽的要求高,易引发等待焦急心理),要以实用为准绳,把旅游信息以"人性化"的方式亲切而简明地展示出来。新西兰旅游官方网站就是一个值得借鉴的绝佳范例。

(二)借助搜索引擎营销,实现 SEO 优化

只在网络上有自己的宣传阵地还不够,还需要借助一定的方法让广大旅游者在网络海量的信息中,尽快发现相关信息,这就需要借助搜索引擎来实现旅游网络营销和推广。搜索引擎优化(Search Engine Optimization, SEO)是近年来较为流行的网络营销方式, SEO 的主要工作是通过了解各类搜索引擎如何抓取互联网页面、如何进行索引以及如何确定其对某一特定关键词的搜索结果排名等技术,来对网页进行相关的优化,使其提高搜索引擎排名。这就需要设定精准的关键词,并定时根据搜索引擎的统计结果适当调整,做到有的放矢,而非主观臆断。

针对国内旅游市场,建议以优化中文搜索引擎"百度"为纲,针对国际市场则可以考虑优化谷歌和雅虎等搜索引擎,以取得事半功倍的效果。此外还有一些专业的旅游搜索引擎,如去哪儿、优客网等。除了提供商业服务的行业网站(携程网、e 龙网等)外,还有非营利性机构的网站,如世界湿地组织等,都可以有针对性地发布旅游信息。

(三)在各种网络传播平台投放营销广告

旅游网络营销照样需要投放广告来开展宣传。可供投放网络广告的途径多种多样,但是最适合旅游企业的还属网络广告联盟,联盟广告多以图片、文字、小视频的内容展现形式为主,广告形式可以分为 Banner(旗帜横幅广告)、对联广告、漂浮广告、弹出广告等,而计费方式主要有 CPC(按照点击付费)和 CPA(按照注册付费)。

(四)论坛发帖推广

借助于论坛发帖是现实中非常有效的网络营销手段。由于旅游者对这种方式的认可度较高、互动性好、费用低,且易引发后续的搜索和购买消费行为,比较适用于“认知型”和“活动型”的旅游营销内容。但是这种旅游网络营销方式对技巧的要求比较高,对于内容的控制性比较差,需要借助口碑传播模式来开展。

用好这种方法的关键在于分析各种论坛的特性,投其所好,区别对待。举例说明,同样是摄影论坛,有的适合简单发布信息,而有的适合深度沟通。旅游度假、风光摄影、小区论坛、驴友俱乐部、汽车俱乐部等都适合旅游主题,制作有针对性的帖子。但帖子标题都会暗含官网的关键词,这样便于搜索引擎抓取,形成相互借势。

(五)SNS 社区口碑推广

随着脸书、开心网、人人网这样的社交网络服务(Social Networking Service, SNS)风靡全球,人们开始意识到此类社区网站具有互动性强、会员关系密切、地域特征明显的优点,用户基数非常大,是网络营销绝不可放过的重要平台。美国佐治亚州旅游局就看准了这一点,在推特、脸书和 Flickr 上都建立了自己的宣传阵地,“粉丝们”可以随时通过这些社交网站来了解美国佐治亚州最新的旅游营销信息。

在开心网上可以利用转帖功能,利用好友数量比较多的用户,让他们转发精心准备的旅游营销宣传帖子给其他好友,很容易在短期内快速地传播和扩散。此外,还可以采用植入式广告的方式,在 SNS 社区网络的小游戏中植入旅游企业的产品信息或旅游地的场景信息,实现线上和线下旅游营销双管齐下的良好效果。如新加坡旅游局就在开心网上投入了登录页面巨幅广告,取得了良好的传播效应。

(六)企业电子邮件推广

电子邮件是点对点的旅游网络营销方式,任何一个旅游企业都应该收集大量目标客源最爱集中的相关论坛的注册邮箱以及旅行社、会议、婚庆、交友等渠道商和国家机关、企事业单位的电子邮箱,通过发送精美的项目 PPT 和活动链接宣传信息,广泛撒网,重点培养,结合线下公关,让团队游客弥补非节假日的营业缺口。

除了上述旅游营销方式以外,旅游企业和旅游地还可以借助 QQ 群等即时通信工具推广和博客、微博、网络视频推广等多种方式来开展网络营销,方式的选择必须和目标客户群体的网络使用习惯有密切关联,这样才能取得较好的网络营销效果。

(七)微博推广

微博推广是指通过微博平台为商家、个人等创造价值而执行的一种营销方式,也是指商家或个人通过微博平台发现并满足用户的各类需求的商业行为方式。微博营销以微博作为营销平台,每一个关注者(粉丝)都是潜在的营销对象,企业利用更新微博的方式向网友传播企业信息、产品信息,树立良好的企业形象和产品形象。每天更新内容就可以跟大家交流互动,或者发布大家感兴趣的话题,以此达到营销的目的。该营销方式注重价值的传递、内容的互动、系统的布局、准确的定位,微博的火热发展也使得其营销效果尤为显著。微博营销涉及的范围包括认证、有效粉丝、朋友、话题、名博、开放平台、整体运营等。自 2012 年 12 月后，新浪微博推出企业服务商平台，为企业在微博上进行营销提供了一定帮助。

（八）微信推广

微信是与智能手机相伴而生的。如果说 QQ 是个人计算机互联网时代的标准沟通工具，那么微信就是手机互联网时代的标准沟通工具。所以，从旅游营销角度看，任何旅游企业和组织都不能无视它的存在，因为它标志着网络营销已快速进入移动互联网时代。

微信营销是网络经济时代企业或个人营销模式的一种，是伴随着微信的火热而兴起的一种网络营销方式。微信不存在距离的限制，用户注册微信后，可与周围同样注册的“朋友”形成一种联系，订阅自己所需的信息，商家通过提供用户需要的信息，推广自己的产品，从而实现点对点的营销。微信营销主要体现在以安卓系统、苹果系统的手机或者平板电脑中的移动客户端进行区域定位营销，商家通过微信公众平台，结合微信会员管理系统展示商家微官网、微会员、微推送、微支付、微活动，已经形成了一种主流的线上线下微信互动营销方式。

九、旅游网络营销的发展趋势

随着网络时代的到来，传统营销手段已经不能满足行业需求，网络营销应运而生。其中，旅游网络营销逐步成为未来旅游业营销渠道的主流。旅游业网络营销将朝着以下几个方向发展。

（一）旅游业对微博的运用将持续加强

微博营销现已成为网络营销中较为常见的方法，许多企业通过微博平台与消费者、目标客户进行更为直接的接触和互动，并通过相关互动话题、活动策划提高自身品牌的知名度、美誉度。旅游微博已经成为一种新型的传播行为，成为现今人们追捧的新热点。旅游微博正在改变人们传统的旅游观念，增强了与网友的互动。国内外各大旅游局、旅行社、酒店和旅游频道都不甘示弱，纷纷上线微博，试图抢占这块网络营销的新阵地，因此，旅游业对微博的运用将会越来越广泛。

（二）个性化服务成为网络营销亮点

社会的发展与时代进步使人们的可自由支配收入和闲暇时间大幅度增加，旅游次数增多，档次也随之提升，个性化需求不断膨胀，散客游和自助游成为出游的主要发展趋势。而旅游网络营销顺应这种趋势，为广大旅游者提供细分化、多样化、差异化、个性化的旅游产品。旅游消费者可以通过互联网获得海量信息，根据自己的兴趣爱好设计出自己需要的旅游产品，然后提供给旅游营销商，让它们对各专项出价，旅游消费者经协商、比价，最终确定与哪家营销商合作。这种新型的消费方式，与“一对一（One to One）”经济体系的标准相匹配，网络营销必将提供越来越多的个性化产品，朝着个性化方向发展。

（三）旅游网络营销与传统营销相互融合

从旅游业的发展趋势来看，网络营销的实施是必然趋势，但不得不承认的是目前我国网络营销仍处于较低水平，由于人才、认识等各个方面的问题，网络营销的发展还需要一个较长的过程，传统的营销渠道以及策略仍会在一个时期内占主导地位。对于旅游行业进入网络，一步跨越显然是不现实的，也是不可能的，而应该把网络营销和传统营销相互结合起来，只有这样才能更好地满足顾客需要，更好地完善互联网时代的旅游市场营销，进而促进旅游市场的繁荣兴旺。

(四)微信的营销功能会越来越强大

微信一对一的互动交流方式具有良好的互动性,精准推送信息的同时更能形成一种朋友关系,形成旅游行业的"朋友圈"。基于微信的种种优势,借助微信平台开展客户服务营销已成为当下又一新兴营销渠道。

总之,我国旅游业网络营销有着非常广阔的发展前景,我们要结合我国旅游业的实际发展状况采取与新技术接轨的营销方式,把握好旅游这一行业网上商务运作的特点,拓展客源渠道,加快我国旅游业的发展。

【本章小结】

旅游目的地营销、旅游节庆营销、旅游事件营销及旅游网络营销是目前旅游营销的发展趋势。我国目前旅游目的地营销存在诸多问题,严重滞后于实际。大型旅游节庆能够有效地整合区域旅游资源,在较短的时间内使举办地的形象和知名度得到迅速提升,使得我国近年来旅游节庆遍地开花。旅游企业或目的地可以通过轰动性事件迅速提升知名度。旅游网络营销是一种成本低、覆盖面广的营销手段。

【思考题】

1. 旅游景点营销能否按照旅游目的地营销来操作?

2. 旅游目的地营销与旅游企业营销有哪些异同?

3. 以你熟悉的地区作为旅游目的地制订一份目的地营销计划。

【练习题】

一、单选题

1. 张家界将再次成功举办的"穿越天门"活动的消息放在了门户网站上,属于(　　)。

A. 目的地营销　　B. 事件营销　　C. 网络营销　　D. 节庆营销

2. 某景区举行庙会活动,属于(　　)。

A. 目的地营销　　B. 事件营销　　C. 网络营销　　D. 节庆营销

3. 旅游网络营销的缺点有(　　)。

A. 没有个性　　B. 高成本　　C. 无形化　　D. 被动营销

二、多选题

1. 下列属于旅游目的地的是(　　)。

A. 黄山迎客松　　B. 嵩山景区　　C. 杭州　　D. 玄秘塔碑

E. 海南

2. 旅游企业单独营销的缺点是(　　)。

A. 缺乏协同作战的优势　　B. 不考虑长远发展

C. 不能保证整体利益　　D. 不能单独决策

E. 不可持续进行

3. 旅游目的地营销与传统旅游营销的不同之处在于(　　)。

A. 营销主体不同　　B. 营销目的不同　　C. 营销对象不同

D. 营销手段不同　　E. 营销流程不同

4. 旅游节庆营销可以从哪几个方面展开？（　　）

A. 确定独特的节庆主题　B. 加强游客体验性　C. 营造节庆氛围

D. 塑造节庆品牌　E. 扩大节庆的规模

三、判断题

1. 为了营造节庆氛围，在旅游节庆活动开幕前，可以在主要街道、商场、景点、公交沿线进行宣传。（　　）

2. 凭借旅游企业网站等网络空间载体，任何旅游企业都有可能全天候提供全球性的营销服务。（　　）

3. 通过事件营销，旅游企业可以获得长期的声誉。（　　）

【参考文献】

[1] 金涛. 旅游网络营销 [M]. 北京：中国旅游出版社，2017.

[2] 邹统钎. 旅游目的地节庆事件策划经典案例 [M]. 北京：经济管理出版社，2017.

[3] 蒋昕. 社交网络传播与旅游目的地公共营销 [M]. 武汉：湖北人民出版社，2015.

[4] 李宏. 旅游目的地新媒体营销：策略、方法与案例 [M]. 北京：旅游教育出版社，2014.

[5] 王起静. 事件影响研究 [M]. 天津：南开大学出版社，2012.

第 11 章 旅游危机管理

学习目标

1. 了解旅游危机的含义,掌握旅游危机产生的原因。
2. 熟悉旅游危机管理的内容。
3. 了解旅游危机管理实施的必要性。
4. 掌握旅游危机管理实施的途径。
5. 了解我国旅游危机管理现状。
6. 熟悉旅游危机管理策略。

教学重点

1. 掌握旅游危机管理实施的途径。
2. 熟悉旅游危机管理策略。

课前导读与体验

萨德危机后中方首次韩国团体游,一中企或组 3 000 人赴韩。据韩媒此前消息,今年 3 月以来,中国赴韩团体游客基本绝迹,高度依赖中国市场的韩国旅游业遭受重创。韩媒称,随着中韩关系出现缓和,为重新吸引中国游客来韩国观光,京畿道旅游业已开始摩拳擦掌,积极在中国当地展开各种营销。

(资料来源:http://www.mnw.cn/tour/lvyou/1877853.html)

全国 1/3 旅游乱象在云南——"云南危机"如何破。近日,云南旅游问题再次引起舆论注意,根据数据对比,2016 年云南查处的旅游违法违规案件 482 件,占全国的 36%,"三分天下",云南有其一。云南危机到底怎么解决,已成为各方关注的焦点。云南是全国"不合理低价游"重灾区。这个判断有以下几个依据。

第一, 2016 年阿里、欣欣、同程、途牛、驴妈妈、携程、蚂蜂窝、遨游、悠哉网等 10 多家网站下架"不合理低价游"产品清单,涉及云南"不合理低价游"产品占总量的 60%。

第二,国家旅游局 2016 下半年开展"不合理低价游"专项督查工作,只有在云南,既联合公安部、国家发改委、质检总局、税务总局、工商总局六部委,又组织 19 个赴云南旅游的主要客源省份旅游管理部门,是一次以云南为整治中心的全国性的"大会战"。

第三,国家旅游局对广东、四川、江苏、湖南、辽宁五省进行第二轮督查, 47 家涉嫌"不合理低价游"的旅行社被立案调查;对云南进行第三轮督查,一个省份就有 65 家旅行社团因涉嫌"不合理低价游"被立案调查。云南再次创造了旅游市场秩序整治的第一——史上最大量旅行社被查。

(资料来源:http://www.sohu.com/a/126321392_425901)

第1节 旅游危机的认识

一、旅游危机

旅游危机是指任何可能影响旅游企业及其产品长期信誉或者干扰企业继续正常运营的情况,也可以是影响旅行者对一个目的地的信心并扰乱继续正常经营的非预期性事件,这类事件可能以无限多样的形式在许多年中不断发生。

二、旅游危机产生的原因

(一)外界环境制约下的突发性事件

外界环境制约下的突发性事件是旅游业难以控制的,属于不可控因素,这是旅游业最不容易引起关注,也不容易发觉的危机。这样的危机具有极大的隐蔽性、突发性和危害性。原因很简单,旅游业的发展依赖于外界环境,但外界环境是瞬息万变的。近年来,世界格局不断发生新的变化,旅游业时常面临着外界因素的考验。因此,“变”已经成为一种常态。当然,这种“变”具有两方面的含义,既有全球大的政治环境因素,又有全球或某一国家(地区)的旅游市场环境因素。

(二)从旅游供需角度分析旅游危机

1. 从旅游供给角度分析旅游危机

(1)旅游企业的关联性。从旅游供给方面来看,旅游企业向消费者提供的满足其需求的旅游产品是由旅游资源、旅游设施、旅游服务和旅游购物等多种要素构成的。它的生产部门和行业不仅包括旅游部门内部各个行业(食、住、行、游、购、娱),还涉及国民经济中的许多相关行业,如外贸、交通、工艺品生产、建筑业等,所涉及方面的任何变动都会波及旅游业。

(2)旅游产品的综合性。旅游产品就是旅游者在完成整个旅游活动中得到的全部服务过程、旅游条件以及对整个旅游过程的感受。它是以服务为重要内容的非物质产品,具有不同于物质产品和一般服务产品的特性,如无形性、不可转移性、时间性、不可贮存性以及生产与消费的同步性、综合性等。

2. 从旅游需求角度分析旅游危机

从旅游消费来看,消费者的旅游需求是多方面的,涉及社会、经济、文化等各个方面。旅游者的需求是有层次的,旅游需求是以自发要求参与社会交往、获得他人认可与尊重、实现个人价值目标等为动机的一种非基本需求。生理和安全是其最低层次的需要,只有在这两者都得到保障的情况下,旅游需要才可能得到满足。旅游需求一旦受到外部因素的威胁,如政治局势、经济危机、自然环境、传染性疾病、安全事故等影响,这种非基本需求必然要为基本需求让路。旅游者对旅游地的选择也是这样的,安全和舒适是他们在旅游决策过程中首要考虑的因素。一旦旅游企业或旅游地发生了影响这两者的负面事件,旅游者会立即“抛弃”该旅游企业或旅游目的地。旅游者的主观评判对旅游决策起着决定性的作用。由于旅游业发生的负面事件很容易被识别并获得认同,因此一旦发生了负面事件,就会使旅游业蒙受重大的经济损失。

三、旅游危机管理的内容

(一)政府危机管理

政府是危机管理的核心。政府危机管理是指政府为预测和识别可能遭受的危机,采取防范措施,阻止危机发生,并尽量使危机的不利影响最小化的系统过程。具体说来,政府危机管理的几个阶段和主要任务如下。

(1)在危机征兆期,致力于从根本上防止危机的形成和爆发或将其尽早制止于萌芽状态。在这一阶段,要求政府旅游主管部门和相关政府部门注重收集各种危机资讯,对危机进行中、长期的预测分析;通过模拟危机情势,不断完善危机发生的预警与监控系统;建立危机管理的计划系统,制定危机战略和对策。

(2)在危机发作期和延续期,致力于危机的及时救治。在这一阶段,要求政府充分发挥危机监测系统的作用,探寻危机根源并对危机的变化做出分析判断;成立危机管理的行动系统,解决危机;及时进行基于诚实和透明的信息沟通,正确处理危机与旅游业发展以及各种行为主体的利益关系。

(3)在危机痊愈期,及时进行危机总结。要求政府旅游管理部门根据旅游者消费心理和消费行为的改变,恢复旅游市场,加强危机学习,提升反危机能力。

(二)旅游企业危机管理

实践表明,企业成功的一个重要因素就是危机管理。旅游企业危机管理包括以下几个方面。

(1)成立企业危机管理领导机构,建立企业危机管理制度,在危机中积极进行自救。

(2)建立企业危机管理预警系统和危机应对处理系统。

(3)培养和强化企业管理人员与员工的危机意识。

(4)及时评价企业应对危机的计划、决策,建立完善的危机学习机制。

(5)建立与媒体、公众的良好高效的信息沟通系统。

(三)旅游从业人员危机管理

旅游从业人员的危机管理包括以下几方面内容。

(1)树立危机意识,正确认识危机。

(2)主动承担社会责任,积极参与政府与企业的危机救治。

(3)加强职业培训与学习。

(四)旅游者危机管理

危机事件不仅是对政府能力的挑战,更是对社会整体能力的综合考验。在通常情况下,社会公众是危机事件直接威胁的对象。因此,旅游者也应该成为危机管理系统当中的积极参与者,这样才能最大可能地吸纳各种社会力量,调动各种社会资源共同应对危机,形成社会整体的危机应对网络。在旅游危机管理中,旅游者危机管理包括以下几方面内容。

(1)提高个人应对危机的能力。

(2)培养良好的心理素质。

(3)调整个人行为模式。

四、旅游危机管理的基本原则

(一)长期性

危机没有发生时要采取一些日常措施,为危机爆发做好准备和进行必要演练;危机真正爆发时则在日常措施基础上再采取专门针对该危机的早期、中期和后期处理措施。

(二)政府必须强力介入危机管理

政府应该对危机管理做出明确的规划,除危机管理指南的制定以外,政府的作用还体现在以下几个方面:首先,旅游基础设施的规划与开发必须避开那些危机易爆发的地点。其次,政府应该为投资者提供一系列的财政激励机制,以帮助他们渡过难关。最后,长期计划的拟订过程必须是一个不断变化的动态过程,应该根据可能出现的危机性质及其对旅游业的影响不断地校正其最初的计划和目标。

(三)加强沟通与协调

首先,受危机影响的国家应随时发布有关危机对旅游目的地安全造成影响的信息,这些数据信息应该通过各种渠道随时传递给目标市场,以防止潜在旅游者因为危机而停止到该国来旅游。其次,受危机影响的国家应该互相合作,以保证对危机管理措施方面相关知识进行交流。

(四)重视预测和资料收集

一方面需要随时更新有关数据,以评估每一阶段危机影响的范围及其规模;另一方面收集以往危机的相关数据为制定可能的解决方案提供借鉴。

(五)动态、灵活、创造性地开展市场营销活动

旅游客源市场对安全非常敏感,危机期间的营销对旅游部门来说是一个巨大的挑战,要想在这种情况下取得成功,市场营销应该遵循以下几项原则:第一,应该谨慎地进行市场细分;第二,需要详细考察该危机前、危机中和危机后的旅游趋势,并把市场营销战略作为危机管理模式的一部分;第三,必须如实公布有关当地危机的发展和控制情况;第四,要吸取以前类似情况下营销活动的经验教训。

第 2 节　旅游危机管理实施的必要性和途径

一、旅游危机管理实施的必要性

(一)旅游业的脆弱性要求必须对其实施危机管理

旅游业是一个非常脆弱的产业,它的经营随时会受到多种因素的影响。从需求的角度来看,旅游是一种非基本的需求,一旦受到外部因素的威胁,这种非基本的需求必然要为基本需求让路。从供给的角度来看,旅游业涉及食、住、行、游、购、娱等相互关联的各个行业,旅游活动的完成需要各个不同产业部门的协同配合,其中任何一个环节出现问题都会波及整个旅游业。因此,必须加强旅游业的危机管理,这样才能提高整个旅游产业链的稳定性。

(二)旅游产品的特殊性要求必须对旅游业实施危机管理

与一般的商品不同,旅游产品具有无形与有形相结合、生产与消费同时、季节性强、需求弹性大等特征,这些特征使其在经营销售过程中易出现异态、产生危机,且危机一旦出现损失就不可挽回。因此,建立一套行之有效的预警系统,实施危机管理就十分必要。另外,游客所需要的旅游产品是各个企业提供单项旅游产品的总和,任何一个企业都不可能满足游客的整体需求。因此,一家旅游企业如果因自身提供的单项产品出现危机,必然影响整体旅游产品,进而危及其他旅游企业。

(三)旅游市场具有的竞争性要求必须对旅游业实施危机管理

任何一家旅游企业都不能占领所有市场,也不能永远占领某一部分市场,相同或类似的旅游市场上存在众多的旅游企业,客观上加剧了竞争。旅游企业经营的产品大部分为无形的服务性产品,其经营成本不高(如旅行社的运作),除部分垄断性极强的旅游企业外,进入门槛低,因此一旦经营不善,市场就会被其他旅游企业所占领,从而导致危机。

(四)国内外的环境背景要求必须对旅游业实施危机管理

发展旅游业已经成为刺激内需、拉动经济增长的重要途径,许多地区把旅游业作为支柱产业,投入大量资金到旅游业当中。但是,近年来国际危机事件数量呈现不断上升的趋势,恐怖袭击不断出现,地震海啸事件也接连发生,各种大规模的疾病相继爆发。在全球化的背景下,国际上的危机事件很容易跨越地理空间波及其他国家和地区,使得局部性危机迅速扩散为全球性危机。这些国内外的政治、经济、自然环境的变化,要求旅游业必须实施危机管理。以我国为例,从根本上讲,我国的旅游业涉及面依然比较窄,企业的抗风险能力不强,存在着"把鸡蛋放在一个篮子里"的现象,没有多元化经营的倾向。因此,实施旅游危机管理迫在眉睫。

二、旅游危机管理的途径

1. 危机之前

(1)做好充分准备。世界旅游组织告诫,永远不要低估危机对旅游业的可能危害,它们是极其危险的。使危机影响最小化的最佳途径就是充分做好准备。为此,有关方面可以预先制订一套科学的危机管理计划和程序,必要时要对危机管理计划进行预演排练,并不断修正和完善。

(2)设立危机基金。其目的是在危机发生时,能够及时运用这笔基金,根据危机情况,做出迅速、灵活的反应,而不必经过一个冗长复杂的行动程序。该基金可用于对旅游企业给予各种形式的援助,危机过后旅游业的恢复推广,也可用于奖励、资助那些在危机中表现突出、为对抗和尽快结束危机做出突出贡献的单位、组织和个人。

(3)加强应收账款的管理。危机到来之前,有时会有一定的征兆或预警,如果能预见危机的到来,旅游企业就应即时采取措施,加强应收账款的催收力度,以防危机时企业出现财务周转困难,同时防止危机发生后,对方企业因经营困难而倒闭,造成呆账、死账。

2. 危机期间

(1)发布信息。危机发生后,要根据危机涉及的范围、严重程度,由旅游主管部门、旅游行业组织、国家及地方政府通过新闻媒体适时地向社会公众发布信息,使外界和社会公众能够及时了解危机的客观情况,防止谣言的散布,甚至造成社会的不安定。为此可设立一个新闻中心,迅速发布危机方面的信息。信息的发布要客观、准确、诚实、透明,既不能夸大事实,也不能为了达到某种目的而隐瞒或扭曲事实真相。

(2)制止危机。危机发生后,有关政府部门、行业组织和旅游企业要尽快积极采取措施制止危机,防止危机的扩大,避免对旅游业造成更大的损害。

(3)确保安全。危机期间,政府部门可采取强制措施,要求旅游企业确保旅游者的安全。旅游部门应任命专人负责与其他政府部门、专业服务机构、旅游行业和世界旅游组织在安全保障方面的联络。旅游部门要制定旅游行业安全保障措施,并在改进安全保障方面担当积极的角色。必要时,应组建能用多种语言提供服务的旅游警察队伍和紧急电话中心。

(4)确定对策。为了减少损失,危机发生后,旅游企业要根据危机的大小和严重程度,及时研究对策。这些对策包括:①利用危机期间的经营淡季,对员工进行全面培训,以提高员工的素质,待企业恢复正常经营时,其服务和管理水平能够上一个台阶,从而赢得更多的顾客;②根据业务量的多少,安排员工补休、轮休;③安排员工放假,当补休结束、轮休到达一定时间以后,危机尚未结束,可将轮休转为放假,放假期间,只发放基本生活费;④采取降薪等措施,减少各种行政开支,特别是各级管理人员要带头降薪,为员工做好表率,以示与员工同舟共济的精神;⑤如果危机持续时间较长或企业已经超编,则考虑裁员;⑥对企业硬件设施加紧更新改造,增强企业的发展后劲。

(5)保持与客户的沟通。危机期间,尤其要注意以电话、传真、互联网以及各种新闻媒体等方式,与客户保持沟通,向他们通报企业的情况,争取客户的理解和支持,保持客户对企业的信心。必要时,给予客户价格等方面的优惠,并感谢客户对企业的长期支持。

(6)提高产品质量。

(7)实施金融救助和财税措施支持旅游企业。危机发生后,旅游企业要通过行业协会呼吁政府给予旅游企业各种类型的支持,帮助企业渡过难关。此时,行业协会要站在行业的立场上,客观反映行业的现状,维护行业的利益,与政府进行充分沟通,争取政府的各项政策支持。而各级政府也要充分理解旅游企业的困境,主动给予旅游企业在各种行政费用、税收等方面的优惠政策。

(8)寻找新的发展机遇。危机既可能是失败的根源,又可能孕育着成功的种子。大规模危机的发生,会引发旅游业重新洗牌。对于资金雄厚的大企业可能比较有利;很多小企业愿意寻找可以依托的大企业作为"靠山";一些资质不良的企业迫于资金压力,急于出售。由于危机的发生,一些企业的净资产值或评估值减少,这时大企业便能找到更多的收购对象,并可以较低的收购成本进行购并。

3. 危机过后

(1)宣传旅游地的安全形象。通过报纸、电视等新闻媒体,大量宣传旅游地的安全形象,尽快恢复国内外旅游者的信心。必要时,可请国家和地方政府领导人出面,亲自对旅游业进行宣传促销。

(2)加大投入,启动各种旅游促销活动。危机过后,政府有义务加大投入,启动各种旅游促销活动。如前所述,危机过后,恢复旅游业的核心是恢复旅游者对旅游地的信心,而政府及新闻媒体的宣传对于恢复旅游者的信心尤为重要。宣传的重点应是最有活力的市场和离东道国(地)最近的客源市场。特别要注意加强国内市场宣传,国内旅游在危机恢复时期可以弥补外国旅游需求的不足。

(3)邀请境内、外媒体记者进行宣传报道。邀请境内、外媒体记者进行宣传报道是一种很好的旅游宣传方式,宣传效果好,且影响面广。

(4)调整经营策略。危机过后,旅游企业应重新审视自身的发展战略,考虑开展多元化投资和经营以及企业的股份制改造,避免"把所有的鸡蛋放在一个篮子里",以提高抵御经营风险的能力。此外,还要考虑调整产品结构和价格策略,以适应后危机时期的旅游市场变化。

(5)做好接待准备。在此阶段,旅游企业要练好内功,做好接待准备。旅游业虽然是个敏感、脆弱、易受影响和打击的行业,但旅游业的敏感性表现在两个方面:一方面,它是脆弱的、最易受各种事件影响和打击的行业;另一方面,它也是在事件和危机过后,最容易、也是最先恢复的行业。毕竟,随着经济社会的发展和人们生活水平的提高,旅游业作为休闲产业重要的组成部分,其高速发展、长期向好的趋势没有改变。因此,在危机期间,旅游企业必须始终保持冷静客观的心态、坚定的信心、必胜的信念,重新审视自己的发展战略,调整产品结构,苦练内功,做好旅游产品的生产和销售准备,迎接即将到来的新一轮发展潮。

第3节　旅游危机的管理策略

一、我国旅游危机管理现状

在2003年的"非典"事件中,我国旅游危机管理暴露出缺陷:旅游管理体制条块分割,部门间老死不相往来的毛病危害甚大。旅游部门、行业协会、园林部门、地方政府间分头管理、部门封锁、条块分割,使疫情初发时信息不灵,缺乏沟通,反应迟缓,仓促应战,减灾措施不力,损失加剧。然而,在疫情给旅游业造成空前打击后,旅游行政管理部门对旅游行业和旅游企业的救助和扶持政策力度不够,未能从根本上帮助众多旅游企业渡过难关。当前,我国旅游预报系统已经运转。

二、我国旅游危机管理存在的问题

(一)危机意识不强

由于缺乏相应的信息沟通,往往使小问题不能及时得到解决,积累起来变成了大问题,甚至酿成了危机。2003年的"非典"事件及2007年的三亚事件等,使我国各级政府和旅游主管部门受到了一次又一次的触动。从根本上讲,各级政府和旅游主管部门并没有完全树立服务意识,更没有树立危机意识,致使我国旅游业整体在面对危机时能力很弱,行动滞后。

(二)危机决策机构存在缺陷

目前,我国旅游业缺乏专业化、规范化、制度化的高效危机决策核心机构。因此,在正常状态下不能对旅游行业和旅游企业提供咨询服务,更不能在危机发生之前为其提供预报和防范措施等,以致旅游业遇到危机时总是仓促应对。

(三)危机决策的公开性和透明度较差

我国旅游业缺乏统一的核心协调机构,在行政规定公布程序上目前也还缺乏统一、有效的法律规则,这必然导致危机决策的透明度和公开化程度不够,影响危机决策效能的发挥。如"非典"爆发初期,由于信息不透明、不公开,公众和社会普遍出现恐慌,旅游业及相关产业也受到了沉重的打击。

(四)危机管理人员素质有待提高

目前,我国旅游从业人员素质较低,特别是旅游危机管理人员,由于过去没有接受过这方面的学习和培训,他们普遍缺乏系统的危机管理知识。随着全球化程度的提高,我国急需培养大量深刻理解国际经济、政治、法律、文化和旅游的危机管理人才和专家,参与建立操作性强的旅游危机管理机制。

(五)危机立法存在缺陷

我国法律中并没有对旅游危机的管理有所涉及和规定。从根本上讲,我国现有的危机管理机制中只有针对某一类灾害或危机的法律,且法律执行机构分散,政府所能采取的应急措施也不尽一致。当面对多种危机并发的情况时,不能依法迅速建立统一的危机处理机构。因此,我国急需制定统一的规定各种危机事件的"紧急状态法",以应对各种可能发生的危机事件。而"紧急状态法"对旅游业这种对危机较为敏感的行业来说,显得尤为必要。

三、构筑旅游危机管理策略体系

当旅游目的地发生危机时,需要迅速启动和运行旅游危机管理机制。一个高效的旅游危机管理机制应覆盖危机发展的全过程,包括三个重要环节:危机前——预警和防范;危机中——缓解和挽救;危机后——恢复和振兴,并要相应地采取三种应对策略。

(一)旅游危机前的预防管理策略

旅游危机管理的作用从危机爆发前的预警管理开始显现。旅游危机预警机制是在对各类旅游危机评估的基础上,通过对导致危机的因素及危机征兆的不断监测,在有信号显示危机来临时及时向旅游组织发出警报,提醒组织及时采取行动。它是一种将旅游危机扼杀于潜伏生成期的作用机制,是当前我国旅游危机管理系统中所缺乏也迫切需要建立的重要机制。

(1)旅游危机预警系统一般由四个子系统构成。①信息收集子系统:主要任务为收集各种有关旅游危机征兆的信息。该系统的关键是要能保证信息收集的全面性,不遗漏任何能显示危机发生的信息,否则会对整个系统的预警功能产生不利影响。②信息加工子系统:该系统具有信息整理、信息识别、信息转化三大功能。信息的整理使原本杂乱无章的信息清晰化和条理化;信息的识别过程能有效排除那些可能存在的错误信息和虚假信息;信息的转化使信息转化为简单、直观的信号或指标,直接供决策使用。③决策子系统:该系统根据事先预定好的决策依据和标准,将整理后的信号、指标与危机预警的临界点作比较,对是否发生危机警报以及警报的级别做出判断。④警报子系统:该系统的主要任务是根据决策子系统的判断,及时、明确地向旅游组织发出警报信号。

(2)在四个子系统的支持下,旅游危机前的预防策略主要包括三个流程。第一,旅游危机识别。旅游危机识别是从目的地复杂的旅游内外部环境中识别可能给当地旅游发展带来损失的不确定因素,分析其成因、可能发生的概率和程度范围,为下一步的风险评估及控制明确方向和范围,对于没有识别的危机不预警。第二,危机风险评估。旅游危机的风险评估是旅游危机预警机制的关键环节,以旅游危机的风险系数为指标对旅游危机进行风险评估。第三,旅游危机预控。旅游危机预控是在对旅游危机进行识别和风险评估后,在旅游危机产生危害之前,运用科学有效的理论及方法,防止危机损失产生的管理行为。在预控策略上,旅游组织可以采取回避、分散、抑制、转嫁等手段,达到预防和控制旅游危机的目的,保持目的地旅游组织和旅游系统的稳定发展。同时在旅游危机预控过程中,还要做好危机应对的各项准备工作,完善组织和物资保障,制定危机应急预案,一旦危机预控失败,快速转入危机反应机制。

(二)旅游危机中的反应管理策略

在旅游危机管理过程中,一旦预警管理失败,旅游危机便进入第二阶段,即显现与爆发期。

这一时期旅游危机管理的策略也发生转变,开始对旅游危机进行快速反应,以在最短的时间内控制危机的蔓延,消除或弱化危机对旅游发展的危害。

1. 启动快速反应方案

快速反应机制首先要求迅速核实危机的爆发并启动快速反应方案。首先,建立危机反应小组,由一支专业素质过硬的管理小组对旅游危机的快速反应进行专业指挥;其次,开辟高效的信息渠道,旅游危机发生后尽快调查危机原因,弄清真相,尽量完整地通过媒体将信息传播给公众,避免由于信息不对称引发的不稳定局面;再次,收集危机信息,迅速判断旅游危机主要受影响的利益方,如人、财、物、责任等,分清主次,有重点地启动和实施应急方案。

2. 整合快速反应资源

反应机制应确保用于应对旅游危机而储备的资源,如人员、资金、物资等,能够被快速启用和有效整合,使其发挥最大的危机反应效果。首先,根据旅游危机的具体情况和对危机发展的预测,判断现在和将来的危机反应需要哪些资源,需求量有多大,用最快的速度获取尽可能多的所需资源;其次,综合考虑旅游危机的重要方面和资源的主要功能,合理配置所获资源,使有限的危机反应资源发挥最大的危机反应效果;再次,要合理储备不需要立即或全部使用的资源。

3. 首先消除对人的影响

旅游危机快速反应机制是以人为中心的作用机制,最为首要的任务是要消除旅游危机爆发对人尤其是旅游者产生的生理及心理影响。一方面,以旅游区域的中心城市为核心,建立多功能的紧急救援中心,配备必要的救援设施和装备以及专业的救援人员,一旦危机发生就迅速实施救援保障,尽可能消除旅游危机对旅游者及当地公众的身体安全影响;另一方面,强化危机发生后的心理辅导体系,引导人们尤其是旅游从业人员和旅游者理性认识危机,冷静应对危机,树立信心、摆脱恐慌,正常工作、正常生活。

(三)旅游危机后的恢复管理策略

当旅游危机逐渐消解直到解除后,旅游危机管理又进入新的作用阶段——恢复管理阶段。在这一阶段中,旅游危机管理的作用机制又发生了转变,它是使在旅游危机中受到损失的部分恢复到危机前的状态的工作过程,其管理策略体现在三个方面。

1. 作用于政府

在危机后的旅游重建过程中,恢复机制首先作用于政府,即寻求政府部门的强力支撑和积极援助。中国旅游业遭受“非典”重创后,政府就采取了多项措施,扶植旅游企业,协助旅游重建。例如:减免部分税费,减轻企业负担,帮助旅游企业维持正常运营;强化财政资金对旅游业的长期扶持力度;组织贷款支持,提供企业重启所需的流动资金等。

2. 作用于企业

旅游恢复机制作用的第二个方面就是旅游企业本身,即鼓励旅游企业开展自救。危机过后,旅游企业首先要冷静面对、理性分析,在不利中找有利。在旅游产品、旅游方式、服务方式的设计上采取主动,创造新的市场机会,通过有效的资产整合,扩大实力,增强抵御风险的能力。

3. 作用于公众

旅游恢复机制另一个重要的作用对象就是公众，包括当地居民和外来旅游者。重点在于重塑旅游目的地的旅游形象，恢复公众的旅游信心，包括旅游投资信心和旅游消费信心。

【本章小结】

经过 30 余年的发展，中国旅游业取得了举世瞩目的成绩，但在取得成绩的同时，中国旅游业也面临越来越多的危机和考验。本章从旅游危机的含义入手，通过对危机概念、危机管理内容、危机管理途径等知识的讲解，让学生掌握我国当下旅游危机管理的现状和采取的主要管理措施。

【思考题】

1. 旅游危机管理的理论思想是什么？
2. 景区的旅游危机主要有哪些？
3. 旅行社的旅游危机主要有哪些？
4. 旅游危机会对我国旅游业产生哪些影响？

【练习题】

一、单选题

1. 外界环境制约下的突发性事件，是旅游业难以控制的，属于(　　)。

A. 不可控因素　　B. 可控因素　　C. 积极因素　　D. 消极因素

2. 危机事件不仅是对政府能力的挑战，更是对社会整体能力的综合考验。在通常情况下，(　　)是危机事件直接威胁的对象。

A. 社会公众　　B. 律师　　C. 游客　　D. 公务员

二、多选题

1. 从旅游供给方面来看，旅游企业向消费者提供的满足其需求的旅游产品是由(　　)等多种要素构成的。

A. 旅游资源　　B. 旅游设施　　C. 旅游服务　　D. 旅游购物

2. 旅游企业危机管理包括(　　)。

A. 成立企业危机管理的领导机构，建立企业危机管理制度，在危机中积极自救

B. 建立企业危机管理预警系统和危机应对处理系统

C. 培养和强化企业管理人员与员工的危机意识

D. 及时评价企业应对危机的计划、决策，建立完善的危机学习机制

E. 建立与媒体、公众良好高效的信息沟通系统

三、判断题

1. 旅游危机是指任何可能影响企业及其产品长期信誉或者干扰企业继续正常运营的情况。(　　)

2. 政府是危机管理的核心。(　　)

3. 危机没有发生时要采取一些日常措施，为危机爆发做好准备和进行必要演练。(　　)

【参考文献】

[1] 操阳，纪文静. 旅游市场营销 [M]. 大连：东北财经大学出版社，2017.

[2] 刘庆. 旅游危机管理实务 [M]. 北京:中国劳动社会保障出版社,2017.
[3] 谷慧敏. 旅游危机管理研究 [M]. 北京:旅游教育出版社,2010.
[4] 金祖良. 旅游危机处理指南 [M]. 杭州:浙江大学出版社,2006.
[5] 马勇,周娟. 旅游管理学理论与方法 [M]. 北京:高等教育出版社,2004.

参考文献

[1] 孙梦阳,季少军. 旅游市场营销 [M]. 北京:北京航空航天大学出版社,2017.

[2] 魏成元. 旅游市场营销 [M].2 版. 北京:中国旅游出版社,2017.

[3] 操阳,纪文静. 旅游市场营销 [M]. 大连:东北财经大学出版社,2017.

[4] 杨丽娟. 游客满意度、行为意向与古镇民宿旅游产品创新 [M]. 北京:科学出版社,2017.

[5] 李克芳. 营销渠道管理 [M].2 版. 武汉:武汉大学出版社, 2017.

[6] 李志飞. 旅游消费者行为 [M]. 武汉:华中科技大学出版社,2017.

[7] 肖怡然. 旅游消费者行为学 [M]. 北京:北京理工大学出版社,2017.

[8] 科特勒. 旅游市场营销 [M].6 版. 北京:清华大学出版社,2017.

[9] 宁志中. 中国旅游景区门票价格分析报告(2016)[M]. 北京:科学出版社,2017.

[10] 李君轶. 旅游市场调查与预测 [M]. 北京:科学出版社,2017.

[11] 金涛. 旅游网络营销 [M]. 北京:中国旅游出版社,2017.

[12] 邹统钎. 旅游目的地节庆事件策划经典案例 [M]. 北京:经济管理出版社,2017.

[13] 杨艳蓉. 旅游市场营销与实务 [M]. 北京:北京理工大学出版社,2016.

[14] 宋国琴. 旅游市场营销学 [M]. 杭州:浙江大学出版社,2016.

[15] 赵西萍. 旅游市场营销学 [M].2 版. 北京:科学出版社,2016.

[16] 王欣,杨文华. 世界旅游目的地营销案例 [M]. 北京:经济管理出版社,2015.

[17] 钟蕾,李杨. 文化创意与旅游产品设计 [M]. 北京:高等教育出版社,2015.

[18] 林南枝,黄晶. 旅游市场学 [M]. 天津:南开大学出版社,2015.

[19] 孙九霞,陈钢华. 旅游消费者行为学 [M]. 大连:东北财经大学出版社,2015.

[20] 张道顺. 旅游产品设计与操作手册 [M]. 北京:旅游教育出版社,2015.

[21] 蒋昕. 社交网络传播与旅游目的地公共营销 [M]. 武汉:湖北人民出版社,2015.

[22] 李晓霞. 旅游市场营销与策划 [M]. 西安:西北工业大学出版社,2015.

[23] 季辉. 旅游市场营销 [M]. 成都:四川大学出版社,2015.

[24] 李祝舜. 旅游公共关系学 [M]. 武汉:华中科技大学出版社, 2014.

[25] 李宏. 旅游目的地新媒体营销:策略、方法与案例 [M]. 北京:旅游教育出版社,2014.

[26] 万剑敏. 旅行社产品设计 [M]. 北京:旅游教育出版社,2014.

[27] 梁昭. 旅游市场营销 [M]. 北京:中国人民大学出版社,2014.

[28] 侯宏杰. 旅游消费者行为研究 [M]. 北京:光明日报出版社,2013.

[29] 张俐俐. 旅游市场营销 [M]. 北京:清华大学出版社,2013.

[30] 王起静. 事件影响研究 [M]. 天津:南开大学出版社,2012.

[31] 张素娟. 旅游产品设计与操作 [M]. 北京: 化学工业出版社,2012.

[32] 赵越,解小娟. 旅游营销 [M]. 北京:中国劳动社会保障出版社,2012.
[33] 郭英之. 中国出境旅游市场定位与影响因子 [M]. 北京:知识产权出版社,2012.
[34] 程道品,伍进. 旅游市场营销学 [M]. 北京:中国林业出版社,2012.
[35] 李学芝,宋素红. 旅游市场营销与策划 [M]. 大连:东北财经大学出版社,2012.
[36] 谷慧敏. 旅游市场营销 [M]. 北京:旅游教育出版社,2012.
[37] 方百寿. 旅游商品与购物管理 [M]. 北京:旅游教育出版社,2011.
[38] 谭小芳. 策动旅游:实战营销 [M]. 北京:中国经济出版社, 2010.
[39] 胡自华,曹洪. 旅游市场营销 [M]. 武汉:武汉大学出版社, 2009.
[40] 蔡红. 中国高端旅游市场:定位与开发 [M]. 北京:中国经济出版社,2009.
[41] 初晓恒. 我国旅游产品文化挖掘与传递研究 [M]. 上海:上海财经大学出版社,2008.
[42] 舒伯阳. 实用旅游营销学教程 [M]. 武汉:华中科技大学出版社,2008.
[43] 杨益新. 旅游市场营销学 [M]. 北京:清华大学出版社,2008.
[44] 韩勇,丛庆. 旅游市场营销学 [M]. 北京:北京大学出版社,2006.
[45] 斯沃布鲁克. 旅游消费者行为学 [M]. 北京:水利电力出版社,2004.
[46] 张新生. 旅游销售技巧 [M]. 北京:企业管理出版社,2004.
[47] 林淼. 中国旅游价格 [M]. 北京:中国物价出版社,2002.
[48] 邹益. 旅游市场营销学 [M]. 福州:福建人民出版社,2001.